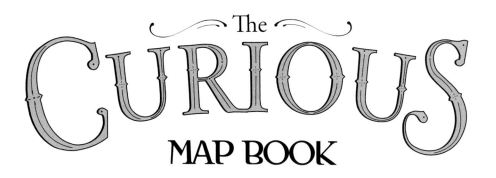

The CURIOUS MAP BOOK

怪奇地圖

從虛構想像到歷史知識，
—— 115幅趣味地圖翻轉你所認知的世界 ——

Ashley Baynton-Williams
艾希禮・貝登威廉斯

張思婷——譯

Dumfries

Solway Firth

Cumberland

Westmorland

Wolney

Longhead point

Guzzle guts Bay

new
E
FR

Scarborough

YORK-SHIRE

Pontefract

LANCASHIRE

LINCOLN SHIRE

Humber-

R. Dee

BIGH

FLINT SHIRE

CHESHIRE

DERBY SHIRE

NOTTINGHAM Shire

The Wash —

St

NTGO MERY

SHROP-SHIRE

STAFFORD SHIRE

LEICES TER SHIRE

CAMBRIDGE SHIRE

NORFOLK

RAD NOR

HERE FORD'S

WORCES TER Sh

WAR-WICK Sh

HART FORD

SUFFOLK —

MON-MOU Sh

N SHIR

GLOCESTER SHI

Middles

ESSEX

Har

HAMP SHIRE

SURRY

River Thames

KE

SUSSEX

怪奇地圖

從虛構想像到歷史知識，
─────115幅趣味地圖翻轉你所認知的世界─────

導言

地圖使用者習慣一邊看地圖，一邊將地圖當作地理工具，大抵用來定位、找路。然而，地圖向來有其他用途。許多地圖藉由文字或是設計，以圖像再現來提升區域、國家、領主的地位，這長久以來一直都是繪製地圖的意義所在。在十八世紀末葉之前，地圖繪製大半由私人操刀，這些地圖繪製師或是受人委託，或是以此維生。一直要到十九世紀，國家地圖繪製局才接手私人繪製師的志業。

倘若追求精準是地圖繪製師的本行，本書收錄的地圖或可稱為繪製師的戲耍之作，他們馳騁想像，繪製出既悅目娛心又抒發己見的地圖，但以地理學觀之則多半毫無功用。

這類地圖目前尚無通稱，因其珍奇又出自繪製師之手，一般姑且稱為「珍奇地圖」（cartographic curiosities）。然而，這個俗名或許太過輕描淡寫，彰顯不出這類地圖的重要涵義，對於顯然為政治服務或具傳教意味的地圖更是如此，但珍奇地圖包山包海，因此至今尚未有更佳的定名。

本書所選的珍奇地圖大抵可分為以下五大類，各類之間或有重疊，包括：

- 遊戲地圖
- 獸形地圖
- 人形地圖
- 器物地圖
- 寓意地圖（用於說教、傳教、政治宣傳）

遊戲地圖

目前出版的遊戲地圖似乎以英國為最早，這項史實相當出人意表，因為最早的遊戲地圖付梓於一五九〇年代，相較於歐洲各國，當時的英國可說是一片出版沙漠。一五九〇年，第一副撲克牌地圖在倫敦出版，牌面上的陽春圖片翻印自克里斯托福·薩克斯頓（Christopher Saxton）一五七九年的英格

蘭及威爾斯各郡地圖集，使用的是薩克斯頓得力雕刻匠奧古斯丁·瑞瑟（Augustine Ryther）刻本。儘管撲克牌地圖很罕見，大英圖書館卻於二〇一三年再新添購一副館藏，同樣是瑞瑟刻本，一六〇五年付梓。

除了撲克牌地圖，目前史載最早的桌遊地圖在巴黎出土，一六四五年由皮耶·杜瓦（Pierre Duval）出版，以賽鵝圖（Game of the Goose）為基礎改編。賽鵝圖是當時風靡全歐的擲賽遊戲，至遲出現於十六世紀，很可能還早得多。棋盤是迴旋賽道，通常分成六十三格，由玩家擲骰決定前進步數，走到特定棋格則執行賞罰。杜瓦的賽鵝圖以地圖局部做為棋格，主攻成人市場，譬如其一六五九年出版的「桌遊法國」便是一款賭博遊戲，由玩家決定賭注，贏家通吃。

賽鵝圖這類擲賽遊戲尤其適合結合地圖，各式改良自賽鵝圖的桌遊地圖風行歐洲。但自十八世紀中葉以降，英國出版商一改將地圖套用至賽鵝圖上的做法，反將遊戲搬到地圖上，此舉反映出桌遊地圖的賣點轉變，此一做法自一七五〇年代始，至一七八〇年代盛，英國出版商刻意塑造桌遊地圖的教育意義，強調寓教於樂，逐漸專攻青年市場。

拼圖地圖最早出現在歐洲大陸，至於販售則似以英國為最早，由約翰·史皮爾斯布里（John Spilsbury）開風氣之先，發明者則應來自法國。一七六三年倫敦貿易要覽有一筆記載注明「樂璞杭思」（Leprince），附注「切割地圖的創始人」。這位「樂璞杭思」指的或許是珍妮瑪麗·樂璞杭思·德·玻蒙（Jeanne-Marie le Prince de Beaumont, 1711–1780），玻蒙女士是來自法國的家庭教師兼教育家，一七五〇年代在倫敦辦學，期間以木製地圖拼圖做為教具，但一七六二年便返回法國。又或許「樂璞杭思」指的是玻蒙女士同父異母的兩位弟弟，一位是當雕刻匠的尚巴蒂斯特·樂璞杭思

4

HIGHGATE

GILLESPIE ROAD

TUFNELL PARK

DRAYTON PARK

HOLLOWAY ROAD

HIGHBURY

KENTISH TOWN

CALEDONIAN ROAD

CHALK FARM

SOUTH KENTISH TOWN

ESSEX

CAMDEN TOWN

YORK ROAD

MORNINGTON CRESCENT

ST PANCRAS

KINGS CROSS

ANGEL

WOOD RD

EUSTON

CITY RD

MOORGATE

REGENTS PARK

GOWER ST

WARREN ST

RUSSELL SQUARE

ALDERSGATE

PORTLAND RD

GOODGE ST

FARRINGDON ST

POST OFFICE

KER ST

TOTTENHAM COURT RD

BRITISH MUSEUM

CHANCERY LANE

HOLBORN

OXFORD CIRCUS

PICCADILLY CIRCUS

COVENT GARDEN

STRAND

MANS HOUSE

LE ARCH

LEICESTER SQUARE

TEMPLE

BLACKFRIARS

DOVER ST

OWN ST

CHARING CROSS

TRAFALGAR SQUARE

WATERLOO

ST JAM

TORIA

WESTMINSTER BRIDGE ROAD

VICTORIA

ELEPHANT & CASTLE

KENN

PIMLICO

LAMBETH

OVAL

STOCKWE FOR BRIXTON

C.C. ELECTRIC TRAMS.
BALHAM &
TOOTING MOTOR BUS SERVICE TO CLAPHAM JUNCN

CLAPHAM R

（Jean-Baptiste le Prince, 1734–1781），一位是尚侯博・樂璞杭思（Jean-Robert le Prince），後者據說是地理學家，一七六二年前後於倫敦逝世。

地圖確實適合做為拼圖，但要沿著錯綜複雜的郡界和國界忠實切割，著實讓早期的製造商吃足苦頭。機器發明之後，切割過程雖然省事許多，但拼圖的品質也下降不少，早年以厚實的木片做為拼圖板，近代則以輕薄易損的紙板代之。

獸形地圖

獸形地圖多半將國家畫成動物，其中以雄獅地圖最為人所知並自成一類。在荷蘭獨立戰爭期間，阿姆斯特丹出版商為反抗西班牙統治，發行一系列地圖，史稱比利時雄獅（Leo Belgicus）地圖，以英勇無敵的雄獅代表低地國的荷蘭和比利時，象徵其屹立不搖，抵抗統治者的壓迫。雄獅是低地國常見的市徽和鎮徽，具體而微體現低地國以方寸之地武裝抵抗西班牙帝國的強權。隨著戰事演進，戰局逐漸明朗，雄獅地圖開始鬧雙胞，西班牙統轄的南部低地行省（今比利時）眼看獨立不成，北部低地行省（今荷蘭）則漸露建國曙光。隨著荷蘭的野心擴張，荷蘭雄獅（Leo Holland）現形，由尼德蘭七省共和國組成，看上去意氣風發。

繼雄獅之後，則常見以章魚來代表國家，這種比喻稱不上隱晦，即以八爪章魚來象徵邪惡貪婪的國家，其中以俄國最常入選，但倫敦地主和法爾茅斯議會（Falmouth Town Council）也不遑多讓。這類諷刺地圖亦可見於第一次世界大戰期間，時興做法是將各國畫成其代表動物，舉例來說：英國是鬥牛犬，法國是貴賓狗，德國是老鷹或臘腸狗。本書收錄的第一幅地圖便將世界各區繪成圖像，或典出《聖經》，或引自中世紀傳說，或出自旅人之口。

人形地圖

相較之下，人形（或稱擬人）地圖一看就懂，例如畫成山姆大叔的是美國，英國則大多畫成約翰牛（John Bull），細看五官或許還有邱吉爾的影子。早期地圖的歐洲肖似王后，菲律賓地圖繪製師曾經有樣學樣，將西班牙帝國畫成王后。

有些地圖繪製師的靈感源自各洲、各國、各區的形狀，例如歐魯夫・魯德貝克（Olof Rudbeck）將波羅的海畫成希臘神話冥河擺渡人卡戎（Charon），羅伯特・戴頓（Robert Dighton）將英格蘭連同威爾斯、蘇格蘭和愛爾蘭畫成人像，但若要論人形地圖諷刺畫，或許以莉莉安・蘭卡斯特（Lilian Lancaster）為個中翹楚，本書收錄其作數幅，包括兩幅取笑一八八〇年美國總統大選的手稿。

器物地圖

一七五〇年代初，伍斯特瓷器廠雕刻匠羅伯特・漢克（Robert Hancock）發明轉印術，先以平版印刷將地圖印在紙上，趁油墨未乾，再將紙上的地圖轉印到曲面上，這類瓷器地圖大多具紀念性，例如慶祝英國海軍名將納爾遜於特拉法加海戰（Battle of Trafalgar）大敗法國的樸素陶壺，但也不乏精緻考究的全套餐具。可惜陶瓷易碎，這批古老的器物地圖幾無倖存。

另一類所剩無幾的器物地圖是屏風地圖，將畫布撐開在屏風木櫺上，再於其上繪製地圖。屏風地圖在十八世紀蔚為風潮，一來用於擋風，二來用以彰顯個人財富和教養，屏風上的地圖不是重點，重點是創造出來的氣勢。現今可考的屏風地圖共計四架，大英圖書館收藏兩架，其中最惹眼的一架收錄在本書中。

寓意地圖

　　本書所載的寓意地圖中較少見政治意味濃厚者，這類地圖本身足以構成研究題材，大多在二次世界大戰期間由軸心國和同盟國繪製，對於種族和宗教影射比上述二戰地圖更粗鄙者，則不在本書收錄範圍內。

　　本書唯一破例收錄的激進宣教地圖擠身全書最有看頭的地圖之列，由十六幅掛圖組成，十分稀罕，繪製的是一五六六年的世界，內容是新教徒對羅馬教廷的大肆抨擊，地圖中央是天主教廷諸多「罪狀」，以撒旦之口做為邊框，邊框外是（正直的）新教徒圍剿中央的天主教世界。

　　公私領域道德說教風氣漸長的情況，一般認為始於維多利亞時期，但其實在十八世紀喬治王朝晚期便可見端倪，作家和地圖繪製師紛紛規勸讀者遵循狹窄的人生正途，倘若走偏則靈魂堪慮。此一道德說教之風發軔自十六世紀，一五一六年，湯瑪斯·莫爾爵士（Sir Thomas More）透過地圖讓筆下的烏托邦躍然紙上。一六七八年，約翰·班揚（John Bunyan）的《天路歷程》（ *The Pilgrim's Progress* ）是繪製寓意地圖的絕佳題材，但遲至十八世紀方可見出版商以地圖做為該書插畫，從而啟迪後世說教作家。

　　雖然有些意外，但愛情也是繪製地圖的理想題材。一六五五年，德·斯居黛里夫人（Madame de Scudéry）繪製的「溫柔鄉地圖」（Land of Tenderness）是給年輕淑女的道德指南，側重的並非戀愛心境，而是靈性追求，提點談戀愛時的應對進退，強調要動腦而非動心。羅伯特·塞爾（Robert Sayer）一七七二年左右出版的地圖則將愛情視為海上航程，旅途中要航行過變化莫測的未知水域，與其同代的地圖繪製者大抵遵循此一比喻。相較之下，喬治·馬圖斯·索爾特（Georg Matthäus Seutter）一

七三〇年代出版的地圖相當與眾不同，他將愛情比喻為戰爭，心是圍城，不計代價都要死守。

　　此外，地圖也可以用來描繪走調的愛情。喬瑟夫·昂韋恩（Joseph Onwhyn）的〈綠袋國地圖〉（Map of Green Bag Land）挖苦喬治四世和正室卡羅琳皇后的離婚戰爭，兩人的情海風波愈演愈烈，卡羅琳甚至遭到軟禁，不得出席喬治四世的加冕大典，三週後便溘然長逝，為兩人的婚姻畫下句點。

　　若把離婚當成政治笑話已經令人匪夷所思，那麼因應第一次世界大戰爆發而出版的大量諷刺地圖和嘲諷遊戲就更令人霧裡看花，地圖上的參戰國身著華服，彷彿在參加化裝舞會。後期隨著戰火延燒、摩擦加劇，嘲諷遊戲退場，登場的是群狗打架的世界地圖、約翰牛與德國鷹的對決、畫著德國地圖的投擲遊戲和滾球迷宮。

　　地圖繪製師的想像力有多開闊，地圖的用途就有多廣袤。本書收錄的地圖就是明證。

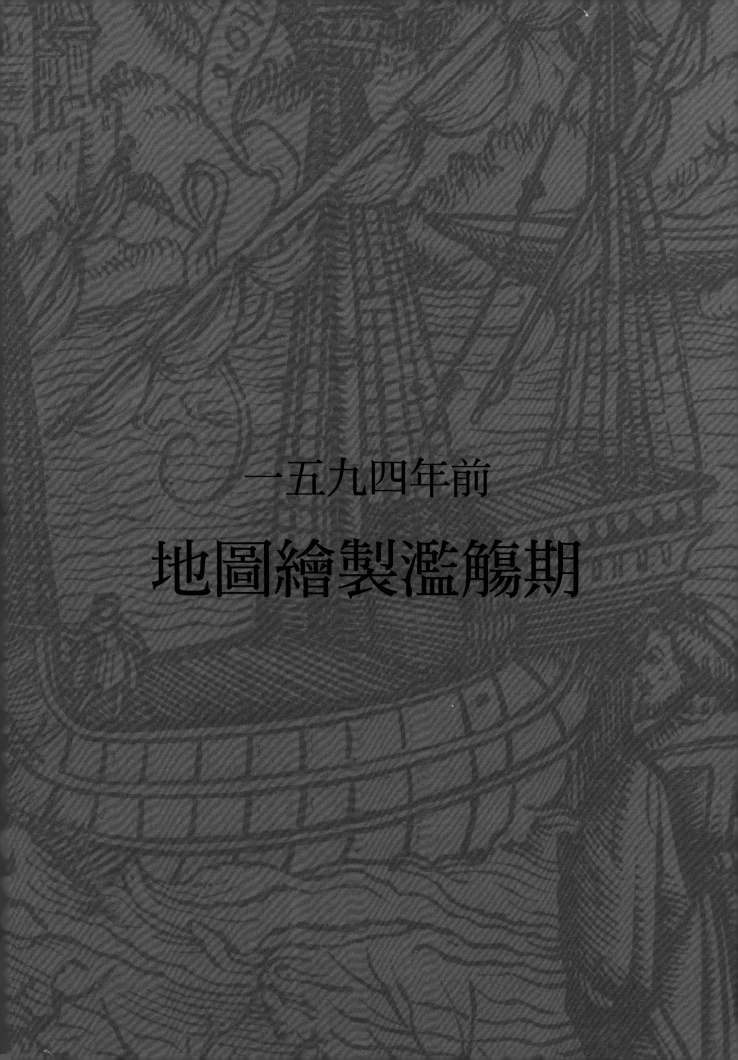

一五九四年前

地圖繪製濫觴期

托勒密世界地圖，一四九三年

哈特曼・舍德爾作，紐倫堡出版

木刻；308×428 cm

德國史學家哈特曼・舍德爾（Hartmann Schedel）的拉丁文著作《年鑑》（*Liber Chronicarum*），在英語世界稱為《紐倫堡編年史》（*Nuremberg Chronicle*），這在一五〇〇年之前是出版史上最扎實的偉構，內容收錄一千八百餘幅插畫，大抵出自麥可・瓦格謬特（Michael Wolgemut）及其繼子威爾海姆・普萊登渥夫（Willem Pleydenwurff）手筆，助手是青出於藍的學徒阿爾布雷希特・杜勒（Albrecht Dürer）。根據首頁描述，本書始自創世紀編年史，內附插圖及圖表，包括肖像、族譜、史事、聖經故事、世代相傳的神話傳說、多幅精細描繪的市景，此外還有兩幅地圖，一幅畫的是德國及其鄰近的歐洲北部國家，另一幅畫的是當時已知的世界。

這幅世界地圖採用當時盛行的托勒密繪圖法。托勒密是希臘天文學家和地圖繪製師，全名克勞狄烏斯・托勒密（Claudius Ptolemy），一五〇年至一六〇年間活躍於埃及亞歷山卓城，其繪製的世界地圖於一四〇〇年前後由歐洲重新發現，是為文藝復興運動濫觴。其時希臘羅馬時代的學問成為顯學，學者紛紛蒐集編纂「佚失」數百年的手抄本。托勒密的《地理學指南》八卷集在西方默默無名了一千多年，書中闡述繪製地圖的科學基礎，首度採用經緯度將立體的地球繪製於平面，一四七七年在義大利波隆那印行初版。在此之前，歐洲在繪製地圖方面幾無進展，當時歐洲人眼中的世界還不包括

美洲、南非、東印度、遠東，哥倫布（Christopher Columbus）、達伽馬（Vasco da Gama）等歐洲航海家尚未揚帆航向新世界。

舍德爾的世界地圖付梓時，正值哥倫布首次航向美洲。一四九二年至一五〇二年間，哥倫布一共橫渡大西洋四次。哥倫布起初誤以為其登陸點是亞洲西岸，但從他登陸的那一刻起，世人的世界觀幡然大改。哥倫布曉得世界是圓的，希臘數學家埃拉托塞尼（Erastosthenes）很早就證實了這一點，早於大約西元前二五〇年便精準算出地球的圓周，相當驚人。哥倫布或許是採用托勒密的算法，故而低估地球的圓周，錯把美洲當成亞洲。舍德爾多半也曉得地球是圓的，他採用托勒密投影法繪製地球局部。一四九二年，紐倫堡市民馬丁・倍海姆（Martin Behaim）繪製地球儀，舍德爾聲稱曾從旁協助。

舍德爾筆下的世界援引《聖經》典故，由挪亞（Noah）的三個兒子均分，地圖左邊用以補白的插圖典出古典或中古傳說，除了希臘神話中的人馬，還包括六臂人、四眼人、駝鳥人，對頁的文字也有類似的奇幻人物。舍德爾的托勒密世界地圖儘管是徹頭徹尾的近代產物，係以古典時代以降最科學的地圖技術繪製，印刷術發明以來還未排印過如此複雜的作品，然而，值此近代世界觀曙光初露之際，舍德爾的地圖卻集中古世界觀之大成，如此新舊雜揉之作，後繼再無來者。

Orbis dicitur a rota ↄ est ꝗlibet figura sperica ↄ rotunda. Et ideo mūd⁹ orbis dꝛ. qꝛ rotūd⁹ e̅: ↄ dꝰ oī̅b⁹ terre ꝩf orbisterra rū. Dicīt ā̅t bn̅ viꝰe. filij sem obtinuisse asiā. filij chā affri cā ↄ filij iaphet europā. Iisd. iii li. Ethy. asserit ꝙ orbis diuisus e̅ in tres partes ꝥ nō eꝗlit'. Nā̅ asia a meridie ꝗ orientem vsꝗ ad septētrionem puenit. Europa ꝩo a septētione vsꝗ ad occidentē ptingit. Sed affrica ad occidentem ꝓ meridiez se extendit. Sola quoꝗ Asia

continet ynam partem nostre habitabilis. f. medietatem: alie ꝩo ptes. f. affrica ↄ europa aliam medietatez sunt sortite. Inter bas autem partes ab occeano mare magnū ꝓgreditur. easꝗ intersecat: quapropter si in duas partes orientis ↄ occidentis oꝛbem diuidas in vna erit asia in alia ꝩo affrica ↄ europa. Sic autem diuiserunt post diluuiū filij Noe: inter quos Sem cum posteritate sua asiam. Iaphet europam: cham affri cam possederunt. ꝩt dicat glo. super Gen. x. ↄ super libro Paralippo. primo. Idem dicat Crisostomus Isidorus ↄ Plinius.

烏托邦島插圖，一五一八年

湯瑪斯·莫爾作，巴塞爾出版

木刻；181×120 mm（含頁邊）

湯瑪斯·莫爾（1478–1535），英國政治家、律師、社會哲學家，以身殉教，羅馬天主教會尊為聖徒。莫爾出任坎特伯雷大主教期間，反對英王亨利八世與亞拉岡的凱撒琳離婚，惹來英王不悅。亨利八世離婚一事推動了英國宗教改革，從此英國脫離羅馬教會、解散修道院、創立英國新教和英國國教聖公會，莫爾則因莫須有的罪名下獄處死。

莫爾一五一六年的拉丁文著作《烏托邦》描繪一理想國度，字裡行間不無嘲諷之意。書中的烏托邦位於一虛構島嶼，島上允許離婚，足見其反諷意味，不啻為傑出政宣文學。時至今日，「烏托邦」（utopia）一詞仍用於指稱人間樂土，該詞由莫爾以兩個希臘文的字根鑄成，具有互相矛盾的雙重涵義：一為「樂土美地」（eu-topia），一為「子虛烏有之地」（ou-topia）。該書雖於英國寫就，但因種種因素，出版地皆在歐陸，首刷在比利時安特衛普，後於瑞士巴塞爾再版，即本書採用的版本。約翰·富羅本（Johannes Froben）一五一八年的刻本是第三版，但附地圖的是第二版，該版本的地圖比初版來得精美，咸信出自阿姆布羅修斯·霍爾班（Ambrosius Holbein）手筆，但也不排除係其弟小霍爾班（Hans Holbein）之作，書名頁的木刻版可見小霍爾班的簽名。

莫爾於書中關〈新烏托邦島位置地貌〉（Sit & forma Vtopiae novae insulae）一節勾勒烏托邦島地形，文中假託老水手拉斐爾·希適婁岱（Raphael Hythlodaeus）之口，據其海外遊歷描述烏托邦島地貌。地圖左下角所繪者即為莫爾和希適婁岱。

乍看之下，這僅是一幅精細描繪的島嶼地圖，前景畫著一艘大船，非得細看方知另有所指，觀看時最好一眼半閉，便可看出圖中暗藏骷髏頭，警告世人「莫忘爾終將一死」（memento mori），其中或雙關莫爾的姓氏（More）。安特衛普的首刷地圖雖有意無意呈現骷髏意象，但火候還不到家，不如第二版顯而易見。觀圖時請想像骷髏頭略朝右，圖左下角的希適婁岱和莫爾是脖頸，左側的扁舟是耳朵，前景那艘大船的船身是牙齒，船首和船尾則連成頜骨，船上的桅檣是鼻子，船隻下方的海灣是下巴，整座烏托邦島形成骷髏的輪廓，島上阿尼德河（希臘文「Anydyus」，意為無水之河）的源頭（Fons Anydri）和河口（Ostium anydri）及周圍山丘是眼窩，霧都（Amarotū urbs）連同標示形成額頭。

學界對這幅地圖的研究由來已久，最後由一位牙醫憑藉其對牙骨的專業，於二〇〇五年首先看出圖中隱藏的骷髏。類似手法可見於霍爾班一門其餘畫作，其中以小霍爾班的《使節》（The Ambassadors）最為人所知。

Amaurotū vrbs.

Fons Anydri.

Ostium anydri

hythlodaeus.

新天主教世界地圖，一五六六年

疑為皮耶・艾斯克里奇作，日內瓦出版

木刻、手刻、活字印刷，共十四張（另有兩張佚失）；

每張大約335×430 mm（含頁邊），

另有活版印刷文字十二張

這幅天主教世界地圖共十六張，屬於寓意地圖，從虔誠新教徒的角度抨擊羅馬教廷，既是當時最工緻宏偉的巨作之一，也是珍奇地圖中的瑰寶，因木刻匠心靈手巧而更顯別緻。

這幅地圖未署名，地圖繪製師、印刷廠、出版商皆不詳，是《天主教世界地圖史》（*Histoire delà Mappe-Monde Papistique*）的附圖，出版地在日內瓦，出版商化名「卜希弗夏思棣亞博」（Brifaud Chasse-diables），作者化名「法蘭吉德爾甫・艾斯柯爾奇先生」（M. Frangidelphe Eschorche-messes）。近來研究指出，「法蘭吉德爾甫・艾斯柯爾奇先生」一語雙關，可拆解成兩個人名，一是法蘭西斯柯・奈格里（Francesco Negri），一是皮耶・艾斯克里奇（Pierre Eskrich）。「法蘭吉德爾甫」（Fran-gidelphe）的「法蘭」取「法蘭西斯柯」（Francesco）的前兩個字，「德爾甫」（delphe）暗關佛羅倫斯的教宗黨「歸爾甫派」（Guelphs），人稱黑黨，而法蘭西斯柯・奈格里的姓氏「奈格里」（Negri）在義大利文正是「黑」的意思。至於「艾斯柯爾奇」則是「艾斯克里奇」以訛傳訛所致，皮耶・艾斯克里奇是著名設計師兼製圖師，在法國和日內瓦兩地工作，這幅新天主教世界地圖的構圖和文字靈感來自於尚・巴布提斯・特倫特（Jean-Baptiste Trente）的著作，本名喬凡尼・巴蒂斯塔・特倫特（Giovanni Battista Trento），義大利人，寓居在新教大本營日內瓦。十二張活版印刷文字經考證來自日內瓦印刷工弗朗索瓦・佩蘭（François Perrin），地圖則出自木刻匠克里斯多福・史懷哲（Christoffel Schweytzer）的手筆，畫面上有位人物（或許是自畫像）手持盾牌，盾面寫著「蘇黎世木刻匠克里斯多福・史懷哲」（Christoffel Schweytzer Proplates Tigurinus）。

中世紀教廷墮落腐敗，宗教改革應時而生，改革先鋒者眾，但咸認開端於一五一七年，馬丁・路德（Martin Luther）將批判贖罪券的《九十五條論綱》釘在威登堡教堂門口，羅馬教廷以耶穌會為首大力反對，改革派領袖、學者、思想家原先以和平為訴求，此後砲火漸趨猛烈，雙方隔空交火，下啟長達百年的殺伐征戰、血流成河、互不見容，就在這樣劍拔弩張的氛圍中，這幅精美的地圖誕生了。

圖中央的天主教世界隱喻地獄、羅馬、天主教廷，以垂涎的撒旦之口做為邊框，天主教徒被圍困在城內，城外新教徒勢力集結，大砲上標著「神語」（Parole de Dieu），新教國家在地圖上方一字排開，左上方文字寫到：

> 新教國家之至忠者在此，以神語為槍砲圍剿天主教世界，餘者亦擁槍械群起圍攻，直至天主教強虜灰飛煙滅。諸忠勇之士各事其主，銜諸王公顯爵之命而來，以英后伊麗莎白一世為首，號令王公及清教徒無數，另有神威波蘭國王⋯⋯

此圖大意為天主教廷驕奢淫靡、腐敗墮落，新教徒必須奮起抵抗，包括德國數學家塞巴斯丁・繆斯特（Sebastian Münster）、德國神學家康拉德・培里根（Konrad Pellikan）和沃爾夫崗・馬斯（Wolfgang Musculus），他們在同代人口中雖是和平之士，但在圖中卻訴諸暴力，繆斯特甚至掄起拳頭作勢要毆打敵人。

CITE 30.

Courtisans du
Roy F.Arb.

A ste Eli
cite.

43 Sophistes.

Môtagne de
Perdition.

Discours Humain.

Raison & Vo-
lonté meres.

45. Le Roy Franc
Arbitre.

HERMI.de S.Ap-
pollonien, c.27.

dragores.

HERMI.de S.Theó,c.26.

44.Dame Bône-Intention.

D. de CON- D. de CON-
GRVO sême. DIGNO fille.

CITE 31.

42.L.N.

osiques.

92.ADVENT, cité 58.

Page du
Roy.

90.Libraire.

MER du Ieusne.

88. La CARESME,
cité 57.

Liures Canonistes &
Scholastiques.

Marché de la cité de Caresme.
de 48.iours.

86.IEVSNE, Prou.15.

59.

89. Artisans.

SECONDE partie du Royaume
des Bonnes-œuures.

96.ABSTINENCE par
deuotion, c.62.

91. Le Seigneur Caresme-Prenant auec
des Inquisiteurs ses compagnons.

usne.

Montagne de Plaisirs & Dissolutions.

L'ORIGINE ET COMMENCEMENT
de ceste Mappe-Monde nouuelle Papistique, & comment elle a esté trouuée.

LA COURT DV PAPE SA RAGE ET SA VIE

LES DAMES DE LA COVRT

LA COVRT DV ROY FRANCARBITRE

酢漿草世界地圖，一五八一年

海因里希・賓廷作，黑爾姆施塔特出版

木刻及凸板印刷；270×360 mm（含頁邊）

海因里希・賓廷（Heinrich Bünting, 1545–1606），神學教席，出生在德國漢諾威市，著有《聖經行程錄》（*Itinerarium Sacrae Scripturae*）。根據英文版書名，此書描述「雅各之子、先知、士師、列王、耶穌及其門徒的歷程，典出《舊約聖經》和《新約聖經》，文中描述眾人行經之地，並以英里為單位標注其至耶路撒冷的距離」。書中插畫包括幾張木刻地圖，「正規」地圖和珍奇地圖，這種兼容並蓄的做法相當罕見，「正規」地圖包括世界地圖、聖地地圖、出埃及記地圖、地中海東岸國家地圖，珍奇地圖則共三幅，皆收錄於本書中，包括右頁酢漿草世界地圖、歐洲王后地圖（頁22）、亞洲翼馬地圖（頁24）。

在這三幅珍奇地圖中，或以酢漿草世界地圖最為不凡，三片葉子是舊大陸——歐洲、亞洲、非洲，第四座新大陸美洲孤懸在左下角。酢漿草的靈感來自賓廷家鄉漢諾威，其城徽下方是一片酢漿草，賓廷在標題提到：「酢漿草——家鄉漢諾威的城徽，我心愛的祖國」（Die gantze Welt in ein Kleberblat, Welches ist der Stadt Hannover, meines lieben Vaterlandes Wapen）。其時徽章、象徵、諷喻大行其道，常見以三葉酢漿草象徵基督教三位一體，這幅虔誠基督教徒描繪的世界因此多了一層宗教意涵。

這幅地圖將耶路撒冷畫在世界的中心、舊大陸的中央，與聖經學者的世界觀遙相呼應，比起中世紀的世界觀只進步一點。中世紀世界地圖大多以O形海洋（Ocean）包圍舊大陸，舊大陸之間以T字水域分隔，分別是地中海、頓河、紅海，史稱「T-O地圖」。事實上，歐洲第一幅印刷地圖就是T-O地圖，收錄於聖伊西多祿（Isidore of Seville, 560–636）著作的百科全書《詞源》（*Etymologiae*），一四七二年在奧格斯堡付梓，是重印古典文獻風潮中最廣為人知的插圖。

賓廷的地圖採木刻印刷，但要在木板上刻出「c」、「e」等弧形字母相當不容易，早年常見的解決之道是文字部分採用凸板印刷，這種辦法在日耳曼國家尤其盛行，當地偏愛木板印刷勝過銅版印刷，詳細做法是先在木板上切刻出凹槽，再塞入刻好的金屬鑄模，一個鑄模是一個字母或是一個單字。正因如此，地圖上可見線條縱橫，地名的字體也頗見出入。這種做法的另一項優點在於金屬鑄模可替換重組，這在發行翻譯版本時尤其方便。這幅酢漿草世界地圖就可見拉丁文標題的版本。

SEPTENTRIO.

Dennemarck. Schwe-
den.

Engelland.

Franckreich.

Su. se.

Hispanien.

Deutschland.

Lothringen.

Behemen.

Reussen.

Meiland

Polen.

EVROPA.

Ungern/

Moschow

Welschland.

Türckey.

Griechen-
land.

Roma 282.

ARMENIA. MEDEN.

MESOPO-
DAMIA.

Ninive 181.

Rages 349.

SYRIA,

ASIA.

PER-
SIA.

INDIA

Haran 110.

Antiochia.

CHALDEA.

Persepolis.

Damasco 40

Babylon 170

Susa 130

Vr 156.

ARABIA.

Saba 312.

JERUSALEM

Das grosse Mittelmeer

der Welt.

Das Rote Meer

Alexandria 62.

Egypten.

Cyrene 224.

LYBIA

Meroe 246.

Morenland

AFRICA.

AMERICA
Die Newe
Welt.

Königreich
Melinde.

CAPVT bonæ
spæi.

MERIDIENS.

世界第一部分——歐洲王后地圖，一五八一年

海因里希·賓廷作，馬格德堡出版

木刻及凸板印刷；235×347 mm（含頁邊）；
最寬處268×360 mm（含文字）

海因里希·賓廷首創酢漿草世界地圖（20頁）和亞洲翼馬地圖（24頁），但歐洲王后地圖卻是拾人牙慧，顯然承襲一五三七年約翰內斯·波西烏斯（Johannes Bucius）繪製的《歐洲王后地圖》（Europa Regina），又譯《歐羅巴王后》，將歐洲畫成女王的做法從此風行十六世紀，亞伯拉罕·奧特利烏斯（Abraham Ortelius）、約翰內斯·布勞（Johannes Blaeu）等人出版的世界地圖冊，開卷便是精美的歐、亞、非、美四洲諷喻畫，其中「歐羅巴」大抵被賦予女性形象——頭戴后冠、手持權杖，象徵「歐羅巴王后」對其餘三洲的世俗統治和精神統治。由此可見，「歐羅巴王后」由來已久。

若將地圖豎直來看，西方便在歐羅巴王后的頭頂，后冠和頭部是西班牙和葡萄牙，上半身是法國和德國，雙臂是義大利和日德蘭半島，下半身是南歐和東歐，含蓄地以長裙掩住，裙襬凸出處是伯羅奔尼薩斯半島，四周水域可見不列顛群島、斯堪地那維亞半島、丹麥群島、非洲和亞洲，禮服的領口是阿爾卑斯山，此處地圖繪製師破格馳騁想像，讓山脈從地中海岸橫跨歐陸至英吉利海峽。王后的項鍊是萊茵河，鍊墜是環繞波西米亞的群山，也可視為王后的心臟。

王后頭戴神聖羅馬帝國后冠，上頭寫著「伊斯班尼亞」（Hispania），意即「西班牙」，右手的金球是西西里島，上面鑲嵌著象徵神權的十字架，左手是丹麥，手中握著的權杖則象徵王權。

《歐洲王后地圖》於一五三七年由波西烏斯繪製，當時查理五世（Charles V）不僅是哈布斯堡王朝的統治者，也是荷蘭瓦盧瓦勃艮第公國繼承人，同時還繼承了卡斯提爾及阿拉貢的拉斯塔瑪拉家族，易言之——他身兼西班牙國王、神聖羅馬帝國皇帝、奧地利大公（管轄地包括低地國）和義大利國王，大半個歐洲和西班牙殖民地皆為其王土。查理五世的財富和權力史無前例，皆因其統治西班牙之故，因此，這幅歐洲地圖的后冠寫著「西班牙」。據說波西烏斯畫的「歐羅巴王后」是查理五世的王后伊莎貝拉，但其實這幅畫像畫得很籠統，說是任何一位王后都行得通。到了賓廷的年代，不論是其筆下的地圖，或是其對手塞巴斯蒂安·繆斯特（Sebastian Münster）、馬圖斯·誇得（Matthaüs Quad）繪製的「歐羅巴王后」，眾人大多已遺忘這位王后的身分。

右頁的「歐羅巴王后」收錄在賓廷一五九八年再版的《聖經行程錄》當中，出版地在馬格德堡，付梓時雖已重新製版，但和一五八一年的初版相差不大。

SEPTENTRIO.

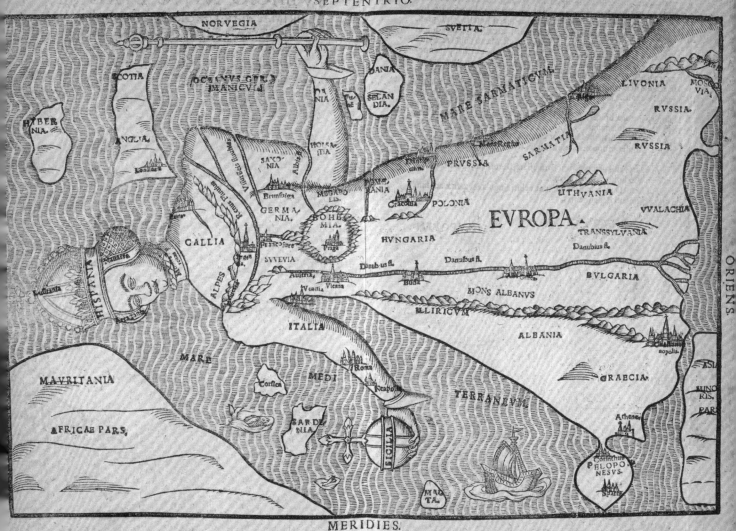

MERIDIES.

En tibi, formosæ sub forma Europa Puellæ
Viuida fœcundos pandit vt illa sinus.

Ridens Italiam dextrâ Cimbrosq; sinistrâ
Obtinet, Hispaniam fronte geritq; solum.

Pectore habet Gallos, Germanos corpore gestat,
Ac pedibus Graios, Sauromatasq; fouet.

世界第二部分——亞洲翼馬地圖，一五八一年

海因里希·賓廷作，馬格德堡出版

木刻及凸板印刷；245×350 mm（含頁邊）；
最寬處280×367 mm（含文字）

亞洲翼馬地圖跟酢漿草世界地圖（頁20）一樣，皆由海因里希·賓廷獨創。他稱亞洲為「世界第二部分」，並將其描繪成倍加速駛（Pegasus）。在希臘神話中，倍加速駛是一匹翼馬，背上長著一對翅膀，是海神兼馬神波賽頓（Poseidon）之子，母親是美女梅杜莎（Medusa），因貌美為波賽頓覬覦，在雅典娜神殿慘遭姦淫。在後世的傳說中，雅典娜十分憤怒神殿被褻瀆，在盛怒之下將梅杜莎變成郭珥貢女妖（Gorgon），梅杜莎從此一頭蛇髮、面目醜怪，任誰看了都會當場石化。英雄帕修斯（Perseus）被派去斬妖除怪，獲雅典娜致贈光亮盾牌一面，他看著盾牌上梅杜莎的倒影，揮劍斬下其頭顱，就在此時，翼馬倍加速駛和其兄弟巨人克里薩歐爾（Chrysaor）從斷頭處一躍而出。在雅典娜的幫助下，翼馬倍加速駛成為英雄貝勒洛豐（Bellerophon）的座騎，參與貝勒洛豐多場征戰，包括討伐亞馬遜女戰士、大敗噴火怪物奇麥拉（Chimera）。

貝勒洛豐因殺死奇麥拉而得意忘形，想要騎翼馬飛上眾神之鄉奧林帕斯山，因而觸犯天怒，宙斯指使翼馬將其甩下馬背。貝勒洛豐從天上摔回人間，眼睛瞎了、腿也瘸了，獨自流浪終老。翼馬則一路飛到了山頂，在宙斯的馬廄落腳，最後化為飛馬座。

翼馬在中世紀象徵名聲和智慧，在後世則象徵詩人泉湧的文思，然而，賓廷的亞洲翼馬地圖或許是受希臘詩人赫西俄德（Hesiod）的《神譜》（Theogony）影響，此書記載眾神的起源，其中倍加速駛生在「奧仙諾斯（Oceanus）之泉，奧仙諾斯是包圍陸地的汪洋，陸地上有人跡，帕修斯在此找到梅杜莎」。地圖上的翼馬面朝左，馬頭到馬嘴是小亞細亞（今土耳其），兩條前腿是阿拉伯，後腿是印度半島和東南亞，馬身是黎凡特諸國（今東地中海地區）、波斯和中亞，馬臀是遠東，翅膀是斯基提亞（今歐洲北部至黑海）和韃靼地區，馬鞍座氈是波斯的南部。

亞洲翼馬地圖似乎前無古人、後無來者，但賓廷這本《聖經行程錄》再版多次，書版眾多，除了木刻之外，也有銅板雕刻印刷的版本。右頁的亞洲翼馬地圖收錄在後來馬格德堡付梓的版本中，但和初版的版型十分相近。

SEPTENTRIO.

EVROPÆ PARS

Danubius fluuius

Mons Albanus

ALBA-NIA

GRÆCIA

CRETA

TERRE MEDI...

AFRICÆ PARS

Nilus fluuius

Alcair Memph AEGY

MEROE

ASIA MINOR

TARTARIA

MARE SCYTICVM

OCEANVS ORIENTALIS

ASIA MAIOR.

MESOPO TAMIA

ASSYRIA

SYDON DAMASCVS

TYRVS

IERVSALE

ARABIA DESERTA

ARABIA PATRÆA

SINVS PERSICVS

BABYLON

PERSIA

CARMANIA

MEDIA PAR THIA

INDIA INTRA Gangem

INDIA EXTRA GANGEM

INDIA Orientalis

India Meridionalis

IN MERIDIONALIS

ORIENS

MERIDIES.

sus Chriſtus magnus ille Beller ophontes, omnium malorum occiſor aſcendens **Pegaſum**, hoc eſt, in Aſia fontem doctrinæ aperies Solimos vicit, & chimæram interfecit
bile monſtrum quod flammas euomens caput & pectus Leonis habuit, ventrem autem Capræ, & caudam Draconis, hoc eſt, Siperauit ac Interfecit filius antiquum
raconem Diabolum, ſublato peccato more ac inferno:

新幾內亞的地形與方位，一五九三年

科內里斯·德鳩德作，安特衛普出版

銅板雕刻印刷；285×192 mm；

最寬處 340×215 mm

傑拉·德鳩德（Gerard De Jode, 1509–1591）與其子科內里斯（Cornelis，約1568–1600）是安特衛普首屈一指的地圖繪製師，在地圖銷售和地圖出版上皆傲視群雄，曾經出版過許多舉足輕重的地圖，有單張地圖，也有壁掛式的八張組圖，可謂鴻圖大展。

傑拉編纂的世界地圖冊《地圖科學》（*Speculum orbis terrarum*）於一五七一年完成，但事不湊巧，偏偏跟荷蘭製圖家亞伯拉罕·奧特里斯（Abraham Ortelius）打對臺。出版地圖冊需要資助和特權，奧特里斯名氣更響、影響力更大，因此捷足先登，於一五七〇年率先出版世界地圖冊《寰宇概觀》（*Theatrum orbis terrarum*）。傑拉雖然萬事俱備，但一直等到一五七七年（另一說為一五七八年）才等到東風。此時《寰宇概觀》已霸占書肆，《地圖科學》根本賣不起來。

傑拉不死心，著手準備再版《地圖科學》，卻在付梓前溘然長逝，由其子科內里斯於一五九三年完成。再版的《地圖科學》多了好幾幅地圖，其中意義重大者包括此處收錄的〈新幾內亞的地形與位置〉，這是印刷史上首見新幾內亞。科內里斯在這幅地圖的對頁自承對新幾內亞所知不多，提醒讀者解讀時要格外留心。有些評注者以為：地圖南邊的陸塊是澳洲首見於印刷品，因史載歐洲人首次到澳洲以一六〇六年為最早，登陸者是荷蘭達菲肯號的船長威廉·詹斯佐恩（Willem Janszoon），因此，製圖者顯然是依前人的描述來繪製。另有評論者認為，這純粹只是製圖者想像出來的「南方大陸」，當時地理學家相信南半球必定存在高密度的陸塊，如此一來才能與北半球各洲重量相抗衡，地球才得以順利公轉。

這幅地圖雖然為地理學界留下難解的習題，但卻讓古諺「惡龍出沒」（Here be dragons）躍然紙上，意思是「未知之地」。根據史載，這句古諺只在早期地圖中出現過一次，以拉丁文譯文「Hic sunt Dracones」橫書於一五〇五年製成的雷諾克斯地球儀（Lenox Globe），館藏地在紐約市立圖書館。右頁地圖上的惡龍儘管舌頭有刺、翅如蝙蝠、爪若老鷹，肖似歐洲傳統的龍圖騰，但有論者指出：製圖者描繪的其實是印尼的科摩多龍。近來研究顯示，科摩多龍是從澳洲往北遷，後來海平面上升淹沒大陸棚，今天的印尼群島才形成。

科摩多龍屬於巨蜥科，外表凶猛，平均身長二·六公尺，豬、鹿、人類都是其獵物，捕食方式類似大蟒蛇，其一是先生吞獵物，若無法消化再反芻，其二是用利齒將獵物碎屍成塊。總而言之，科摩多龍令人望而生畏，近似德鳩德地圖上的惡龍。

一五九八年～一七六〇年

地圖發行草創期

低地國雄獅地圖，一五九八年

小喬納斯·杜特肯作，阿姆斯特丹出版

銅板雕刻印刷；436×554 mm（含頁邊）

　　在獸形地圖中數一數二著名的，就是低地國雄獅地圖。低地國又稱十七省，過去是荷蘭和法蘭德斯的領土，即今日荷蘭和比利時。十七省的形狀就像一頭雄獅，各省的省徽和市徽也常見雄獅的蹤影，因此眾人欣然接受以雄獅來代表低地國。

　　雄獅地圖首度問世時，適逢低地國局勢動盪，十七省因朝代更迭、歷史遞嬗，日漸落入哈布斯堡王朝手裡，由歷代西班牙君王輪番統治。一五六八年，低地國為尋求獨立自治、掙脫西班牙統治的枷鎖，展開了長達八十年的獨立戰爭。首幅雄獅地圖的發想者是奧地利作家麥可·凡愛辛（Michael von Eitzing），雕刻師則是支持革命起義的弗朗斯·哈根堡（Frans Hogenberg）。哈根堡認為雄獅象徵力量與勇氣，雄獅主宰自身命運，獅吼令敵人喪膽。哈根堡將十七省化為獅身，呼籲各省團結一致，以對抗共同的壓迫者——西班牙國王。

　　哈根堡的雄獅地圖附在凡愛辛的《比利時雄獅》（De leone Belgico, 1583）中，書中敘述截至當時的獨立戰爭史。這次起義至一六〇九年方休，但休戰期一過，又是烽火連天，直到北部低地行省（今荷蘭）獨立，才終於停戰。

　　雄獅的形象必定在荷蘭引起了共鳴。從一五八三年到一六四八年，各式各樣的雄獅地圖在獨立戰爭期間大量流出，並且在荷蘭獨立之後依然印行不輟。本書收錄的是小喬納斯·杜特肯（Johannes van Deutecum Jr）一五九八年的版本，比哈根堡的原版地圖更加精雕細琢，其中最引人注目者，是杜特肯在地圖的左、中、右三側畫上精美的邊框，左右兩側的邊框是歷任總督的肖像，下側邊框則是諸位荷蘭省長的畫像，左下角和右下角的文字欄分別用荷蘭文和法文解釋雄獅地圖的意義，另有兩幅插圖畫著政府的所在地，一是布魯塞爾（Palatium Bruxellen Sie），二是荷蘭宮殿（Palatium comitū Holland）。

　　這幅雄獅地圖的印刷模板後來由克拉斯·楊茲·魏修（Claes Jansz. Visscher, 1587–1652）繼承，一六五〇再版時，維斯切爾做了幾處更動，好讓地圖跟上時代，例如肖像就多了兩幅，一位是阿卡迪克·費迪蘭（Archduke Ferdinand），一位是費德立·亨德利克王子（Prince Frederick Hendrick），前者是一六三四至一六四一年間的西班牙總督，後者是一六二五至一六四七年的荷蘭省長。

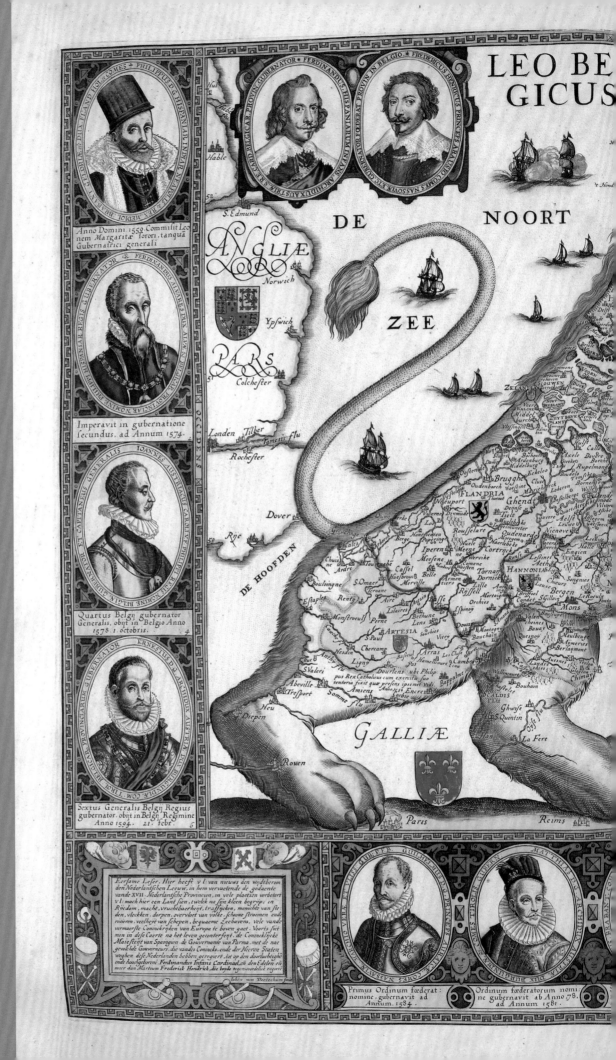

LEO BE
GICUS

DE NOORT ZEE

DE HOOFDEN

ANGLIÆ
PARS

S. Edmund
Norwich
Ypswich
Colchester
Londen Tilber
Rochester
Dover
Rye

GALLIÆ

Rouen
Diepen
Tresport
Abeville
S.Valeri
E.Staples
Boulongne
Monstroeul
Hesdin
Renty
S.Omaer
Teroane
Ardre
Calais
Oostende
Nieuport
Duinkercke
Berghe
Cassel
Haesbrouck
Merville
Bethune
Lens
Arras
Dourlens
Amiens
Somme flu
Perne
S.Paul
Souchies
Cambron
Bappalme
Encorbit
Corbie
Anne
La Fere
S.Quintin
Reims
Paris

FLANDRIA
Brugghe
Oudenborch
Ghendt
Rousselare
Iperen
Meesene
Wervike
Cortryck
Tielt
Oudenarde
Lessines
Aeth
HANNONIA
Lille
Tornay
Dornick
Mortaigne
S.Gillain
Bergen
Mons
Bauay
Chimay
La Fere

ZELANDIA
Veere
Middelburg
Vlissingen

Left column portraits:

PHILIPPVS D.G. HISPANIAE INDIAR.REX COMES PHILAND HOL.& DVX MEDIOL.& BRABANT
Anno Domini 1559. Commisit Leo
nem Margarita sorori, tanquā
Gubernatrici generali

FERDINANDVS ALVAREZ GVBERNATOR PHILIPPI HISPANIAE REGIS NOMINE PROVINCIAR BELG
Imperavit in gubernatione
secundus. ad Annum 1574.

IOANNES AVSTRIACVS CAROLI V. PHILIPPI REGIS NOMINE BELGII GVBERNATOR ET CAPITANEVS GENERALIS
Quartus Belgij gubernator
Generalis, obijt in Belgio Anno
1578. 1. octobris.   4

ERNESTVS D.G.ARCHIDVX AVSTRIÆ DVX BVRGVNDIÆ COM.TIROL & PROVINCIARVM GVBERNATOR
Sextus Generalis Belgij Regius
gubernator. obijt in Belgij Regimine
Anno 1594. 21. Febr.   6

FERDINANDVS HISPANIARVM INFANS S.R.E CARD.BELGICAR.PROVINC.GVBERNATOR

FREDERICVS HENRICVS PRINCEPS AVRAIS COMES NASSOVIÆ ETC GVBERN. PROVIN IN BELGIO.

GVILIELMVS D.G. PRINCEPS AVRIÆ COMES NASSOVIÆ

MATTHIAS D.G.ARCHIDVX AVSTRIÆ

Primus Ordinum foederat:
nomine. gubernavit ad
Annum. 1584.

Ordinum foederatorum nomi
ne gubernavit ab Anno 78.
ad Annum 1581.

Bottom text box:

Eersame Leser. Hier heeft v L van nieuws den wijdtberom
den Nederlandschen Leeuw, in hem vervaetende de gedaente
vande XVII Nederlantsche Provincien, in vele plaetsen verbetert
v L: mach hier een Lant sien, twelck na sijn kleen begrijp; in
Rijcdom, macht, vruchtbaerheyt, traffijcken, menechte van stæ
den, vlecken, dorpen, overvloet van volcke, schoone stroomen ende
rivieren, veelheyt van schepen, bequaeme Zeehavens, vele vande
vermaerste Coninckrijcken van Europa te boven gaet. Voorts siet
men in dese Caerte na het leven geconterfeyt, de Coninckliicke
Maiesteyt van Spangien de Gouvernante van Parma, met de nae
gevolgde Gouverneurs, die vande Conincks oude der Heeren Staten
weghen deese Nederlanden hebben geregiert, tot op den doorluchtighe
ende hooghgheboren: Ferdinandus Infans Cardinael, en den Edelen en
meer dan Martium Frederick Hendrick, die beyde teghenwoordelick regiere

Iohan van Doetechum fecit

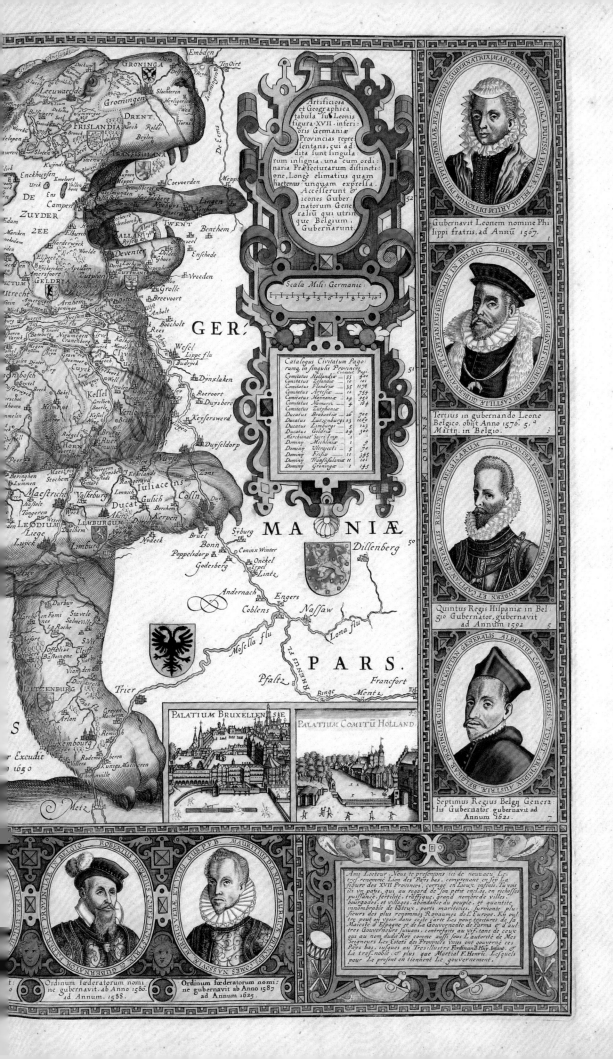

無題，諷喻世界地圖，一六○五年

約瑟夫·霍爾作，倫敦出版

銅板雕刻印刷；207×246 mm（含頁邊）

約瑟夫·霍爾（Joseph Hall, 1574–1656），神職人員、神學評論家、作家，一六○八年由威爾斯親王亨利立為宮廷司鐸，一六二七年冊封艾克希特市主教，一六四二年冊封諾里奇市主教，適逢英國內戰，時局混亂。

霍爾是著名諷喻作家，以拉丁文著作《發現新世界》（*Mundus alter et diem*）最為人所知，書名直譯為「另一個一模一樣的世界」，副標題是「時至今日吾人一無所知的南方大陸，經外國學者遠渡重洋後終於現形。墨丘利·大不列顛著。」該書於一六○五年假託由國外出版社發行，作者未署名，但眾人似乎心照不宣，都曉得霍爾就是作者，書名頁雖未標注出版日期，但由約翰·波特（John Porter）於一六○五年七月二日登記在書商行會的《書商註冊錄》。

《發現新世界》諷刺貪腐的反烏托邦，作者霍爾顯然是在挖苦當時的倫敦社會，但場景卻移至「南方大陸」（Terra Australis），當時地理學家相信南半球必定存在高密度的陸塊，如此一來才能與北半球各洲抗衡（詳見頁26）。《發現新世界》的敘事者搭乘幻想曲號，講述駛往南方大陸沿途見聞，書中一共有五幅地圖，由霍爾繪製，疑為威廉·基普（William Kip）刻本，右頁即為其中一幅，南方大陸清晰可見，另有四幅區域地圖描繪敘事者造訪的國度。

首先是放縱國（Crapulia），下轄饕餮省（Pamphagonia）和醺醉省（Ivronia），居民的食衣住行全離不開食物，沃土膏壤只栽種食用作物，多餘的毛皮外銷以進口更多食物，鳥兒飛來暴食到飛不動而成為盤中食物，居民買賣交易也用食物。

巾幗國（Viraginia）是母系社會，這裡的「巾幗」不是「巾幗英雄」，而是「母老虎」、「河東獅」，男人處處俯首帖耳、無權管家，太座死則改嫁奴婢或交小姨子差遣，家事全由男人打理，女人愛打就打，女人說話，男人不得插嘴，太座看上哪件衣服，丈夫須雙手奉上。巾幗之地是民主社會，只容女性參政，問題是（敘述者在此穿插了一則歧視女性的老哏）：女人有嘴無耳，只有別人聽她們的，沒有她們聽別人的。

笨伯國（Moronia）住著傻瓜，人民不諳耕種、生活窮苦，當地風俗多半暗諷羅馬天主教廷儀式，其一為薙髮，以免腦袋熱壞。第四幅區域地圖畫著盜匪國（Lavernia），居民為竊賊及騙子，成天劫掠笨伯國，以打家劫舍維生。

敘事者旅經四國，因眼前所見消沉喪志，返國後憂思更甚、智慧更增。

低地國雄獅地圖，一六〇八年

黑索·黑利得松作，阿姆斯特丹出版

銅板雕刻印刷；434×557 mm（含頁邊）

在荷蘭出版商的推廣和歐洲新教國家的支持下，低地國雄獅地圖十分暢銷，麥可·凡愛辛的原版地圖及其衍生版本（頁30）長銷不輟，後繼者也持續發揮創意推陳出新。

一六〇八年至一六〇九年間，荷蘭地圖繪製師黑索·黑利得松（Hessel Gerritsz, 1580/1–1632）推出前所未見的低地國雄獅地圖，低地國北端朝向地圖右側，雄獅疊印其上，獅頭是南部亞多亞省（今比利時），腰胯以下是北部低地行省（今荷蘭），包括須德海（Zuider Zee）。

這幅地圖的起源並不清楚，黑利得松好像準備了兩塊大同小異的印版，大概是要為兩家出版商排印。這兩塊印版後來落入不同人手裡，多年來由兩家敵對出版社翻印，付梓時附上自家出版標誌，第一家最晚到一七〇五年還在發行，第二家至一七二〇年前後仍可見刻本。本書收錄阿姆斯特丹地圖繪製師兼出版商克拉斯·楊斯·魏修的版本，地圖上可見其標誌，年代是一六五六年。

雄獅下方的文字譯文如下：

雄獅如是說：正如本獅碩大的身軀擁有強健的四肢，身軀上繪製的低地國也同樣強盛，只要能和平共處、同德同心，假以時日，其利必能斷金！

這幅地圖收錄在二十四冊的地圖集中，書中包括荷蘭市鎮平面圖和街景圖，相當了不起，書名是《下日耳曼尼亞·十七省全圖·各區地圖·低地國十七省圖冊……C·伯戴克編著》（*Germania Inferior, sive XVII Provinciarum geographicae generalis ut et particulares tabulae. Kaert-boeck van de XVII Nederlandtsche Provincien … Door C. Beudeker*），此書為編纂之作，大半篇幅為荷蘭地理學家威廉·布勞（Willem Blaeu）與約翰內斯·布勞合著的世界地圖冊《新寰宇概觀》（*Toonneel des Aerdrijcks, ofte Nieuwe Atlas*, 1648–1658）及《荷蘭市鎮大觀》（*Toonneel der Steden van de Vereenighde Nederlanden*, 1649）。這套二十四冊地圖集為荷蘭商人兼地主克里斯多福·伯戴克（Cristoffel Beudeker）彙編，成書於一七一八年前後，收藏了許多獨立出版的罕見地圖和平面圖，畫工精細，全以手繪上色。

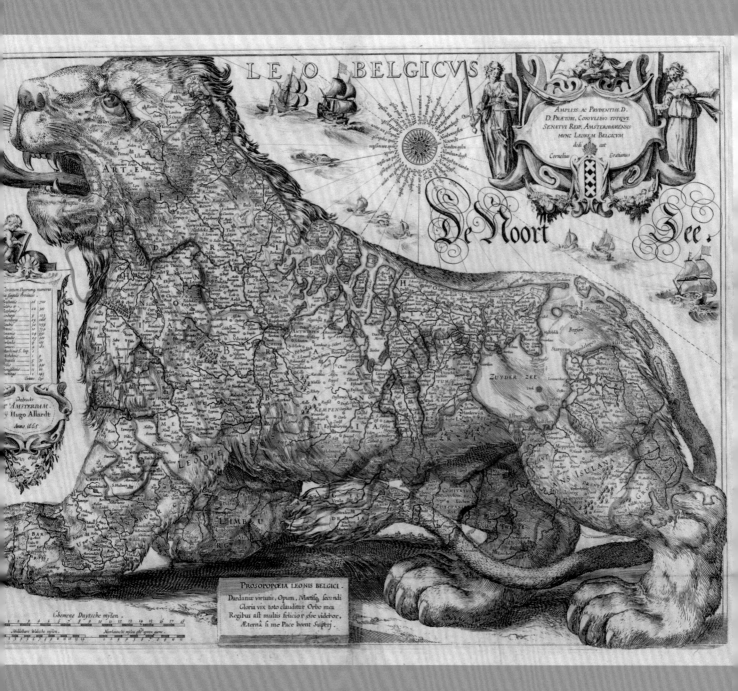

荷蘭雄獅地圖，一六〇九年

克拉斯·楊斯·魏修作，阿姆斯特丹出版

銅板雕刻印刷；462×561 mm（含頁邊）

克拉斯·楊斯·魏修出身刻匠，擅刻鏤和蝕刻，其刻本常可見花押字「CIV」或漁人圖案，前者為其全名縮寫，後者則為其姓氏「魏修」（Visscher）之意。魏修不久便自擁出版社，雖以出版地圖聞名，但同時也發行地景圖（尤其是全景圖）和五花八門的裝飾印物，其事業先由兒子尼可拉斯一世（Nicolas I, 1618–1679）接手，再由孫子尼可拉斯二世（Nicolas II, 1649–1672）繼承，第三任接班人是孫媳婦伊麗莎白（Elizabeth，活躍於1702–1726）。魏修的家業起初雖不敵荷蘭黃金時代的地圖繪製大師布勞（Blaeu）和洪第烏斯（Hondius），但後來卻逐漸成為數一數二的地圖出版商，在當時可謂稱霸阿姆斯特丹，全球無人能出其右。

這幅荷蘭雄獅地圖（Leo Hollandicus）與30頁和32頁的低地國雄獅地圖（Leo Belgicus）截然不同，僅描繪北部低地行省（今荷蘭）起義反抗西班牙統治，低地國雄獅地圖則涵蓋低地國十七省。

初版的荷蘭雄獅已不可得且無出版紀錄，僅見一六三三年和一六四八年再刷的版本。雖然學界對於首刷何時付梓議論紛紛，但考據荷蘭獨立戰爭及地圖邊框的精美插圖，初版時間應該在一六〇九年下半。

一六〇九年四月九日，荷蘭共和國和西班牙王國簽署十二年休戰協定，雙方停戰至一六二一年。此時荷蘭獨立戰爭雖未告終，但人民及出版商皆看出西班牙軍力不敵反抗勢力，荷蘭獨立在休戰協定上已是既成事實，獨立建國指日可待。鑒於這幅地圖難掩豪情萬丈，處處是露骨的愛國情操，故推論應在休戰協定簽妥後便排印販售。地圖中央的雄獅肩荷寶劍，上頭寫著「保家衛國」（Patriae Defensio），雄獅成功守衛荷蘭各省獨立，自一五六八年獨立戰爭開打以來便堅守崗位、抵禦外侮。

地圖左右兩側是十二幅精美的插圖，呈現荷蘭主要城市的景象，包括多德雷赫特（Dordrecht）、阿姆斯特丹（Amsterdam）、鹿特丹（Rotterdam）、恩克赫伊森（Enckhuysen）、哈倫（Haerlem）、萊頓（Leyden），三十二個市徽和鎮徽則在地圖下方一字排開。

地圖上方則可見兩幅插圖，左圖是南荷蘭省農夫（Agricolae Hollandiae Australis）及貴族（Nobiles Hollandi）觀看冰上駛帆，右圖描繪商人、市民（Mercatores seu Cives）、北荷蘭省農夫（Agricolae Hollandiae Borealis）觀望陸上駕帆。這兩幅插圖充分反映人民對戰後荷蘭的期許：一是重新擴張貿易，二是重返戰前榮景；此外，透過奇特的冰上風帆和陸上風帆，寄寓發明風氣和創新精神再次帶動經濟增長，對於海外貿易尤其有益，一如荷蘭東印度公司（Vereenigde Oost-Indische Compagnie，簡稱VOC）一六〇二年成立後鴻圖大展。

一六二一年，休戰協定屆滿，兩國再次干戈相向，這一波戰事併入歐陸三十年戰爭（Thirty Year's War, 1618–1648），一六四八年終戰，西班牙王國與荷蘭共和國簽署《明斯特條約》（Treaty of Münster），正是魏修再版荷蘭雄師的大好時機，一來荷蘭共和國獨立建國，二來海上霸業嶄露頭角，東山再起已曙光漸露。

桌遊世界地圖，一六四五年

皮耶·杜瓦作，巴黎出版

銅板雕刻印刷；395×516 mm（含頁邊）；

最寬處401×516 mm

　　皮耶·杜瓦（Pierre Duval，另一拼法為Pierre du Val, 1619–1683）咸認是桌遊地圖的鼻祖，結合不同元素以收寓教於樂之效。在這款桌遊地圖之前，歐陸已有多款遊戲地圖問世，例如書商兼出版商約翰·沃夫（John Wolfe）或因早年在義大利發展，故而對遊戲地圖十分了解，一五八八年於英國登記兩款地圖遊戲專利；第一副撲克牌地圖則於一五九〇年於倫敦發行。

　　當時最流行的遊戲是「賽鵝圖」（Jeu de l'Oie），棋盤是迴旋賽道，十六世紀便已風靡全歐，其起源應該更早，在歐陸各地皆有名稱，英文叫「Game of the Goose」，西班牙文是「Juego de la Oca」，義大利人稱其為「Gioco dell'Oca」，德文是「Gänsespiel」或「Ganzenbord」，葡萄牙文喚「Jogo do Ganso」，不勝枚舉，意思都是「賽鵝圖」。傳統賽鵝圖共六十三格，有些最初可能帶有象徵意涵或宗教色彩，玩家或擲骰子，或轉陀螺骰，比賽看誰先走到最後一格——上頭通常寫著「完局」（game）或「終點」（home）。這種擲賽遊戲比的是運氣而非技巧，遊戲規則類似現代的蛇梯棋（Snakes and Ladders）：玩家輪流擲骰子，依指示在棋盤上移動。賽鵝圖的棋格通常有賞罰，要玩家前進、後退、罰錢、再擲一次或休息一回，此外還有「死局」，蛇梯棋則沒有，倒楣的玩家走到這一格便直接出局。

　　杜瓦的〈桌遊世界地圖〉（Jeu du Monde）是目前所知最早結合賽鵝圖的桌遊地圖，從棋盤下方的版次紀錄可知其於一六四五年發行。這款桌遊地圖十分罕見，專家大抵同意世上僅存三幅，右頁為其中一幅，目前藏於大英圖書館。然而，現存三幅地圖顯然經過刪改，尤以右下角亞洲插圖左側的文字最為明顯，可見尚有更早的版本佚失。儘管遊戲地圖層出不窮，結合賽鵝圖的桌遊地圖仍然最受玩家青睞，五花八門的版本紛紛問世，各家出版商在舊有遊戲規則下翻出新花樣。

　　杜瓦的〈桌遊世界地圖〉不像傳統賽鵝圖走到某一格要罰錢，但若兩位玩家走到同一棋格，先到的玩家必須退回到後到玩家先前的棋格。此外，玩家必須剛好走到第六十三格（法國）才算贏，超出步數必須後退，等到下一輪重新擲骰。

　　為了讓玩家知道自己走到哪一洲，棋盤四角可見四大洲索引圖，棋盤中央則是兩幅粗略的世界地圖，一是東半球、一是西半球，僅作辨認四大洲位置之用。

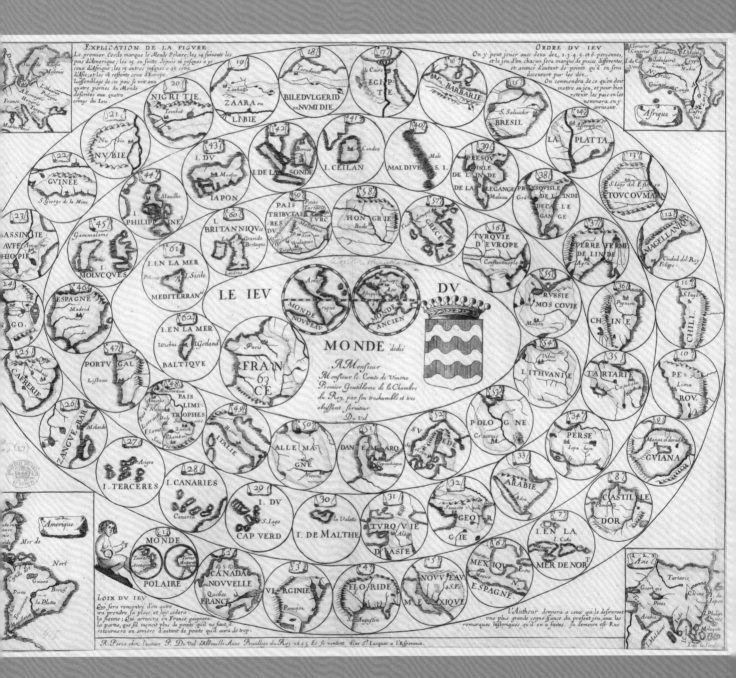

41

世界海港（遊戲？）地圖，一六五〇年

尼可拉斯·貝侯作，巴黎出版

銅板雕刻印刷；343×342 mm（含頁邊）

這幅圓形地圖署名尼可拉斯·貝侯（Nicolas Berey），應出自尼可拉斯一世（1610?–1665）手筆，相當難得一見。就筆者所知，至今尚無完好無缺的版本。貝侯父子是巴黎首屈一指的出版商，尼可拉斯一世應於一六二九年起在出版界嶄露頭角，一六四〇年鋒芒畢露、縱橫書市，直至臨終；尼可拉斯二世（1640–1667）繼承其父衣缽，但僅兩年便撒手人寰。

這幅地圖以三個圓形（或環形）雕版印製，最內圈是地圖的名稱、貝侯的落款、東半球和西半球的迷你地圖，第二圈是四大洲地圖，最外圈是八個歐洲地區的地圖，包括不列顛諸島、西班牙、法國、義大利、希臘、斯堪地那維亞。

這幅地圖現存僅見同心圓部分，與杜瓦的桌遊地圖（詳見頁40、48）有幾分形似，或許也做為遊戲之用，遊戲規則推估刻印在已佚失的地圖外圍四角，少了規則便無從得知這是什麼遊戲，但肯定不是賽鵝圖──因為少了迴旋賽道，或者說根本沒有賽道，地圖上沒有數字、沒有起點、沒有終點、沒有棋格，換句話說──根本無從證明這是一款遊戲，只能說這幅地圖的形狀罕見，形似當時的遊戲地圖，但或許只是設計來當作地理課的教具或是海運商賈的備忘錄。

總而言之，這是一幅耐人尋味的地圖，但現存的版本殘破不全，法國國家圖書館（Bibliothèque nationale de France）沒有館藏紀錄，其餘線上檢索也無結果。

43

環法跳棋地圖，一六五二年

皮耶・杜瓦作，巴黎出版

銅板雕刻印刷；每一格地圖約51×51 mm；棋盤最寬處420×402 mm

皮耶・杜瓦發行桌遊世界地圖後，緊接著便推出這款跳棋（Jeu de Dames）地圖。一般跳棋的棋格是黑白相間，杜瓦的版本以法國三十二省草圖取代黑色棋格，分別是：貝亞恩（Bearn）、加斯科涅（Gascogne）、隆格多克（Languedoc）、盧埃格（Rovergue）、奎爾奇（Querci）、佩里戈爾（Perigort）、安古木瓦（Angoumois）、聖東日（Saintogne）、基恩（Guienne）、勃根地（Bourgogne）、布瑞斯（Bresse）、多菲納（Dauphine）、普羅旺斯（Provence）、塞文山脈（Cevennes）、里昂（Lyonnois）、奧文尼（Auvergne）、波旁（Bourbonnois）、尼維爾內（Nivernois）、貝里（Berri）、馬許（March）、

利莫贊（Limosin）、普瓦圖（Poictou）、圖蘭（Tourraine）、安茹（Anjou）、布列塔尼（Bretagne）、緬因（Maine）、佩爾什（Perche）、博斯（Beauce）、香檳（Champagne）、皮卡第（Picardie）、諾曼地（Normandie）、法蘭西島（Isle de France）。

這三十二省大小有別，為了調整成棋格尺寸，三十二幅地圖的比例尺迥異，排列上也不照特定地理順序，但確實涵蓋全法國。對於地圖出版商而言，這種跳棋地圖是一種創新，讓民眾得以接觸地圖，除了激發民眾對杜瓦遊戲地圖的興趣，也對其庫存的地圖感到興味，包括法國各省地圖、法國地圖（棋盤上的草圖應出自於此）以及世界地圖。

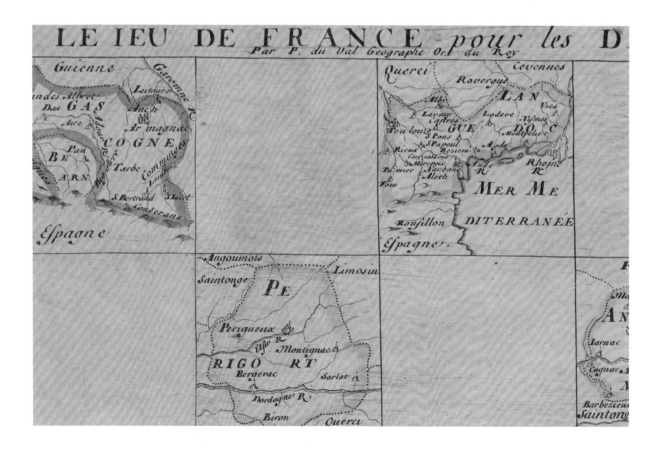

LE IEU DE FRANCE pour les DAMES

Par P. du Val Geographe ord.re du Roy

BE ARN

GAS COGNE BE ARN

LAN GUE DOC MER MEDITERRANEE

ROVER GUE

QUERCI Languedoc

PE RIGORT Guienne

AN GOU MOIS Saintonge

SAIN TON GE Guienne

GUI EN NE Gascogne

BOUR GO GNE Bresse

BRES SE Dauphiné

DA UP HINE Provence

PRO VEN CE MER MEDITERRANEE.

VELLAY GIVAUDAN VIVA RAIS Languedoc

LI ON NOIS Lyon

AU VER GNE Limosin

BOUR BON NOIS Auvergne

VIVER NOIS Bourbonnois

BERRI Marche

MARCH E Limosin

LIMOSIN Querci

PO ICTOU Ocean

TOU RAINE Poictou

AN IOU Poictou

GRAND BRE TAGNE OCEAN

MAI NE Anjou

PERCHE. Maine Beauce

BEAU CE Berri

CHA PAGNE

Pais bas PICARDIE

Le Manche ou Mer Britannique NOR MAN DIE

ISLE DE FRAN CE Paris

A Paris chez l'Autheur pres le Palais a l'Entree de la Cour St Eloy 1652 avec privilege du Roy pour 20 ans

無題，溫柔鄉地圖，一六五五年

德·斯居黛里夫人作，倫敦出版

銅板雕刻印刷；200×295 mm（含頁邊）

羅曼史《克萊莉亞》（*Clelia*）由德·斯居黛里夫人（Madame de Scudéry, 1607–1701）著，主角是亞龍希（Aronces）與未婚妻克萊莉亞（Clelia），故事發生在婚禮前夕，這對愛侶與女方家人同遊卡普阿，半途遭強震拆散，情敵賀瑞提斯（Horatius）趁虛而入，將克萊莉亞擄至佩魯賈城（即今義大利佩魯賈）。這則故事的背景在西元前六世紀，伊特魯里亞王國攻打羅馬，前者由拉爾斯·波森納（Lars Porsena）掌權，後者由盧基烏斯·塔奎尼烏斯·蘇培布斯（Lucius Tarquinius Superbus）執政。故事提到「她親手設計一幅路線圖，教導我們從親善走入溫柔鄉，路上有山川湖海、大城小鎮，跟真正的地圖幾無二致。」

克萊莉亞一角典出《希臘羅馬名人傳》的羅馬女英雌克黎莉婭（Cloelia）。鑒於羅馬與伊特魯里亞簽署的停戰協定，克黎莉婭被遣送至伊特魯里亞當人質，過了不久便帶領一群羅馬少女出逃，游過台伯河回到羅馬。

溫柔鄉（Land of Tenderness，地圖上並未明寫）由三條河劃出邊界：「具結溪」（Recognaisance F.）、「尊重溪」（Esteem F.）、「傾心河」（The River of Inclination），最終匯入「危險海」（The Dangerous Sea），河邊各有同名聚落。故事中男女主角從「新友誼鎮」出發，「傾心河」切穿該鎮與整張地圖，地圖上共有四條「路」可以走，其中兩條幸福快樂之路在「傾心河」兩岸，走左岸會經過「滿意村」（Complacency）、「溫順村」（Submission）、「小惠村」（Small cares）、「殷勤村」（Assiduity）、「銘心村」（Empressment）等聚落，最後抵達「具

結溪溫柔鄉」（Tender upon R[ecognaisance]）；沿著右岸則會經過「勇氣村」（Great spirit）、「情詩村」（Pleasing Verses）、「愛語村」（An amorous letter）、「真誠村」（Sincerity）、「寬心村」（A great h[e]art）等聚落，最後抵達「尊重溪溫柔鄉」（Tender upon Esteem）。愛侶也可以在「傾心河溫柔鄉」（Tender upon In[clination]）過橋，將彼岸走一回。

另外兩條遠離河岸的是不幸之路。右邊這條經過「怠忽村」（Negligence）、「失衡村」（Inequality）、「冷淡村」（Lukewarmnes）、「輕浮村」（Lightnes）、「遺忘村」（Forgetfulnes），最後抵達「淡漠湖」（The Lake of Indifference）；左邊行經「失檢村」（Indiscretion）、「背信村」（Perfidiousnes）、「侮辱村」（Obloquy）、「毀禍村」（Mischief），最後抵達「憎恨海」（The Sea of Enmity），海面上可見一艘沉船。如果走得太遠，戀人會遇上「危險海」，海裡危石遍布，過了海則是「未知大陸」（Countreys undiscovered）。

德·斯居黛里夫人是法國貴族，著有羅曼史多部，筆下人物靈感大多來自其親友，這幅地圖也是如此，因受友人啟發，作於一六五三年十一月某日，以地理空間呈現愛情歷程，一六五四年由保羅·佩利松（Paul Pellisson）繪製，做為《克萊莉亞》的插畫出版，一六五五年至一六六一年間英譯本問世，一六七八年英譯本再版。溫柔鄉的地名源自法國宮廷對戀愛與求愛的觀念，用語雅馴，表達對戀愛的超然理解，不同於後世以「上壘」為地標的戀愛地圖。

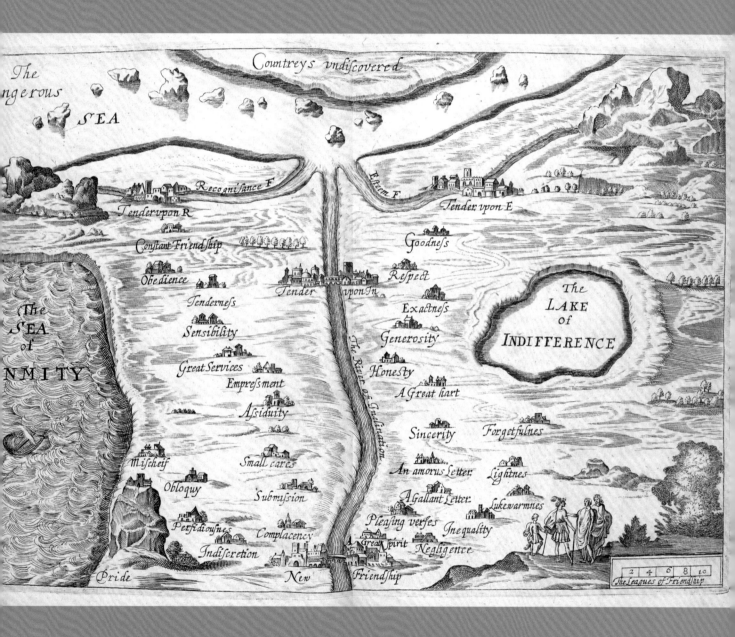

The Dangerous SEA

Countreys vndiscovered

Recognisance F.

Tender vpon R

Esteem F.

Tender vpon E

Constant Friendship

Goodness

Obedience

Respect

Tenderness

Tender vpon In.

Exactness

Sensibility

Generosity

The SEA of ENMITY

Great Services

Honesty

Empressment

A Great hart

Assiduity

The River of Inclination

Sincerity

Forgetfulnes

The LAKE of INDIFFERENCE

Small cares

An amorus Letter.

Lightnes

Mischeif

Obloquy

Submission

A Gallant Letter.

Lukewarmnes

Persidiousnes

Pleasing verses

Inequality

Complacency

Great Spirit

Negligence

Indiscretion

Pride

New

Friendship

2 4 6 8 10
The Leagues of Friendship

一「賭」法國地圖，一六五九年

皮耶・杜瓦作，巴黎出版

銅板雕刻印刷；最寬處 383×526 mm

這款遊戲地圖由皮耶・杜瓦設計，利用法國地圖做為遊戲棋盤（參照頁40），這次的棋盤是賽鵝圖，迴旋賽道上的棋格是法國各省，第六十三格「完局」是法國地圖。

遊戲地圖大多做為寓教於樂之用，但杜瓦這款地圖卻是賭博遊戲。本書收錄的其餘遊戲用的是代幣，一「賭」法國地圖（Jeu de France）則是真的賭錢，規則如下*：

玩家先決定遊戲使用的錢幣，包括一旦（十二旦為一蘇）、一梭（後改名為一蘇）、一特（歐洲古銀幣，有多種面額）、一匹（金幣），決定好後便以此支付各種費用、款項、贖金、罰款、關稅、稅捐，繳出來的錢幣全擺在棋盤中間獎盃處，最後由贏家通吃。

贏家必須剛好走到第六十三格，超出步數則必須從第六十三格往後退，等到下一輪重新擲骰。

以上遊戲細則（Loix particulieres du jeu）印在迴旋賽道外、棋盤左右下角，並附注走到特定棋格的賞罰，例如走到第六格諾曼地（Normandy）必須大喊「喂！老二！」以召喚諾曼地首任公爵勞爾（Raoul），其餘玩家須繳給他一枚錢幣。

一「賭」法國地圖沒有「死局」，但走到第二十三格圖賴訥（Touraine）必須休息兩回合，走到第五十二格隆格多克（Languedoc）必須等到另一位玩家走到這一格才能再擲骰。走到普羅旺斯（Provence）則航行至義大利途中遭海盜劫持，需付贖金才能繼續。有些棋格只要玩家肯付錢幣就能快速前進，例如第十三格布列塔尼可以搭船到第四十四格的波爾多（Bordeaux），第三十九格的巴斯克自治區（Basque country）可以前進至第四十七格雷島（Île de Ré）。

各省地圖大抵依實際地理位置列於棋格上，從東北往南至地中海沿岸，第六十二格是坎城及其外島，第六十三格法國棋格特別大，不僅做為「完局」，也做為主地圖對照棋格中法國各省的位置。

右頁的一「賭」法國地圖是再版，上頭保留首刷日期一六五九年，同時也有安東尼・德・費爾（Antoine de Fer）一六七一年的再版紀錄。

---

* 翻譯自作者的英譯。

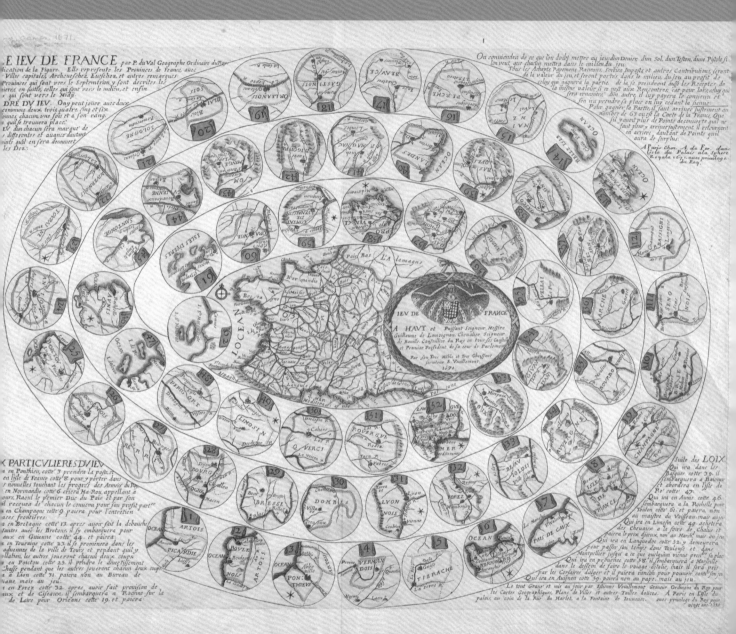

歐洲親王遊戲地圖，一六六二年

皮耶·杜瓦作，巴黎出版

銅板雕刻印刷；404×526 mm（含頁邊）

　　這幅遊戲地圖由皮耶·杜瓦設計，又是將地圖套至賽鵝圖的例子，而且也是賭博遊戲。（參照頁40、44、48其他杜瓦設計的地圖）。地圖上有六十三格圓形棋格，每格是一幅歐洲國家地圖，中間的方形是歐洲地圖，遊戲時充作銀行。

　　想獲勝就必須剛好走到第六十三格，也就是法國這一格。杜瓦寫道：

> 贏家必須剛好走到第六十三格，這格畫著法國，是世界之眼、全球之珠，法國之於歐洲，正如同歐洲之於全球。

　　贏家不僅能得意自己打敗對手，而且還能掏空「銀行」，贏走所有罰金、贖金、進口稅等。

　　有一條遊戲規則，玩家可以決定要不要採用：就是每走到一格就要說出該國的名字和主要城市。

　　遊戲規則（Loix du jeu）印在棋盤右上角和右下角，說明走到特定棋格的賞罰，尤以第五格、第五十九格、第五十七格的最為嚴厲。走到第五格（葡萄牙，Portugal）必須在此等候開往東印度的船班，要一直等到其他玩家走到這一格才能再擲骰。走到第五十九格（克里特島，Crete）要坐牢，原因是密謀反抗土耳其統治者，一樣要等到其他玩家走到這一格才能再擲骰。走到五十七格（小韃靼利亞，Petite Tartarie）要付贖金，獲釋後必須退回西班牙重新開始。最有意思的或許是第六格，這格是荷蘭，走到這格要前進到第六十格協助英王查爾斯二世和葡萄牙公主凱瑟琳·布拉甘薩大婚，婚期是一六六二年五月二十一日，正是這幅地圖的初版年分。

　　本書收錄的是一六七〇年的再版，修改日期以及加上新發行人亞利克斯·休伯特·傑諾特（Alexis-Hubert Jaillot）的印記，也就是尼可拉斯·貝里（Nicolas Berey）的女婿及繼承人。

LE IEV
DES PRINCES
DE LEVROPE,
Par P. Du Val Geographe
du Roy

威尼斯貴族子嗣專用遊戲地圖教具，
大約一六六五年

卡西米爾·費舍作，威尼斯出版

銅板雕刻印刷；紙張615×832 mm，兩張拼成

本圖或許是現存最早於法國海外出版的遊戲地圖，作者卡西米爾·費舍（Casimir Freschot，約1640–1720）是法國人，受僱在威尼斯共和國議員尼可洛·米契爾（Nicolò Michiel）家中教導其三個兒子：安傑羅（Angelo）、康斯坦丁諾（Constantino）、希爾洛尼莫（Hieronimo）。費舍旅居威尼斯的確切年月雖不得而知，但十之八九是在他還年輕的時候。

身為家庭教師，費舍繪製這幅大型桌遊地圖做為教具，獻辭的地方列著三位家教學生的名字，內容由一百五十三張迷你地圖拼成，終點威尼斯畫在正中央，篇幅大過其他地區以襯其地位。此外，地圖上方邊界可見獻辭、遊戲規則（Regole del giuoco）和四大洲地圖，包括亞洲、歐洲、非洲、美洲。

費舍著述等身，作品約五十部，但繪製過的地圖目前僅知這一幅，圖上的地形並不精確，不太可能全由他親手繪製，比較合理的做法是仿製已出版的遊戲地圖（譬如皮耶·杜瓦的作品），或者剪裁四大洲的概略地圖（因此許多幅小圖的邊界才會這麼粗糙）。費舍的手稿為何得以出版？想必是得到尼可洛·米契爾資助。當時的遊戲地圖教具大概以清楚明瞭、寓教於樂為重，地理學上的正確與否則次之。

這幅教具採安東尼奧·法蘭西斯科·魯契尼（Antonio-Francesco Lucini, 1610–約1665）刻本，魯契尼是義大利雕刻名匠，羅伯特·杜德利爵士（Sir Robert Dudley）的海圖集《海洋奧祕》（*Dell'Arcano del Mare*）即為其刻本，一六四六年至一六四七年間於佛羅倫斯出版，魯契尼從此聲名大噪，晚年刻本以「Il Cav:re AF: Lucini Fecio」署名，費舍的地圖亦可見此落款，推斷該圖約於一六六五年出版。

費舍將地圖套至賽鵝圖，棋盤雖然呈矩形，但同樣有迴旋賽道，從外圍朝中心走向終點威尼斯。棋格裡的地圖有四種排法，方便坐在四側的玩家觀看，這顯然是合情合理的做法，畢竟棋盤很大，但或許也是刻匠便宜行事，一邊轉動雕板一邊刻。然而，這種刻法的效果很奇妙，若將棋盤擺正（以文字說明為準），最上面幾排的地圖全部上下顛倒。

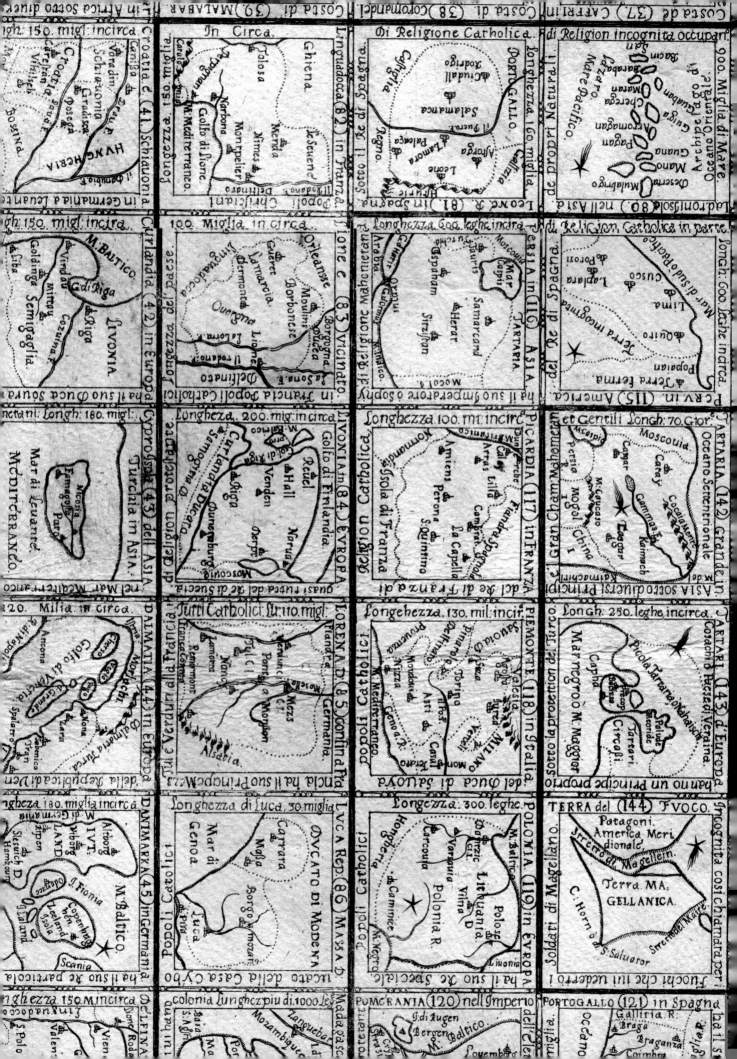

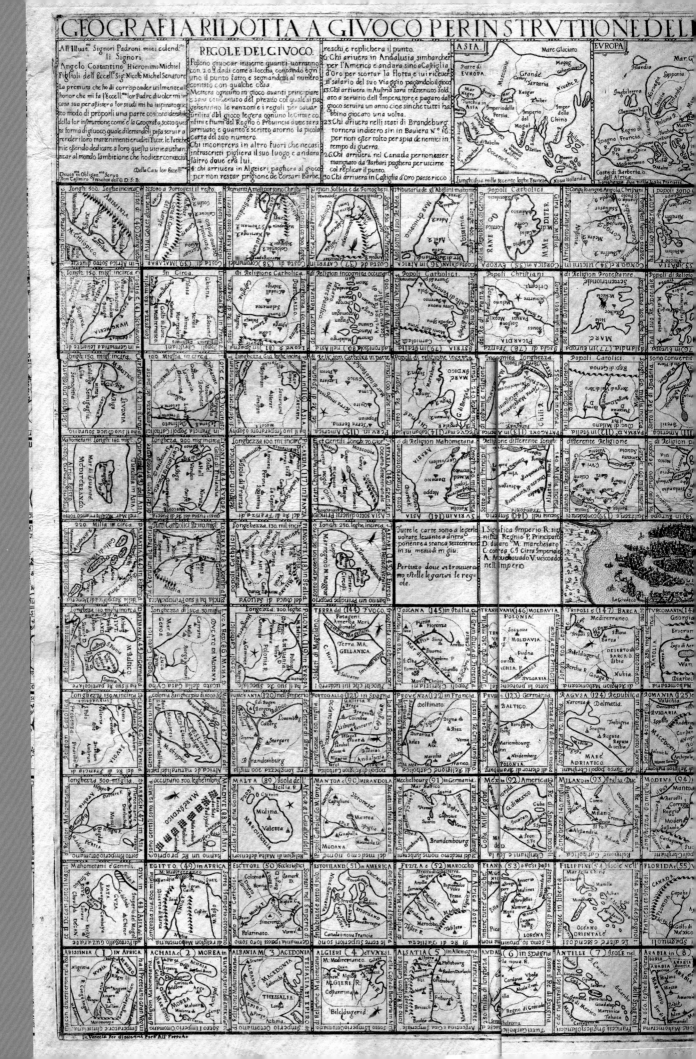

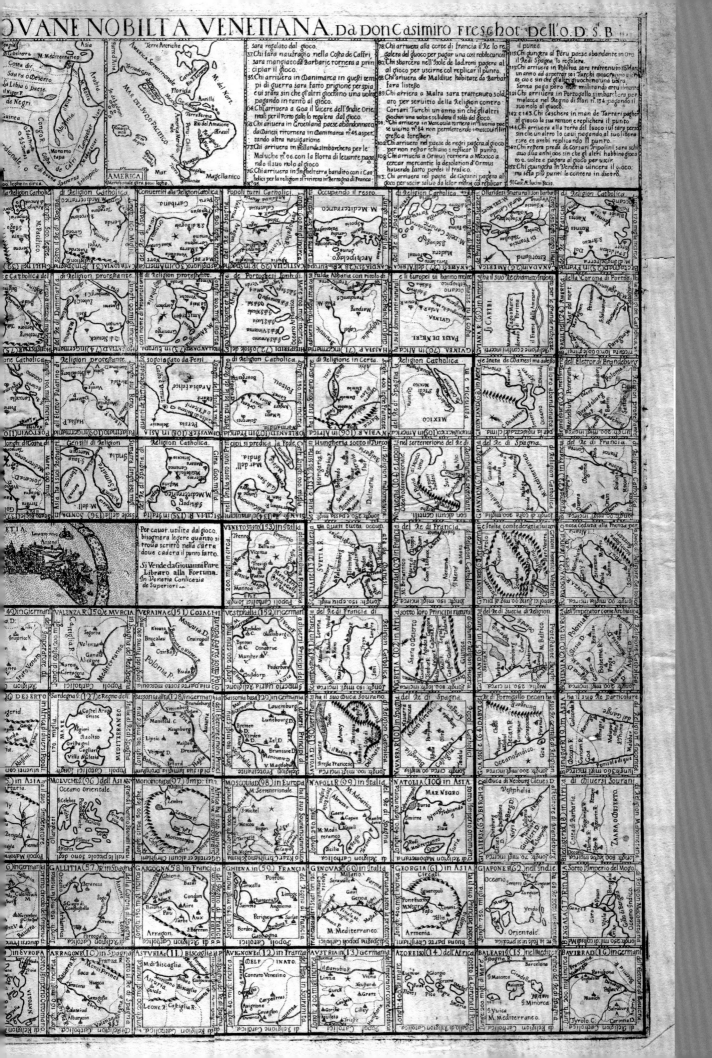

波西米亞玫瑰地圖，一六七七年

克里斯多福·維特作，布拉格出版

銅板雕刻印刷；388×263 mm（含頁邊）

這幅波西米亞（今捷克共和國西半部）玫瑰地圖可見拉丁文標題，中譯為：「波西米亞玫瑰浴血數百年，目睹殺伐八十餘場，首度以玫瑰之姿在地圖上綻放」。此圖由克里斯多福·維特（Christoph Vetter, 1575–1650）繪製，沃夫剛·基里安（Wolfgang Kilian）一六六八年刻本，後者出身奧格斯堡的刻匠世家，刻本收錄於布胡斯·阿羅希爾斯·巴爾比努斯（Bohuslaus Alousius Balbinus）著作的《波西米亞簡史》（Epitome historica rerum Bohemicarum），一六七七年問世。

玫瑰圖案與南波西米亞息息相關，此區兩大貴族世家的家徽都是玫瑰，羅日姆貝克（Rozmberks）世家是紅玫瑰，赫拉德茨（Hradec）公爵是黑玫瑰，任何波西米亞人應該都曉得玫瑰代表的意思，尤其花心畫著布拉格，層層花瓣向外綻放，每一瓣都是一區，共十八個行政區（如附注所列），除了布拉格和其餘十四區，還有洛克特（Loket）、海布（Cheb）、赫拉德（Hlad），以上三區由哈布斯堡王朝特別賦予法律和地方特權。

這幅地圖顯然是哈布斯堡王朝的政宣，最上方印著「正義與虔誠」（Iustitia et Pietate），正是利奧波德一世（Leopold I, 1640–1705）的格言。利奧波德一世頭銜眾多，包括神聖羅馬帝國皇帝、奧地利大公、波西米亞國王。此外，玫瑰扎根於維也納——哈布斯堡王朝的首都兼政治中心，哈布斯堡王朝自一五二六年起統治波西米亞。

布拉格一度是哈布斯堡王朝的首都，一六〇九年神聖羅馬帝國國王魯道夫二世（Rudolph II）建都於此，同年於著作《魯道夫殿下》（Maiestas Rudolphina）中保證波西米亞長久享有宗教自由與宗教寬容。然而，繼位者馬提亞斯一世（Matthias I）和斐迪南二世（Ferdinand II）卻沒那麼大的肚量，波西米亞新教徒飽受迫害，因而起義推翻波西米亞國王斐迪南二世，並自行推選腓特烈五世（Frederick V）為王，史稱新教冬王，冬后是伊麗莎白·斯圖亞特（Elizabeth Stuart），又稱紅心王后，其父是英格蘭及蘇格蘭的國王詹姆士六世及一世（James I & VI）。一六二〇年白山之役（Battle of White Mountain）雖然弭平了波西米亞叛亂（Bohemian Revolt, 1618–1620），但三十年戰爭（1618–1648）已於歐陸開打，堪稱歐洲史上最殘暴駭人的戰事，各國因宗教和政治利益血流成河，期間殺人如麻、餓殍遍野、寸草不生。

維特於地圖左下角詩歌傳遞訊息，強調哈布斯堡王朝統治波希米亞利多於弊，尤以能為此區帶來長治久安為最，譯文如下：

> 最最優雅的玫瑰，長於波西米亞深林，武裝雄獅隨侍在側。此玫瑰乃浴戰神之血而生，而非自浪花中而來。Here Rhodes（原文如此）。深林長於斯，邦國立於此。無所畏！無所懼！可愛的玫瑰！他*北上來到這優雅的園林，戰火停歇，在這無語的玫瑰前！

---

* 奧地利人。

IVSTITIA ET PIETATE

BOHEMIÆ ROSA

DISTRICTVS

1. Pragensis.
2. Vultaviensis.
3. Podbresiensis.
4. Prachensis.
5. Pilsnensis.
6. Zatecensis.
7. Racovnicens.
8. Curimensis.
9. Hradecensis.

10. Chrudimensis.
11. Czaslaviensis.
12. Slanensis.
13. Litemericens.
14. Boleslaviens.
15. Loctensis.
16. Bechinensis.
17. Egrensis.
18. Glacensis.

Crevit in Hercinio Rosa formosissima Saltu;
Stat gener armatus pro Statione Leo.
Hæc Rosa non Veneris, Sed crevit Sanguine Martis;
Hic Rhodus, hic saltus, fata; terra fuit.
Nil Rosa pulcra time! Hercijnos venit Auster in hortos;
Sub tacita silent horrida bella Rosa.

BOHEMIÆ ROSA
Omnibus saculis cruenta, in qua plura
quam 80 magna pralia commissa sunt,
nunc primum hac forma excusa.

Chr. Vetter inuen. et delineauit.
Wolfg. Kilian sculsit Augustæ.

卡戎形狀的波羅的海寓意地圖，一七〇一年

魯夫·魯德貝克二世作，烏普薩拉出版

銅板雕刻印刷；200×170 mm

魯夫·魯德貝克二世（Olof Rudbeck Jr, 1660–1740），瑞典知名科學家、植物學家、作家，曾任卡爾·林奈（Carl Linnaeus）的家教老師，後者創立林奈氏分類系統為植物命名。魯德貝克著有《魯夫·魯德貝克二世北遊記——拉普蘭印象》（*Olavi Rudbeckii filii Nora Samolad sive Laponia illustrata*），全書以日記體寫成，記敘作者一六九〇年代到拉普蘭的遊記，其中一段描寫作者橫渡達爾河（River Dalälven），此河流經瑞典，在波的尼亞灣出海，渡著渡著，魯德貝克自況起希臘神話的冥河擺渡人卡戎（Charon），接著想想附近的地形，又想起了古希臘人對卡戎相貌的敘述：

> 忽又想起現代作家言之鑿鑿，都說波羅的海形似巨人，倘若把標準放寬一點，倒還真那麼一回事，像到簡直把其他國家都比了下去，什麼歐洲像聖母瑪莉亞啦，荷蘭像雄獅啦，看看咱們波羅的海這片水域……瞧瞧地圖怎麼畫的？像不像個老巨人？低著頭、駝著背……

（引自吉蓮·希爾斯〔Gillian Hill〕，《珍奇地圖》〔*Cartographical Curiosities*〕，大英圖書館，1978）

這段比喻造就了這幅獨一無二的波羅的海地圖，上頭疊印著卡戎，為求效果逼真，魯德貝克將波羅的海上下顛倒，丹麥北邊的斯卡格拉克海峽在上，分隔瑞典和芬蘭的波的尼亞灣則在下，丹麥是巨人的頭，波的尼亞灣是巨人的右腿，芬蘭灣是巨人的左腿。

魯德貝克考據詞源，認為古希臘冥界確有其地，位置在北極圈北方，但究竟住在地中海的古希臘人怎麼會曉得北極？魯德貝克是怎麼想的？筆者無從得知。他指出「卡戎」二字出自瑞典文「bårin」（又拼作「barin」），意思是出殯船。他還發現古希臘冥界與北歐傳說諸多雷同，例如希臘冥界的守門犬賽伯勒斯（Cerberus，又稱三頭犬），等同於看守北歐地獄的四眼獵犬嘉爾姆（Garm）。

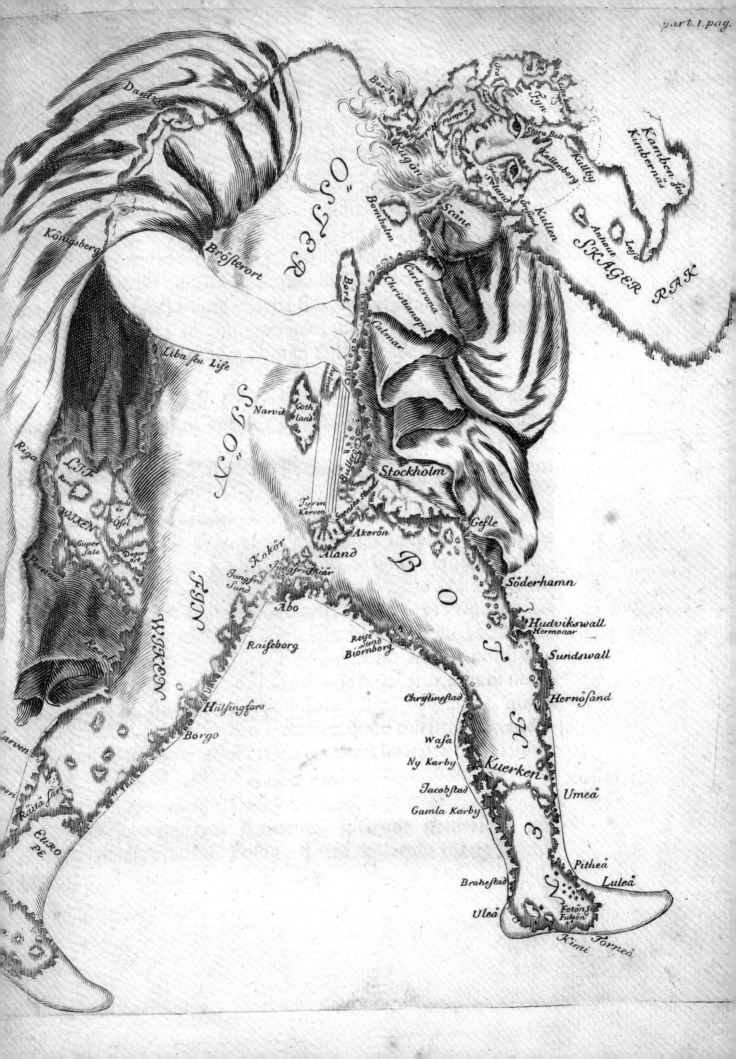

無題，環遊世界地圖，一七一八年

尚‧克雷皮作，巴黎出版

銅板雕刻印刷；167×340 mm（地圖）；

432×560 mm（紙張）

克雷皮家族是首屈一指的地圖出版商，活躍於十八世紀巴黎出版界，其刻本僅署名「克雷皮出品」（Chez Crepy），因此很難斷定哪張地圖是出自哪位成員之手，令現代編纂地圖目錄的研究者相當頭疼。此幅地圖由誰繪製眾說紛紜，有一說是開山始祖尚‧克雷皮（Jean Crepy，約1650–1739），另有一說是其子尚巴蒂斯特‧克雷皮一世（Jean-Baptiste Crepy Sr）或路易斯‧克雷皮（Louis Crepy），後者或許又名艾蒂安路易斯‧克雷皮（Etienne-Louis Crepy）。

撇過作者身分不詳一事，這幅地圖是很有趣的加強版賽鵝圖，由七十八格棋格組成迴旋賽道，從布雷斯特（Brest）出發環遊世界，比賽看誰先安抵巴黎。賽道中央是西半球和東半球地圖，標出玩家必須依循的路線，歐洲有些地區路線比較複雜，另附三幅小地圖：希臘地圖（Carte de Grece）、義大利地圖（Carte d'Italie）、法德荷及洛林區地圖（Carte de France, d'Allemagne, Païs-Bas, Loraine &c.）。

這七十八格棋格大多都是歐洲城市，因為標題就說了：「學習地理新方法：穿過重要城市環遊世界……」不過，有些沒有大城市的地區也出現在棋格上，譬如第三十八格「坎迪」（克里特島）或是「麥哲倫之地」（火地島）。

遊戲從左下角的布雷斯特出發，一旁指示寫著：「玩家須投一枚硬幣（幣值自訂）到獎盃裡再開始遊戲」（en Commancent met 1 au Jeu pour l'Embarquement），接著依東西半球兩側遊戲規則（Regles de Jeu）指示，循著迴旋賽道前進，走到哪一格還得遵守棋格上的指示，多半是要玩家在某個棋格上放置一枚硬幣，誰走到那一格，誰就可以拿，沒人拿走的硬幣和獎盃裡的硬幣最後由贏家通吃。此外，這個遊戲還需要一位「領隊」，負責裁判爭議並出題考玩家，因為遊戲規則寫明：玩家若不想支付硬幣，就必須答對「領隊」出的地理問題，如此一來，這款遊戲就名符其實，確如標題所稱能寓教於樂。

第三十八格克里特島是有賞罰的棋格之一，如規則六所述：「玩家走到第三十八格會在克里特島的迷宮裡走不出來，必須等到另一位玩家走到這一格才能離開，並且要退回第二十四格，無須罰鍰。」

終點巴黎上方有橫幅，上頭的文字引自《聖經‧哥林多前書》：「難道你們不知道，在場上賽跑的人，雖然大家都在跑，但得獎的只有一個嗎？」

c dez, chacun sa marque, et
t sur les cases.
t premiere case pour revenir à Paris
e qui est au Jeu et sur les cases, dont
point, et seulement le quart, s'il Jouë.
s de trois, lequel est obligé de
s contenus dans la case d'où il
lieux sont situez, s'il y manque, il
rés luy sous même peine.
où il y a un marque de port de
mais si c'est donne paye rien, en
dans d'autres païs.

Nouvelle Methode de Geographie ou VOIAGE du MONDE

par
Les Villes les plus Considerables
de la Terre ou par un

JEU

On apprend la situation des païs & des Villes,
leur dependance & la Religion des peuples,
avec une
Mappemonde ou les routes
de ce Voyage
sont
marquées.

5. Celuy qui en avançant sa
des cases les enleve, mais en
6. Celuy qui tombe à 38. y dem
Jusqu'à cequ'un autre y vien
va à 24. sans rien payer.
7. Où l'on est rencontré, on,
8. Quand le lieu où l'on reto
de jettons, on se met a l.
9. Celuy qui amene de
et quand ce sont deu
10. Le reste suivant ce
11. Celui qui sera obligé de
indiquant sur la mapmond
sans Chifres

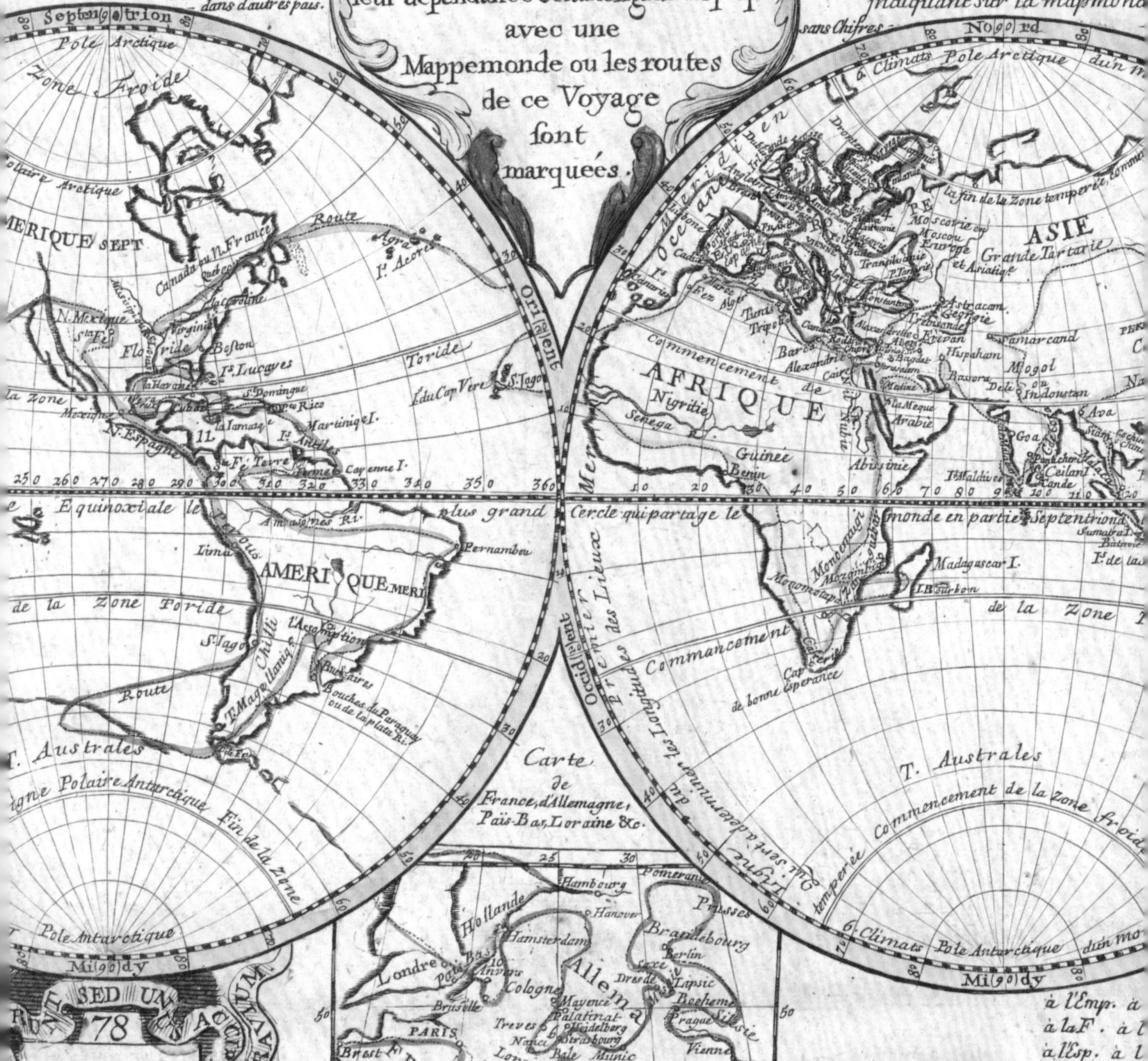

Septentrion
Pole Arctique
Zone Froide
AMERIQUE SEPT
Canada ou N. France
N. Mexique
Floride
Boston
Virginie
Ie. Lucayes
la Havane
Mexique
N. Espagne
S. Domingue
la Jamaique
Martinique I.
Ie. Antilles
Cayenne I.
Route
Ie. Acores
Toride
Orient
Equinoxiale le plus grand Cercle qui partage le monde en partie Septentrional
Amazones Ri.
Lima
Pernambou
AMERIQUE MERI
de la Zone Toride
Chili
S. Iago
l'Assomption
Buenos aires
Bouches du Paraguay ou de la plata Ri.
Route
T. Magellanique
T. Australes
Cercle Polaire Antarctique
Fin de la Zone
Pole Antarctique
Midy
Nord
Pole Arctique
Climats
ASIE
Moscovie ou Moscou
Grande Tartarie
Europe et Asiatique
Astracam
Samarcand
Hispaham
Mogol
Indoustan
Goa
Ceilan
Ie. Maldives
Madagascar I.
I. Bourbon
AFRIQUE
Nigritie
Senega
Guinee
Benin
Abissinie
Arabie
la Meque
Medine
Alexandrie
Caire
Commencement de la Zone
Monomotapa
Cap de bonne esperance
Occident
Premier Meridien
T. Australes
Commencement de la Zone froide
Pole Antarctique
Midy
Carte de France, d'Allemagne, Païs-Bas, Loraine &c.
Hambourg
Hollande
Hamsterdam
Hanover
Prusses
Brandebourg
Berlin
Londre
Païs Bas
Anvers
Cologne
Allemagne
Dresde
Lipsic
Boheme
Prague
Silesie
Bruxelle
Mayence
Palatinat
Heidelberg
Treves
Strasbourg
Nanci
Loraine
PARIS
Brest
FRANCE
Orleans
Bale
Munic
Suisses
Baviere
Vienne
Autriche
Hongrie
Venize
Savoie
Chamberi
Milan
Lombardie
Lion
Turin
Piemont
Toulouse
Bordeaux
Navarre
Pampelune

SED UNUS ACCIPIT BRAVIUM
78
PARIS Vre. Arch.
Capit. du
FRANCE
e tout, donne le tiers au Guide.

à l'Emp. à
à la F. à l
à l'Esp. à l
à l'Ang. à l
à la Ho. à la
à Port. à Po
au T. au
Tr. du T. Tribu

44. 45 46 47 48.
Livonie, Finlande.

Regles du JEU.

1. On Joüe comme a l'oÿe avec deux dez, chacun sa marque, et nombre de Iettons, pour mettre au Jeu et sur les cases.

2. Etant d'abord Parti de paris on va a Brest premiere case pour revenir a Paris derniere case, où le premier arrivé gagne tout ce qui est au Jeu et sur les cases, dont il donne le tiers au guide de Voyage, s'il ne Joüe point, et seulement le quart, s'il Joüe.

3. On choisit un guide de voïage, si l'on est plus de trois, lequel est obligé de nommer a celuy qui a le dé le villes ou pays contenus dans la case d'où il leve sa marque, et la partie du monde où ces lieux sont situez, s'il y manque, il met 1 Ietton au jeu, celuy qui a le dé doit repeter après luy sous même peine.

4. En levant sa marque pour avancer d'une case où il y a une marque de port de mer, on met un jetton au Jeu pour l'Embarquement; mais si c'est bonne paye rien, en ce que cela signifie seulement qu'il faudra passer la mer pour aller — dans d'autres pais.
Quand on met un jetton où il y a une marque, c'est pour Celui a qui elle est.

Autre maniere de joüer ce jeu

1º. Chaqu'un des joüeurs donnera a sa marque le nom d'une des parties du monde, chaque partie aura sa Ville Capitale Rome p.r l'Europe, Jerusalem p.r l'Asie, Le Caire p.r l'Afrique, et Mexique p.r l'Amerique.
2º. On suivra des Regles cy dessus la 1.ª la 2.ª mais point de guide la 4.ª la 7.ª 8.ª et 9.ª

Remarques des Abregez
- V. Ville
- V.e Ville Capitale.
- R. Roiaume
- Emp. Empire
- Rep. Republique.
- • Pais
- D. Duché.
- P. Principauté ou Province.
- Ri. Riviere.
- I. Ille.
- I.s Illes.
- N. Nouveau ou Noveile.

Cases (haut):

30. Barca – desert / le mont Athlas

31. Le Caire V.d'Egipte / Alexandrie V.+ / sur le Nil R.i. au T.

29. Alger V.Rep Tunis / V.Rep Tripoli V.Rep / en Barbarie. / Tr. du T.

28. S.t Jago V. des I.du Cap / Ver I.aport. Fez V.R. / Maroc V.R.

32. Jerusalem V.S. / de Palestine à p.nt / Sourie au T. / en ASIE

33. Damas / V.de l'ancien / R. Alep V. / au T.

68. Florence V.D. / Ligourne V.it / de Toscane

67. Genes V.+ arch. / Rep. de l'ancienne / Ligurie C.R. / Recommance

66. Chamberi V.du D. / de Savoie Turin V.arc. / de la P. de Piemont.

65. Bâle V. de la Rep. / des Suisses 13. cantons / 7. C.R. et 6. Prot.

69. ROME / V. de l'Etat / de l'Eglise / au Pape

Cases (gauche):

34. Bagdat V. anciene / Babilone de / Diarbec au T. / demeure 2 coups.

35. Tauris V. de / medie Erivan / V. d'Armenie / Mah. aux Perses. / Georgie P. / met a 23.

36. Astracam V.R. / aux Moscou. / Trebisonde V. / Alexandrette V.+ / au T.

37. Nicosie V. / I. de Chipre R.b de / V.I. au T. / sur la Mer / Mediterrannée / met a 41.

38. I. de Candie / ancienne / Crete / au T. / Demeure.

39. I. de l'Archipel / I. de Scio au T. / Lesbos I. / sur la Mer / Egée.

40. Smirne V.+ / Troie detruitte Burse / V. de Natolie. / Dardaneles 2.Chat. / au T.

70. Naple V.+ / arch Royaume / La Pouille / Pais, Calabre.P. / à l'Emp.

71. Palerme V.+ / arch du R. en / I. de Sicile / à la Savoie / Malte V.I.

72. Cagliari V. / arch de Sardaigne / à l'Esp.I.de Corse / à genes.

73. Mayorq.V.I.all'Esp. / Minorq.I.all'Esp. / Cadix V.+ à l'Esp. / en l'Andalousie

74. Lisbone V.+ / arch. du R. de / Portugal / Estramadure.

75. Madrit V.Il.cast. / du R. d'Espagne / Burgos V. arch.

76. Panpelune V.du R. / de Navarre Bourdeaux / V. arch. de France

77. Toulouze V.arc. / Lion V.arc. sur le Rhône / Orleans V. Eve. / sur la Loire.

78. PARIS V.arch. / Capit. du / FRANCE.

Cases (bas):

41. CONSTANTINOPLE / V.+ de Turquie / en EUROPE

42. Petitte Tartarie / Moscou V.de Russie / ou Moscovie Europesie / et Asiatiq. G.Schis.

43. Cracovie V.de / Pologne Vilna V. / de Lithuanie C.R.

44. Livonie Finlande / Stocolne V.du / R. de Suede pro.

45. Laponie Dronthen / V. de Norvege Copenhaque / V. de Danemarq R. / Pro.

1. de Paris à Brest / V. de France / sur l'Ocean / en Europe

2. les I. Canaries à l'Esp. / Agra V. Ev. diane / des I. Açores en

3. Quebec V. de Canada / ou N. france Missisipi / ou Ri. de S.t Louis

4. La Caroline. Boston / V. de Virginie / Floride / I. Lucayes à l'Ang.

5. La Havane en I. Cuba / S. Jago de la Vega V.En / 11. jamaique I.S.Domingue

Avertissement
Il y a quelques noms dans les Cases qu'on n'a pas pû ecrire dans la Geografie faute d'espace, on a mis quelques Chifres au dessus des dits noms de Villes ou Pais les mêmes Chifres se trouveront sur la Mappe Monde.

26.
Monomotapa V.R.
Monomigi R.
C.de bonne esperance
en Cafrerie.
a la Hol.

va à 50.

25.
Nubie Abissinie G. sc.
Mozambique Va Port.
Zanguebar Madagascar I.
a la F.
AFRIQUE

Double met a 74.

24.
Medine V. la Mecque
V. d'Arabie
Aden V. de l'Arabie
Heureuse.

23.
Hispahan Vᵉ du
Roiaume Basora V.
de Perse
Mah.
Pêche des Perles.

22.
Goa V.arc. côte
de Malabar
Id. Mah. et C.R.

met à 74.

21.
Maldives
Rᵉ 12000.Iˢ
Mah.

63.
Venize V. patriarchat
Republique C.R.
d'Italie.

62.
Duraz V. d'Albanie
Spalatre Vᵉ arch.
de Dalmatie
met a 41. et à 63.

61.
Setine Ancienne
Athenes V. de Grece
Ministra V. le Morée

60.
Salonichi V.
de Macedoine
I. de Negrepont.

59.
Bude V. du R.
Hongrie Transilvanie
Belgrade Vᵉ
à l'Emp.
met à 58.

20.
Pondicheri Vᵉ
Côte de Coromandel
à la F.
Cande. V. en
Ceilan I.

58.
VIENNE
V. Eveché
d'Autriche
C.R. a l'Emp.

met à 78.

19.
Deli V. de l'Emp.
du Mogol ou
Indoustan Id. et Mah.
Mines de
Diamans.

57.
Silesie P.
Prague V. arc.
du R. de Boheme
C.R. al Emp.

18.
Samarcand V.
de la grande
Tartarie
Païs divisé
par ordes.
Idol.
done 1. au guide

56.
Pomeranie.
Prusses Berlin
V. de l'Elect. de
Brandebourg.

55.
Dresde V. de
l'Elect. de Saxe
Lipsic Vᵉ de
misnie.

17.
PEKIN Vᵉ de l'Empᵉ
de la Chine
Namquin V.
Idol.

54.
Heidelberg
V. de l'Elect Palatin
pn Munich Vᵉ de
Baviere
C.R.

16.
Malaca V.ᵗ a la Ho.
Siam V.R. Ava
V.R. Cochinchine
Roiaume.

53.
Nanci V. du Du.
de Loraine
Strasbourg
Vᵉ Eu. D'Alsase
à la F.

15.
Bornee I. Batavie
Vᵉ de Java la à la Ho.
I. de Sumatra
apelée les Iˢ
de la Sonde.

52.
Mayence
V. Arc. Electorat
Treves V. Arc.
Elect.

14.
Celebes I. aus Moluques
Carpentarie N.
Guinée à la Hol.
N. Hollande

51.
Hanover V.
Electorat pro Cologne
Vᵉ arc. Elect.
d'Allemagne
met à 58.

13.
Manille V. arc. des
Iˢ. Philipines S. Jean
des Iˢ. Marianes à l'Esp.

50.
Amsterdam
V.ᵉ de la Rep. de
Hollande pr.
10. Zelande P.

12.
Yedo V.
Meaco V. des Iˢ.
du Japon en
ASIE

met à 75

47.
Edimbourg Vᵉ
du R. De cosse Dublin
V. du R. d'Irlande.

48.
Principauté de Galle
Londre V.ᵉ Ev.
du R. d'Angleterre.

49.
Anvers V.ᵉ & Bruselle
Vᵉ des Païs-Bas
C.R. à l'Emp.

met à 58.

7.
Sta Fe Vᵉ arc. de Terre
Ferme. amazones Ri.
Pernambouc Vᵉ de
Bresil à Port.

met à 74.

8.
Buen-aires Vᵉ de
paraguay ou la plata Ri.
asomption V. à l'Esp.

met à 75.

9.
Terres magelaniques
T. de Feu T.
Australes.

10.
St. Jago V. Ev. de
Chili Lima Vᵉ arc.
de Perou à l'Esp.

Reçoit ½ de tous.

Mexique V.R.
de la N. Espagne Stᵉ. Fe
V. arc. du N. Mexique
à l'Esp.

met à 75.

ASIE

double

A Paris
Chez Crépy
rue St. Jacques
au Lion
d'Argent.
1718.

Regles du JEU

5. Celuy qui en avançant sa marque rencontre des jettons sur
des cases les enleve, mais en retournant, non, il passe pardessus.

6. Celuy qui tombe à 37. y demeure à cause du Labyrinthe de crete
jusqu'à cequ'un autre y vienne qui reste à sa place, le premier
va à 24. sans rien payer.

7. Où l'on est rencontré, on paye un jetton et non autre chose.

8. Quand le lieu où l'on retourne est occupé d'une marque ou
de jettons, on se met a la 1.ᵉʳ case vacante d'ensuite.

9. Celuy qui amene deux dez de même nombre, double,
et quand ce sont deux six, double deux fois.

10. Le reste suivant ce qui est marqué autour des cases.

11. Celui qui sera obligé de payer au jeu ou ailleurs en sera quitte en
indiquant sur la mapmonde les païs Villes Isles &c. sans noms Ecrits et
que le guide lui proposera, savoir autant de
lieux differens qu'on devra donner ou
mettre de jettons.

= 3.° Celui qui posra sa Marque
sur la Capital de son nom
gagnera la partie

4.° Touttes les fois qu'on posera
sa marque sur les cases de la
partie d'un autre on lui doñera
Jetton mais si c'est sur la Capitale
on le fera sortir du jeu.
On n'aura point d'egard à
ce qui est Ecrit autour des Cases.

Remarques

Ev. Eveché.
arc. Archeveché.
C.R. Catolique
Romain.
Gr. Sch. Grec
Schismatique.
pr. Protestans.
Mah. Mahometans.
Id. Idolâtres.
Ua. à. Signifie
mettre sa
marque à la
Case Indiquée.
met à. Signifie mettre
un jetton sur
Chaq'une des Cases indiquée

Le Guide se doit
mettre au milieu
pour pouvoir
tout lire
Aisément.

à l'Emp. à l'Empereur.
à la F. à la France.
à l'Esp. à l'Espagne
à l'Ang. à l'Angleterre.
à la Ho. à la Hollande.
à Port. à Portugal.
au T. aux Turcs.
Tr. du T. Tributaire du Turc.

暢遊法國地圖，一七一八年

尚・克雷皮作，巴黎出版

銅板雕刻印刷；最寬處438×570 mm

一七一八年，尚・克雷皮推出暢遊法國地圖，跟六十頁的〈環遊世界地圖〉配成一組，兩款遊戲都使用「賽鵝圖」，棋盤上皆有迴旋賽道，〈暢遊法國地圖〉的賽道中央是法國地圖，棋格是法國各個區域和城市，總共一〇九格，起點為奧爾良省（L'Orleannois），終點是一〇九格的巴黎，格子上有法國國王的胸像──「路易十五，法國國王及納瓦拉國王」（Louis XV. Roi de France et Navarre）。

遊戲的主要規則印在法國地圖的左邊，另一套簡則印在地圖標題的右邊，內容說明遊戲的另一種玩法：每位玩家先選一個省份，走到該省首府就算贏。此外，地圖右邊印著各個符號的圖解，這些符號有些印在棋格上，有些印在法國地圖上，地圖上還印著路線圖，跟迴旋賽道的走法如出一轍。

第一〇六格是貢比涅（Compiègne），棋格上的描述竟然提到「瓦盧瓦地區克雷皮」（Crépy-en-Valois），相當出人意表，推估是因為當地是克雷皮家族的家鄉。

正中央法國地圖的右側有一小段文字，一來頌揚法國的長處，二來簡介法國政府和地理位置：

法國傲視全歐，富庶豐饒，君主世襲，由國王治理國家，國土位於東經十三到二十六度，北緯四十二至五十二度，以東為義大利、薩伏依公國、瑞士、德國，西鄰大西洋與西班牙，北面與低地國接壤、與英國隔海相望，以南則為地中海。

暢遊法國地圖跟賽鵝圖一樣有「死局」，走到第三十八格「利穆贊大區」（Limousin，棋格上寫著「邪惡之鄉」）立刻「出局」（sort le jeu），而走到倒數第二格（第一〇八格）則必須退回起點「重新開始」（Recomene，應是Recommence誤植）。其餘有處罰的棋格皆以船錨標示，代表「港口」（port de mer），玩家必須支付一枚代幣給其他玩家，走到拉羅歇爾（La Rochelle）要罰兩枚。

這款遊戲暗藏教育意味，每個棋格都有該市或該區的簡述。遊戲規則第三條規定：「領隊」（即裁判）必須說出玩家走到的城市或地區叫什麼名字，說不出來要罰一枚代幣；該玩家則要複述領隊的話，否則也要罰一枚代幣。

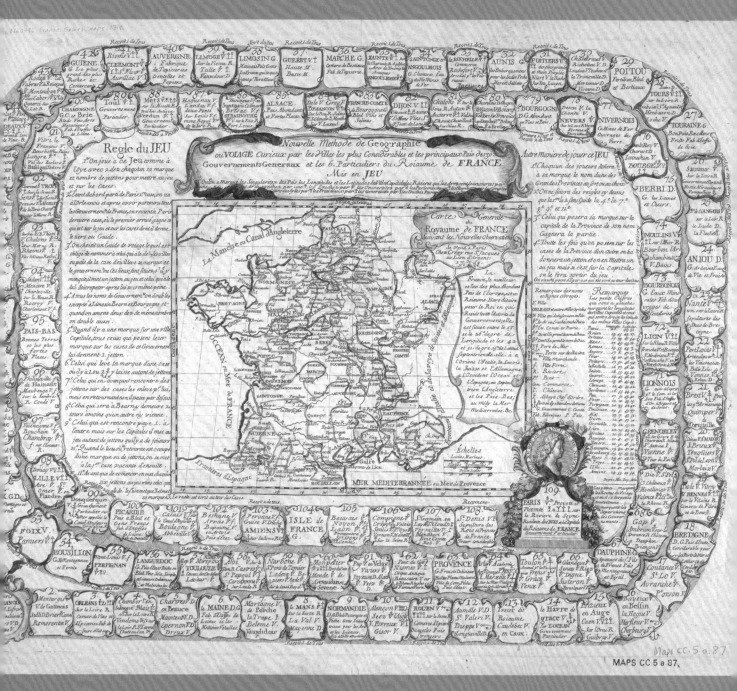

烏托邦地圖：新發現的蠢材國度，一七二〇年

佚名作，紐倫堡出版

銅板雕刻印刷；482×561 mm（含頁邊）

此幅地圖的標題雖然寫著「烏托邦」，內容描繪的卻是反烏托邦，邦國內因貪婪腐敗，利他倫理完全淪喪。此幅地圖和六十八頁的瘋人島地圖皆藉此說彼，影射的是「密西西比泡沫事件」和「南海泡沫事件」，因歐洲人民利慾熏心瘋狂炒股，導致泡沫破裂重創各國經濟，多數股民血本無歸。從標題和圖示說明來看，此幅地圖應出自德國繪製師之手，極可能是約翰・巴提斯特・霍曼（Johann Baptist Homann），但此幅地圖又常由荷蘭收藏家典藏，因此不排除是出自某位德國通的荷蘭出版家，例如彼得・申克（Pieter Schenk）。

此幅地圖的標題寫在右下角的啤酒桶蓋上，啤酒桶上跨坐著一名賭徒，錢從帽口流瀉而出，一旁圖示寫著「錢滿為患」（Der uber fluss）。賭徒後方那位想趁機撈點錢，心起貪念腳下便不穩，結果栽了個大筋斗。再往左是一對打得火熱的情侶，女的衣服都脫一半了，男的也急著想求愛，但那雙玉手卻似伸向從天而降的錢幣。賭徒的腳下趴著兩位人物，其中一位右手抓著啤酒桶，左手伸得長長的，用帽子去接「啤酒河」（Bier flu），忽視「死之河」（Meth. flu）和「生之河」（Vein flu），另一位喝多了，只管往「榨取河」（Sau flu）裡吐。

德文標題《安樂鄉》（Schlarraffenland），在英文稱作「懶漢樂土」（Land of Cockaigne），這裡是萬惡淵藪，源自德國作家薩克斯（Hans Sachs）的寓言故事《懶人國》（Das Schlaraffenland），國中居民以享樂為能事，一味好吃懶做，這一點在右下角的人物身上展露無遺，只見他手裡端著個派，派上有隻像蒼鷺的鳥，鳥喙、羽毛俱全，只因安樂鄉的動物生下來就是熟的，居民餓了就直接食用，無須費工夫料理，只管偎慵墮懶即可。除了此幅地圖之外，約翰・巴提斯特・霍曼和喬治・馬修・舒特（Georg Matthaüs Seutter）也曾將安樂鄉繪製成地圖。這幅佚名的烏托邦地圖極為精美，看上去簡直像真的地圖，總共分成十九里，各從各的惡，包括貪財里（Mammonia）、倨傲里（Superbia）、饞癆里（Stomachi）、酩酊里（Bibonia）、浪蕩里（Lusoria）、淫靡里（Bacchanalia）等。

地圖上安樂鄉北面是「未知聖地」（Terra Sancta Incognita），為群山所阻隔，惟有志翻山越嶺者方可抵達。安樂鄉南面是「韃靼」（Tartaria），其中可見「地獄王國」（Da Hollische Reiche），安樂鄉民終有一日會南下至此。倘若烏托邦是知識分子的樂土，安樂鄉就是村夫俗子的樂園，地圖上有許多雙關和典故，從粗鄙到猥褻都有。

股海裡舉世聞名的瘋人島，一七二○年

亨利阿博漢姆·卡特蘭作，阿姆斯特丹出版

銅板雕刻印刷；圖片 160×225 mm

這幅地圖嘲諷政治、馳名遐邇，發行之時適逢三大金融事件餘波盪漾，一是法國路易斯安那公司（Compagnie de la Louisiane ou d'Occident）的密西西比泡沫，二是英國的南海泡沫，三是荷蘭的股市泡沫。地圖標題的完整譯文為：「再現舉世聞名的瘋人島，該島位於股海，由羅先生發現，島上什麼人都有，姑且通稱持股人。」

路易斯安那公司一七一七年八月成立，創辦人約翰·羅（John Law）是蘇格蘭銀行家兼金融家，時值法國東征西討、國庫虛空，羅聲稱只要開發法屬美洲殖民地路易斯安那州，就能幫助法國償清國債，因此獲予開拓該州的特許權。這項開採當地資源的「密西西比計畫」讓眾人作起了發財夢，羅口中的暴利令人妄想一夕致富，民眾一窩蜂投身股海，路易斯安那公司的股價從原先的五百里弗漲到一萬八千里弗（當時法國高官年薪大約三千六百里弗），但這樣的漲勢無法持久，那堆來炒股的和對投資較有心得的獲利了結，股價立刻崩盤，路易斯安那公司資金被掏空，最後宣告破產，眾多歐洲投資客血本無歸。密西西比計畫慘遭滑鐵盧後，類似的計畫也紛紛破局，除了著名的英國南海泡沫，荷蘭西印度公司及其相關企業的股價也暴跌，金融界在這一連串泡沫事件中自鑄新詞，「泡沫」二字後來泛指股價短期飆漲卻後繼無力，一夜暴富的想望終成夢幻泡影。

這幅地圖出自一本諷喻「密西西比泡沫」的書冊，據某些學者考據，係出自荷蘭牧師、製圖家兼出版商亨利阿博漢姆·卡特蘭（Henri-Abraham Chatelain, 1684–1743），圖面上多處暗喻「泡沫」，主要影射投資客為愚昧貪婪所惑，嘗到散盡家財的苦果。右下角的場景名為「居民逃離瘋人島」（Vlugt De Inwoonde von't Eilant Geks-Kop），一位投資客乘坐陸上風帆逃離憤怒的債主，暗指當時社會上稀奇古怪的發明，該投資客要逃往菲亞嫩，這座荷蘭城鎮有一家惡名昭彰的瘋人院。畫面左上方是另一位投資客，錢箱和錢囊都空空如也，口中抱怨：「可憐啊！悲慘啊！我怎麼會淪落到這地步呢？」

畫面左邊是「屈安屈昂普瓦遭圍城」（Quinquempoix Besieged），描繪投資客怒氣沖沖包圍屈安屈昂普瓦街路易斯安那公司總部。地圖中央瘋人島的首都也叫「屈安屈昂普瓦」（Quinquempoix），該島肖似男人側臉，頭上長著一對驢耳朵、戴著一頂小丑帽，帽尖是個鈴鐺。島上的塞納河（R: de Seine）、泰晤士河（R. de Teems）、阿姆斯特爾河（R. de Maas），得名自遭密西西比泡沫牽累的三國首都——巴黎、倫敦、阿姆斯特丹。南海避風港（Z.Z. have）位於瘋人島的海「口」，暗指英國的南海公司開發計畫。

Deez' Schets vertoond het vreemd gewest
Van Gekskop, 't geen men op het lest
Door Missispse en Bubbel-winden,
En Zuidzé stormen kwam te vinden,
Maar menig die van 't vaste land
Zyn heil ging zoeken op dat strand
Vind zig te dérelyk bedrógen,
Eerst blonk het alles schoon voor oogen;
Nu is 't vol giftig ongediert,
't Geen door de scherpe Distels zwierd
En doorns, die dat land omvangen,
Vol Schorpioenen, Spinnen, Slangen,
Waar by de Kat en Nagtuil voegt,
Die 't ligt verágten, om vernoegt
In duisterheid van roof te léven.
Wat vrugten kan dat land tog géven
't Geen 't allermeest bestaat in schyn,
Als Valsheid, Droefheid, en Fenyn?
Terwyl de Gekheid daar als Koning
In Quinquenpoix houd hof en woning,

Regerende door kwaá Praktyk,
Zyn nieuw gebakke Koningh ryk,
Maar ach! waar zal die Vorst belanden?
Het eiland beeft, en op de stranden
Bruld een verwoede zuide-wind,
Waar door zig elk verlégen vind;
En roept het eiland krygt de stuipen,
Zo dat hy die niet wil verzuipen
Moet denken op een snelle vlugt,
Fluks maakt men op dit droef gerugt
Veel wagens naar de nieuwste moden,
Daar de Acties zyn tot 't zeil van nóden,
Om dus van Gekskops malle strand
Te ráken in een ander land,
Van Wanhoop, Droefheid, Armoed', Schanden,
Of liever naar de Nederlanden,
In Kuilenburg, of Ysselstyn,
Of in Vianen zo 't kon zyn,
Om daar als Uilen 't hoofd te buigen;
Wyl Quinquenpoix tog leid in duigen.

天文鐘兼時鐘，鐘面可見重要曆算日，一七二五年

約翰・奈勒作，倫敦出版

銅板雕刻印刷；最寬處629×385 mm

約翰・奈勒（John Naylor）是柴郡楠特威奇鎮的鐘錶匠，其名約於一七二五年初載於史冊，確知其於一七四〇年移居倫敦，並於一七五一年逝世。

一七二六年前後，約翰・奈勒著手打造一只天文鐘，鐘面上雕刻精美，中央是北半球的地圖，南至北非古國椰棗國（Biledulgerid）、荷莫茲島（Ormus）、蘇拉特（Surat），大英博物館可見這只天文鐘的館藏，鐘面神似約翰・卡特（John Carte）的設計，卡特是倫敦赫赫有名的鐘錶匠，活躍於十八世紀初葉。奈勒一面打造天文鐘，一面準備鐘面地圖的雕版，用以印製廣告或促銷傳單，最上方的文字開頭寫道「使用說明：三月一日為元旦1725/6」（The Explanation March the first 1725/6），買天文鐘隨贈。

大英博物館收藏了這張傳單的再版，上方說明文字重新校訂，開頭改成：「使用說明：三月一日為元旦1750/1……」（The Explanation March the first 1750/1...），這年英國揚棄儒略曆、改採格里曆，因此宣傳單應時改版。大英圖書館雖然也有這張再版傳單，但是僅存鐘面，裁去文字說明和插圖的太陽神（赫利俄斯或阿波羅）。

本書收錄的是第三版，約翰・奈勒的名字變成了約瑟夫・奈勒（Joseph Naylor），約瑟夫是約翰的繼承人，十之八九並非鐘錶匠，但承襲了這只精美的天文鐘。按當時風氣，約瑟夫策畫摸彩活動來出清手上遺產，讓到手的現金愈多愈好。為此，約瑟夫準備了一本宣傳手冊，封面寫著：「天文鐘使用說明。約瑟夫・奈勒出品。柴郡楠特威奇鎮製造。此鐘即將易主，摸彩卷共一百張，每張兩基尼，幸運得主由摸彩機抽出。交貨地點近倫敦聖詹姆斯，交通方便，詳細地點和勝率將於一七五一年四月公告。」

70

An ASTRONOMICALL and CRONOLOGICALL CLOCK, shewing all the most usefull parts of an Almanack

Ios NAYLOR near Namptwich Cheshire

無題，大人國、北美洲、新大不列顛島，一七二六年

喬納森·綏夫特作，倫敦出版

銅板雕刻印刷；158×100 mm（含頁邊）

喬納森·綏夫特（Jonathan Swift, 1667–1745），英裔愛爾蘭牧師、諷喻家、政治評論家、作家，一七一〇年至一七一四年活躍於倫敦，是托利黨政府核心成員，著有《寰宇異國遊記》（*Travels into Several Remote Nations of the World*），時人多稱《格列佛遊記》（*Gulliver's Travels*），名列史上最出名的旅遊文學，行文間對當時政壇及道德風氣多所諷刺，反映綏夫特對現實世界的幻滅與醒悟。《格列佛遊記》共四部，隨著劇情推進，綏夫特的幻滅愈深。最廣為人知的是第一部〈小人國遊記〉，主角格列佛在矮小的居民眼裡彷彿巨人。第二部情形正好顛倒，第三、四部也互為表裡。第二部〈大人國遊記〉（A Voyage to Brobdingnag），格列佛在高大的居民之間宛如侏儒。第三部〈諸島國遊記〉（A Voyage to Laputa, Balnibarbi, Glubbdubdrib, Luggnagg and Japan），格列佛遇見的居民拚命追求科學與理性，完全不顧追求的目的和未來的運用。第四部〈慧駰國遊記〉（Voyage to the Country of the Houyhnhnms），格列佛遇見了慧駰，這種馬為了追求完美犧牲「人性」，因為盲目追求理性和邏輯而喪失了感情。

綏夫特筆下的故事虛虛實實，每則寓言的時空都極為逼真。在〈大人國遊記〉裡，格列佛寫道：

> 我現在有意就自己行蹤所到之處，為讀者簡短描述這個國家。我的行蹤不出京城羅布魯格魯德方圓兩千哩，因為我一直隨侍皇后左右，而

皇后陪國王出巡時，從不超過這個範圍，通常是留在當地，等候陛下從邊界視察歸來。這位君王統治的全部領土大約六千哩長，三千至五千哩寬。因此，我不得不斷言，我們歐洲地理學家認為日本和加利福尼亞之間只有海洋，實在是大錯特錯。因為我一向認為，地球上必須有幾塊地方來平衡亞洲這塊大陸，因此地理學家應該修正他們的地圖和海圖，把這大片土地和美國西北部相連，而我隨時可以提供這方面的協助。

綏夫特筆下的國家都有地圖，《格列佛遊記》讀起來很有趣，原因之一在於全書排版一如當時的旅行文學，不知情的讀者還以為書中所述是作者親身經歷，哪裡曉得這是虛構作品。右頁這幅是大人國地圖，以真實地圖結合虛構國度，不知是出自綏夫特或雕刻匠手筆，如果是雕刻匠，也許是赫爾曼·摩爾（Herman Moll），但也有可能是約翰·斯圖爾特（John Sturt）和羅伯特·謝波德（Robert Sheppard），後兩位聯手雕刻了《格列佛遊記》的卷首肖像。地圖上的大人國在美洲海岸最北端，以南是安尼安海峽（Streights of Annian）、新大不列顛島（New Albion）、蒙特利港（Monterey）。新大不列顛島是弗朗西斯·德雷克爵士（Sir Francis Drake）起的名，即今加州北端。摩爾的地圖集裡也有類似的地圖，圖上的加州是一座島，據摩爾所稱，曾有認識的船員繞行該島。

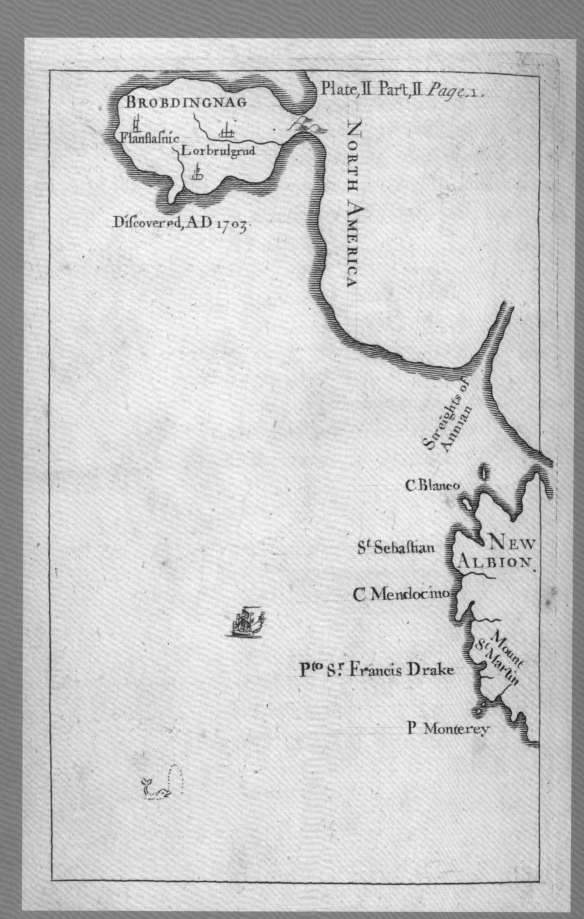

BROBDINGNAG

Flanflasnic Lorbrulgrud

Discovered, AD 1703

Plate, II Part, II *Page, 1.*

NORTH AMERICA

Streights of Annian

C. Blanco

St Sebastian

NEW ALBION

C. Mendocino

Mount St Martin

Pto Sr Francis Drake

P. Monterey

愛之堡壘圍攻寓意地圖，一七三五年

喬治・馬圖斯・索爾特作，奧格斯堡出版

銅板雕刻印刷；489×568 mm（含頁邊）

十八世紀德國有兩大顯赫的印刷廠，約翰・巴提斯特・霍曼創辦了其中一家，一六九七年，喬治・馬圖斯・索爾特（Georg Matthäus Seutter, 1678–1757）到其廠裡當學徒，後來又自己出來開了另一家，與師父齊名。

這幅寓意地圖依當時典型的城鎮地圖繪製，主題是愛之堡壘遭到圍攻。不同於主流的愛情地圖，索爾特這幅地圖從男性視角繪製——愛之堡壘是男人的心，女人在城外努力攻破其防禦工事。

男人的心在堡壘之中，四周是金城湯池，防禦陣仗肖似西班牙王位繼承戰爭（the War of the Spanish Succession, 1701–1714）圍城圖，同代的讀者一看便知。堡壘四周環繞著護城河，名曰「無情凍海（La Mer Glacee Sans Passion）」。下方圖例如標題所述，列出〈（男性）守方抵禦（女性）攻心良策〉（Methode pour defendre et conserver son coeur contre les attaques de l'amour）。女性愛情大軍在城堡四周列好陣勢，陸上有砲兵，凍海有海軍，一齊朝愛之堡壘開砲，以「含情脈脈」等奇招突襲城堡，每尊大砲各有其嫵媚，包括「放電」（Enchantment）、「撒嬌」（Tendresse）、「魅惑」（Un certain je ne Sais quoi）、「驚豔」（Surprises）、

「狐媚」（Charmes）等，皆條列於圖例中。守方則以稜堡為掩護，包括「警惕堡」（Precaution）、「精明堡」（Prudence）、「歷練堡」（Experience）、「淡漠堡」（Indifference）、「狠心堡」（Resolution）。攻方聽從左下角「愛之營帳」（Camp de l'Amour）發號施令，帳內有「邱比特將軍」（General Cupido）坐鎮，與娘子軍團駐紮於此，直到防禦工事瓦解、守方開城投降為止。

隨著防禦工事漸為狐媚術所破，守方被迫從「智慧城門」（Gates of Wisdom）出逃，漸次撤退至湖邊各處藏匿，包括：「老友直諫所」（Conseil des fideles amis）、「審時度勢所」（Deliberation）、「三思後行所」（Inspiration de nos propres sens），接著來到「快樂花園」（Jardin de Plaisir），雙方初次見面、相處愉悅。男子最後不顧一切，經地下通道逃到「愛之宮殿」（Le Palais de L'Amour），受湖中女妖賽蓮（Sirens）蠱惑，終於拜倒石榴裙下，就此踏上不歸路，從而失去自由。

以上攻防細節可見下方圖例說明，愛神維納斯（Venus，希臘神話稱阿芙蘿黛蒂）則在右上角乘著雙輪馬車觀戰，背景是地圖標題，周圍以精美圖框裝飾。

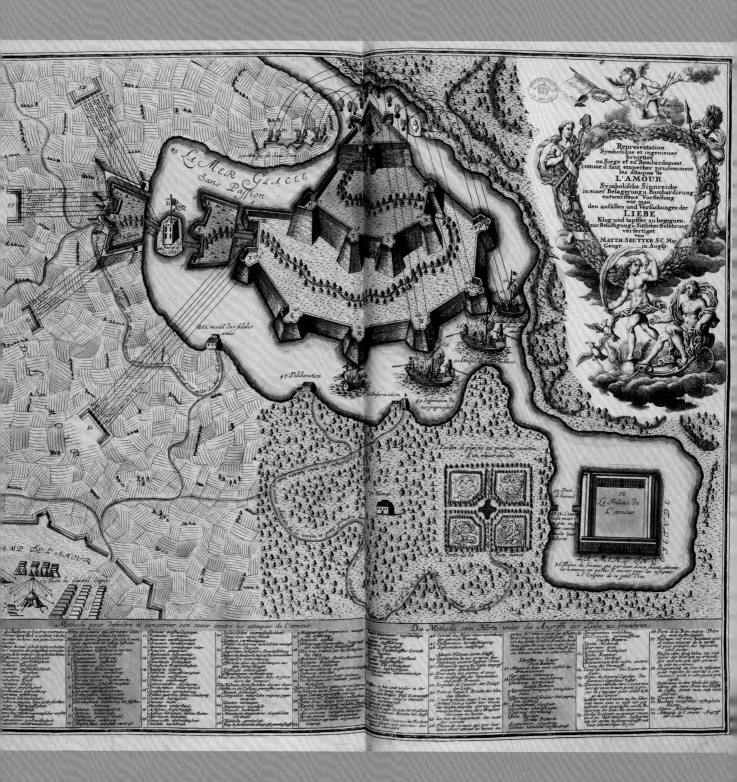

德國哈茨山脈鳥瞰圖，一七四九年

L・S・貝斯特霍恩作，紐倫堡出版

銅板雕刻印刷；473×551 mm（含頁邊）

這幅引人注目的鳥瞰圖由德國勘測家L・S・貝斯特霍恩（L. S. Bestehorn）於一七三二年繪製，圖中是德國哈茨山脈（Harz Mountains），鬱鬱蔥蔥、峰峰相連，正中央是主峰布羅肯峰（Blocksberg Mountain）。此幅地圖一七四九年由紐倫堡佼佼不群的霍曼氏出版社付梓，發行人是約翰・巴提斯特・霍曼（1664–1724）的後代。約翰・巴提斯特・霍曼一七一五年為神聖羅馬皇帝冊封為宮廷地圖繪製師。

霍曼氏出版社以出版地圖著名，這幅地圖原本不甚起眼，卻因為一項元素聲名大噪。或許是製圖者，或許是雕刻匠，或許是出版社，總之，有人製版時在峰頂畫了兩個女巫在跳舞，還有六個女巫繞著山頂飛——兩個騎掃帚、兩個騎釘耙、兩個騎山羊。根據古代傳說，哈茨山脈盛行魔鬼崇拜，是家喻戶曉的女巫據點。此幅地圖影射的是「瓦普爾吉斯之夜」（沃普爾吉斯之夜），也就是每年四月三十日的夜晚，隔天五月一日就是英國女傳教士聖瓦普爾吉斯（St Walpurga）的慶日，這是北歐和中歐的傳統節日，依照德國傳統，女巫是在夜獻舞惡魔，惡魔把最妍麗的留在身邊侍寢，餘者四散找尋女巫替補，湊齊八位來年再聚。

左上角圖例提到其他瓦普爾吉斯之夜的特色，包括祭壇、噴泉、舀水銅勺等。

看在現代讀者眼裡，這點加油添醋只是好玩而已，無傷大雅，但十八世紀的讀者可不見得都這麼想，而且還口出怨言讓霍曼氏出版社聽見，所以一七五二年再版時，地圖上多了一則道歉啟事，出版者表示抱歉冒犯到讀者，只是雕刻匠畫蛇添足，並無惡意。不過，這則道歉啟示有些虛情假意，竟然注明寫於一七五一年瓦普爾吉斯之夜。

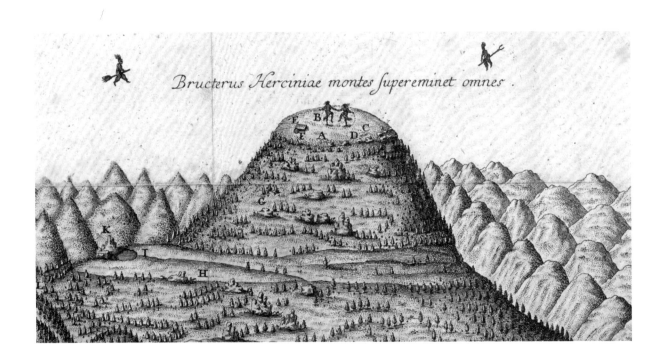

屏風地圖，一七四九年

約翰·鮑爾斯作，倫敦出版

「世界地圖，將地球拆成兩張平面球形圖，資料源自英國皇家科學院，

可做為地理學研究簡介，其餘幾幅地圖也與地理學有關。」

180×256 cm

　　屏風地圖的性質脆弱，製作方式類似裱框畫作，先在粗糙的畫布上黏上地圖，再將畫布撐開在屏風木櫺上。因此，屏風地圖不僅經不起絲毫破壞，也耐不住溫差變化，原因是地圖紙和畫布熱脹冷縮的速率不同，時間久了，地圖紙便會碎裂剝落。現今可考英國出品的屏風地圖僅四架，兩架由私人收藏，兩架由大英圖書館收藏。

　　喬治·維爾帝（George Willdey, 1676?–1737）是倫敦地圖商，首開為屏風地圖打廣告的先例，最初的手法相當拐彎抹角，其繼承人湯瑪斯·維爾帝（Thomas Willdey）則直接在一七三八年的商品目錄上吹噓：

　　全英國最大的世界地圖！您這輩子見過最好用的世界地圖！中間兩幅平面球形圖長六英尺、寬三英尺，周圍是二十張英國地圖暨歐洲地圖，上述地圖始自北半球，終至法蘭德斯地區，既美觀又實用。這種屏風地圖現在市面上很多，但要論寓教於樂則非這架莫屬，並有多種尺寸及拼裝任君挑選，可擺在房間、走廊、樓梯、門廳，好看又大方。

　　右頁的屏風地圖由約翰·鮑爾斯（John Bowles, 1701–1779）於一七四六年拼裝，中間四張拼成的世界地圖可見日期，周圍是二十幅地圖，其中五幅是鮑爾斯的舊庫存，中央世界地圖左右兩幅是赫爾曼·摩爾刻本，分別於一七一五年、一七一七年出版，正下方三幅是一六八〇年代威廉·貝瑞（William Berry）刻本。這些書版皆為鮑爾斯所有，以地圖學觀之已顯得落伍，用來做屏風地圖恰恰好，相較於鮑爾斯庫存裡的新地圖，這批舊地圖既美觀又實惠，另外還有十幅倫敦（建築）地圖。

　　這架屏風地圖的訂製者或許和美洲英國殖民地有些關係，這可從屏風上的兩幅地圖推知。一幅是摩爾的〈新·大不列顛國王在美洲領土（精確版），包括紐芬蘭、新蘇格蘭、新英格蘭、紐約、紐澤西、費城、馬里蘭、維吉尼亞、卡羅萊納……〉，簡稱〈河狸地圖〉，一七一五年初版。另一幅是〈大英帝國在美洲版圖及近旁法西殖民地……〉，這是一幅索引地圖，一七三三年搭配亨利·波普（Henry Popple）的壁掛式地圖出版，這組壁掛式地圖共二十一張，內容是英國在北美洲和西印度群島的屬地。

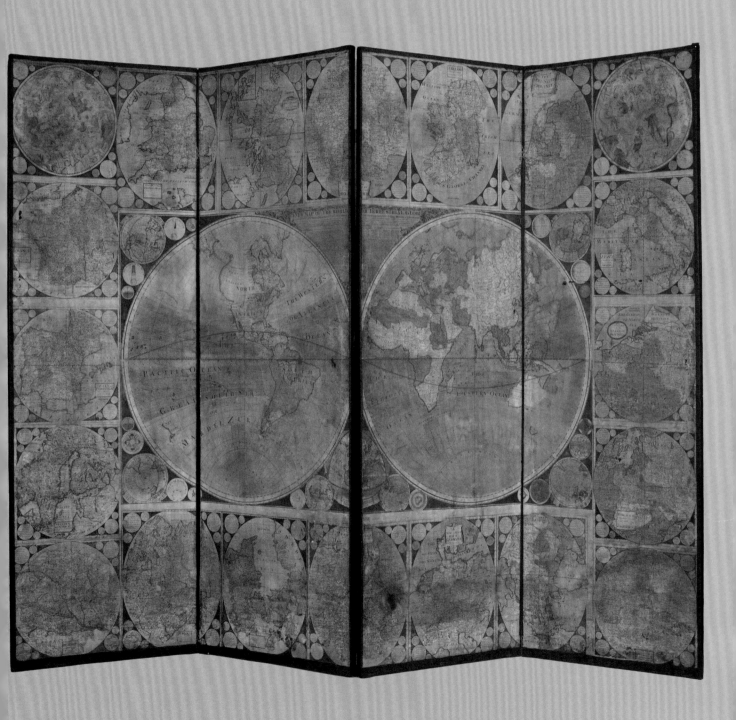

倫敦平面圖（最新正確版，新建築全收錄）摺扇地圖，約一七六〇年

理查・班奈特作，倫敦出版

銅板雕刻印刷；絲綢扇面，象牙扇骨；
扇面半徑149 mm，周長680 mm，扇骨長度240 mm

摺扇在十八世紀蔚為流行，太太、小姐人手一把圖扇。摺扇最初大多從海外進口，最遠可至印度、中國，後來漸由英國本地產製。一七〇九年，英倫摺扇公司獲頒皇家特許狀，成為倫敦同業公會。想知道畫扇在當時究竟多受歡迎？不妨看看一七一〇年報紙上的廣告戰——兩家廠商打對臺，先後推出亨利・薩切威羅（Henry Sacheverell）畫扇。亨利・薩切威羅以佈道慷慨激昂著稱，因詆毀天主教徒和非國教徒而備受高教會派托利黨人士青睞，惹得輝格黨政府魯莽行事，竟於一七一〇年三月將他起訴審判，褫奪其佈道權三年，引來群情憤慨。

露西・貝爾德維爾（Lucy Beardwell）率先在報紙上登廣告販售這把英製圖扇，全文如下：

> 圖像扇發售，上有神學博士亨利・薩切威羅牧師肖像，五官栩栩如生，另以象形文字向英國國教致敬。扇面圖畫精細，扇骨內斂奢華，意者請洽登報者「貝爾德維爾太太」，店址在黑衣修士區紅十字客棧隔壁。（《報僮》，一七一〇年八月二十二日至二十四日）

另一家摺扇商亨弗萊先生立刻登報回應：

> 昨天（八月二十五日）和星期一（八月二十一日）的《副刊》，以及星期四（八月二十四日）的《報僮》，都可見一則圖像扇廣告，據內文所稱，扇面可見亨利・薩切威羅牧師逼真肖像云云，由貝爾德維爾太太販售。有些買家誤認該文所稱圖扇與主禱文路洛維爾巷「亨弗萊先生屋」所售相同，亨氏圖扇上可見精美黑白風景畫及眾多人物，其中包括亨利・薩切威羅博士和六位主教，此外可見六枚英國國教高尚的教徽，並標誌與其明敵、暗敵的卑劣作為，與時事遙相呼應，欲購者請先觀此扇，貨比三家不吃虧。附注：本店提供各種扇骨供諸位太太、小姐選購。（《每日新聞》，一七一〇年八月二十六日）

有了諷喻圖扇做先例，自然催生出摺扇地圖。理查・班奈特（Richard Bennett）這把倫敦平面圖扇於一七六〇年前後發售，扇面北至沙德勒之井（Sadlers Wells），南至泰晤士河，西至綠園（Green Park），東至沙德韋爾碼頭（Shadwell Dock）。這幅地圖以約翰・羅克庫（John Rocque）的作品為藍本，他於十八世紀中葉調查全倫敦市街。這類摺扇顯然是做為茶餘飯後的談資，但這把摺扇地圖另有用途：上頭有倫敦出租馬車的車費表，扇子的主人吃完飯或看完戲要回家，一看便知馬車夫有沒有敲竹槓。

摺扇地圖上下都是弧形，以便貼在展開的扇骨上，因此必須特別開模印製。可惜扇面紙張薄弱，加上反覆開闔造成磨損，保存至今的古扇相當稀有，這把倫敦平面圖扇目前僅存兩把，右頁便是其中之一。

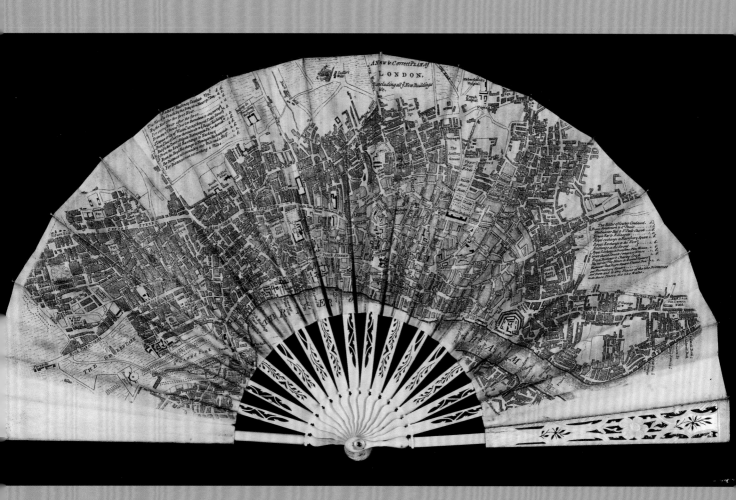

一七六一年～一八四八年
商業地圖和教育地圖

西班牙及海外殖民地王后地圖，一七六一年

維森特・德・麥米吉作，馬尼拉出版

銅板雕刻印刷；1000×635 mm（含邊界），兩張拼成

這幅地圖出自耶穌會傳教士維森特・德・麥米吉（Vicente de Memije）之手，兩幅一組，另一幅〈美洲地圖〉（Aspecto Geographico）中規中矩，根據事實繪製南北美洲，這一幅〈寓意地圖〉（Aspecto Symbolico）則將西班牙畫成王后，畫面涵蓋西班牙海內外領土，意指西班牙帝國是血肉之軀，蒙天主之恩，受天主膏抹，有責傳福音給殖民地「異教徒」。

自從地理大發現伊始，伊比利半島的航海雙雄便互相競爭海外領土，為避免衝突加深，西葡於一四九四年簽署《托爾德西里亞斯條約》（Treaty of Tordesillas），爾後又於一五二九年達成《薩拉戈薩條約》（Treaty of Zaragossa），講定以加納利群島往西三百七十里格＊為界，該子午線以西屬西班牙，包括大半個北美洲和南美洲，但巴西屬葡萄牙，該子午線以東的非洲和印度也是葡萄牙的領土。

依此條約，菲律賓顯然落在葡萄牙的「東半球」屬地，但不久便淪為西班牙的殖民地。兩國後來重新劃分邊界，於一七五〇年簽訂《馬德里條約》（Treaty of Madrid），從此葡萄牙在巴西的領土更廣，菲律賓則歸西班牙所有。麥米吉當時在菲律賓傳教，繪製這幅地圖獻給西班牙國王卡洛斯三世，顯然是想強調菲律賓是西班牙帝國在海外不可或缺的重要領土。這幅地圖將西班牙海外殖民地畫

成王后，雖然印得有些淡，但地圖上方是西非和大西洋，王后的上半身是美洲，其中南美洲融入禮服下襬，裙襬上可見太平洋，裙摺則是西班牙艦隊的航道。王后的雙足踏著菲律賓群島，包括呂宋島（I. Luzon）和民答那峨島（I. Mindanao），雙足左邊是韃靼利亞（Tartary）海岸，當中可見日本和韓國，雙足右邊則可看見澳洲海岸和婆羅洲（Isla de Borneo）南端。

王后的后冠上頭寫著「西班牙」（Espana），並可見西班牙各省名稱，脖子上掛著的珠寶則是羅盤玫瑰，鍊墜上標示各個風向名稱，鍊子則是寶船帆船隊（treasure galleons），將財富一船一船載回西班牙。王后一手作勢要拿天使遞來的火劍，象徵西班牙注定要統治世界，另一手則執定赤道做為旗杆，上頭飄著西班牙國旗。

王后頭頂的萬丈光芒來自羅馬，中央是聖靈化身而成的和平鴿，一旁有天主教中心思想和《聖經》經文，天主的光照耀西班牙的帝國上。

＊ 里格是歐洲和拉丁美洲一個古老的長度單位，在英語世界通常定義為3英里（約4.828公里，僅適用於陸地上），即大約等同一個步行一小時的距離，或定義為3海里（約5.556公里，僅用於海上）。

南北美洲拼圖地圖，一七六七年

約翰・史皮爾斯布里作，倫敦出版

銅板雕刻印刷；木板拼圖；446×481 mm（含邊界）

英國拼圖地圖始於何人？史家向來爭論不休。一七六三年倫敦貿易要覽有一筆記載注明「樂璞杭思」，聲稱是「切割地圖的創始人」，店址在馬里波恩大街。這位「樂璞杭思」指的或許是珍妮瑪麗・樂璞杭思・德・玻蒙，玻蒙女士是法國作家兼家庭教師，一七五〇年代在亨麗埃塔街辦學，但一七六二年便返回法國。又或許「樂璞杭思」指的是玻蒙女士同父異母的兩位弟弟，一位是當雕刻匠的尚巴蒂斯特・樂璞杭思，待過俄國（1757–1762）和英國，據說是凹版腐蝕法的發明者；另一位是尚侯博・樂璞杭思，據說是地理學家，一七六二年前後於倫敦逝世，極有可能是倫敦貿易要覽上的「樂璞杭思」。不過，目前已有確切證據顯示：玻蒙女士於一七五〇年代將木製地圖用於教學，言下之意她或許以切割地圖做為教具。另有一說則是玻蒙女士供應了十六塊切割地圖給夏綠蒂・芬奇夫人（Lady Charlotte Finch），芬奇夫人是英國王室育嬰房的家庭女教師，換句話說，玻蒙女士的切割地圖供給了喬治三世的子嗣使用。

但若要論將教具地圖做為商品販售者，在英國無疑以約翰・史皮爾斯布里（1739?–1769）為最早，本書收錄其作兩幅，一幅在右頁，一幅在八十八頁。約翰・史皮爾斯布里的拼圖地圖首見於一七六二年，隔年便登報打廣告，自稱「雕刻匠兼木板地圖切割師，提供教具輔助地理教學」（引自湯瑪斯・莫提馬《寰宇領導》，1763）這句廣告詞反覆出現在其名片和報紙廣告上，一七六九年英年早逝

後，由其遺孀繼續登報刊廣告。

〈南北美洲拼圖地圖〉隸屬「四大洲拼圖地圖」系列，這系列拼圖共四款，一款一洲（當時還沒有五大洲概念，澳洲只算大陸）。圖上是時人對美洲的描繪，但為了切割方便略作調整，最明顯的就是簡化──僅少數地區標注地名。

比起現代拼圖，〈南北美洲拼圖地圖〉的片數少得出奇，美洲共裁成十七片，歐洲、非洲、大西洋、太平洋共裁成十九片，後者每一片都比前者大。或許是因為切割木板昂貴又費工，加上切割過程可能會破壞地圖，因此拼圖片數不多。舉例來說，英國在北美洲的殖民地全切成一片。

亞洲拼圖地圖，一七六七年

約翰・史皮爾斯布里作，倫敦出版

銅板雕刻印刷；木板拼圖；439×469 mm（含邊界）

〈亞洲拼圖地圖〉隸屬「四大洲拼圖地圖」系列，由約翰・史皮爾斯布里於一七六六、一七六七年發行。如同〈南北美洲拼圖地圖〉（頁86），這幅地圖亦省繁從簡，僅列出重要地名。用來做拼圖的地圖通常會特別訂製，一則略去當代地圖集的細節，二則邊界分別（但較不精確），讓切割師下刀時少費點事。

比起〈南北美洲拼圖地圖〉，〈亞洲拼圖地圖〉的拼圖塊十分大片，總共分成二十一片，每一片都切得相當大氣，獨立韃靼利亞（Independent Tartary）一片、關內十八省（Chinese Tartary）一片，附近海域又隨意分割成幾片。

這系列地圖以手工切割，切割師索性不管海岸線的曲折，僅沿著海陸交界處下刀，相較之下，內陸國界切割得精準許多，但多半還是化繁為簡。

值得注意的是，這時的拼圖塊沒有現代拼圖的榫頭和卯眼，拼圖塊只是平擺在一起，不會彼此咬住。直到切割機器問世、拼圖可以切成更多塊，拼圖塊的形狀才複雜起來。英文的「jigsaw」（拼圖）一詞直到十九世紀中葉才出現，這幅〈亞洲拼圖地圖〉應該是用「手持優線鋸」（fret-saw）切割，而非後來的「豎鋸」（jigsaw），因此「jigsaw」（拼圖）一名有待商榷。然而，鑒於這幅〈亞洲拼圖地圖〉是最早問世的拼圖地圖，其工藝仍值得細細欣賞。

皇家地理消遣：環遊歐洲，一七六八年

湯瑪斯‧傑弗里斯一世作，倫敦出版

銅板雕刻印刷；484×478 mm（含邊界）；
最寬處488×661 mm（含文字）

現存最早的英國地圖遊戲於一七五九年出版，作者約翰‧傑弗里斯二世（John Jefferys Jr）是老師，教授作文和數學，住在西敏市。約翰‧傑弗里斯的地圖遊戲格外罕見，一七五九年的初版全無館藏紀錄，只有卡林頓‧鮑爾斯（Carington Bowles, 1724–1793）的再版一幅。卡林頓是約翰‧鮑爾斯的兒子，一七六二年起獨立開業。

湯瑪斯‧傑弗里斯一世（Thomas Jefferys Sr, 1719–1771）和約翰‧傑弗里斯二世似乎非親非故，前者是英國首屈一指的地圖繪製師兼出版商，店面近倫敦查令十字車站，其於一七四六年授命擔任威爾斯親王腓特烈王子的地理學家，一七五七年改事威爾斯親王喬治王子，親王登基後，他成為御用地理學家。一七五三年，約翰‧史皮爾斯布里（參閱頁86、88的拼圖地圖）拜湯瑪斯‧傑弗里斯為師，在其底下當了七年學徒。

口說無憑雖然危險，但湯瑪斯‧傑弗里斯應該曉得約翰‧傑弗里斯的環歐地圖遊戲，畢竟當年倫敦買賣地圖的圈子很小，加上約翰‧傑弗里斯不時會在報紙上刊登廣告。至於約翰‧史皮爾斯布里的拼圖地圖，湯瑪斯‧傑弗里斯更不可能一無所知，玻蒙女士提供王室育嬰房（參閱頁86）切割地圖，湯瑪斯‧傑弗里斯應該也略有所聞。因此，我們不妨推斷：湯瑪斯‧傑弗里斯對敵情了然於胸，知道其他地圖繪製師地圖已進攻遊戲地圖市場。

然而，直到一七六八年，湯瑪斯‧傑弗里斯才推出名下首款遊戲地圖，在此之前整整按兵不動了九年。自從一七五九年第一款英國地圖遊戲問世，到〈皇家地理消遣〉推出為止，期間英國並沒有任何地圖遊戲出版。有論者以為，傑弗里斯很慢才了解遊戲地圖的商業價值，但不妨試想：傑弗里斯身為御用地理學家，對於地圖設計和販售豈可兒戲？一來七年戰爭（Seven Years' War, 1756–1763）讓地圖需求量大增，二來戰爭打完後，他便滿懷壯志著手考察、繪製英國各郡地圖，根本無心其他，直到一七六六年破產，才開始注意成本較低又能快速牟利的辦法。

〈皇家地理消遣〉附遊戲規則，以凸板印刷黏貼在地圖兩側，內容包含遊戲說明和玩法，並簡介途經一百零三處市鎮，終點在倫敦。至於遊戲規則中提到的陀螺骰、柱子、籌碼，至今已不復存。

這款遊戲雖於一七六八年出版，文字說明卻以一七五八年為最晚，分別出現在八十五號聖馬羅（St Malo）、八十八號瑟堡（Cherburg）、九十二號卡里克弗格斯（Carrickfergus）。

〈皇家地理消遣〉是以賽鵝圖為底本的環歐遊戲，中途繞道阿爾及爾（Algiers）、埃及等近東地區，沿途有「獎賞」的棋格全是歐洲首都，包括都柏林（愛爾蘭總督府所在地），最先走到倫敦者為贏家。如同其他款賽鵝圖遊戲，玩家擲出的點數必須剛好走到倫敦，但超過的話並非超出幾步就後退幾步，而是直接退回第八十三格巴黎，是為恥辱。「處罰」棋格則以阿爾及爾（第六十八格）和西西里島（第八十九格）罰得最重，走到阿爾及爾會被海盜關進大牢，關到替死鬼出現為止，西西里島則是「死局」，走到這格的玩家會遭遇船難並溺死，因此「喪失遊戲機會」。

環遊世界地圖，一七七〇年

湯瑪斯·傑弗里斯一世作，倫敦出版

「皇家地理消遣系列推出環遊世界地圖，取道東北航道及西北航道深入南海，
帶您暢遊近代新發現。王室御用地理師湯瑪斯·傑弗里斯出品。」

銅板雕刻印刷；484×472 mm（含邊界）；

最寬處 505×695 mm（含文字）

地圖繪製師湯瑪斯·傑弗里斯一世起先遲遲不推遊戲地圖（參閱頁90），但一推就是三款，每年推一款，〈環遊世界地圖〉是第二款，從地理學角度來看，以這款最有趣，使用（近代）罕見的投影法，將全球投影在同一平面上，但這幅地圖所繪已超出投影範圍之外，地圖下方附注提到：「注意，本地圖採用球面投影法，以倫敦為中心，繪製範圍超出投影範圍，俾使觀者一覽寰宇……」以倫敦為中心投影或許是想和法國的地圖繪製師互別苗頭，後者泰半以法國做為世界中心。儘管這只是一款遊戲，卻是當時英國數一數二的世界地圖。這款地圖另一項有趣之處在於首開以紅色代表大英帝國之濫觴，地圖左下角圖例寫道：

環遊世界……………………藍色
美洲大英帝國疆土…………紅色
美洲俄羅斯帝國發現地……棕色

〈環遊世界地圖〉是賽鵝圖類型的擲賽遊戲，地圖兩側以文字說明遊戲要旨、玩法、規則、途經各點介紹。

遊戲終點是「103. 蘭茲角（Land's End），英國第一悅人所在，既是水手遠颺歸來最先看到的英格蘭陸地，也是玩家心心念念最想到達的『完局』」。「玩家須留心以下規則，一步步朝第一〇三格前進，也就是蘭茲角，哪位玩家運氣好，擲出的數字正好走到第一〇三格便得勝；不過，擲出的步數太大是常有的事，這時玩家必須退回第八十九格

奧利諾科河（Oronoko-River），等到下一輪再試手氣，此規則適用所有玩家，直到有玩家剛好走到第一〇三格，遊戲才算結束。」

遊戲所經之地都有簡短的文字介紹，內容有趣，觸及當地歷史，例如：「45. 馬尼拉，菲律賓群島首都，原為西班牙領土，一七六二年為英國侵占，西班牙贖回，但贖金未付。」又如太平洋西北地區的「58. 深入南海的西北航道，一六四〇年由薛普來船長和西班牙德風特海軍上將發現，前者從新英格蘭取道哈德遜灣，後者從南海穿過聖拉撒路群島*。走到這格的玩家運氣太好，可直接穿過西北航道，抵達第七十九格合恩角（Cape Horn）。」

圖例的描述或許不盡然正確，但會讓年輕玩家了解英國雄霸四方，行文中亦刻意帶到致使帝圖擴張的關鍵勝仗。

如同其他擲賽遊戲，玩家會在環遊世界途中遇險，其中最嚴重的要屬「99. 巴哈馬群島，此處船舶常失事，西班牙大帆船尤其如此。玩家在此遇難，擱淺島上，喪失遊戲機會。」看起來最好玩的棋格大概是「102. 紐芬蘭，以鱈魚業馳名遠近，鱈魚品質據說冠居全球，玩家至此休息一回合，來一盤巧達派（chauder*），喝一杯黑皮帶（black strap†）。」兩個符號以腳注說明：「*選取大尾新鮮鱈魚，與帶油花的醃豬肉一同烹煮。†雪松啤酒混萊姆酒，以糖蜜提味。」

---

* 今菲律賓。

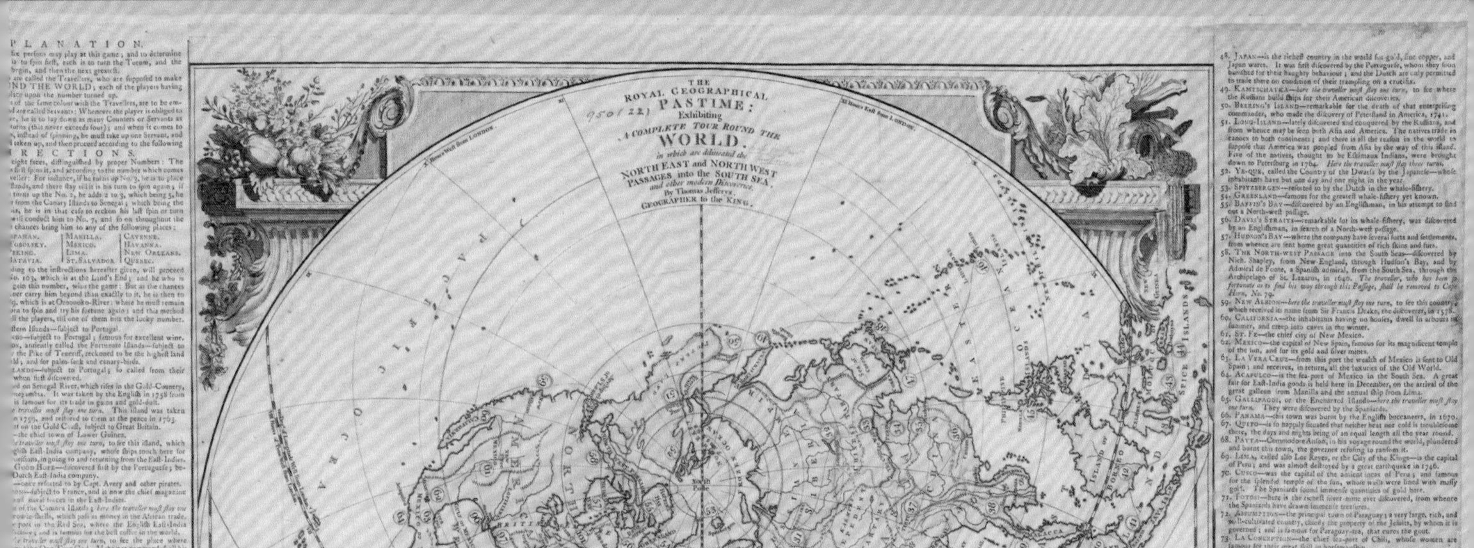

THE
ROYAL GEOGRAPHICAL
PASTIME:
Exhibiting
A COMPLETE TOUR ROUND THE
WORLD.
in which are delineated the
NORTH EAST and NORTH WEST
PASSAGES into the SOUTH SEA
and other modern Discoveries.
By Thomas Jefferys
GEOGRAPHER to the KING.

To His Royal Highness
GEORGE PRINCE OF WALES,
DUKE OF CORNWALL, &c. &c.
and Knight of the Most Noble Order of the Garter,
This Plate is BY PERMISSION most humbly Dedicated
By his Royal Highness's most Obedient
and Devoted humble Servant
T. Jefferys.

皇家地理消遣：環遊英格蘭暨威爾斯，
一七七〇年

湯瑪斯・傑弗里斯一世作，倫敦出版

銅板雕刻印刷；最寬處 509×440 mm；
512×661 mm（含文字）

〈環遊英格蘭和威爾斯〉屬於賽鵝圖擲賽遊戲，由湯瑪斯・傑弗里斯一世設計，一七七〇年一月出版，與〈環遊歐洲〉（頁 90）隸屬同一系列，與〈環遊世界〉（頁 92）同日發行，兩款遊戲基本規則相同，以凸板印刷黏貼在地圖兩側，玩家轉動八角陀螺骰決定前進步數，在地圖上暢遊英國。

一如傑弗里斯推出的地圖遊戲：「玩家須留心以下規則，一步步朝第一百一十一格前進，也就是倫敦，哪位玩家運氣好，擲出的數字正好走到第一百一十一格便得勝；不過，擲出的步數太大是常有的事，這時玩家必須退回第八十五格蘭茲角，鑒於玩家遭逢此劫實屬不幸，待下一輪便可再試手氣，此規則適用所有玩家，直到有玩家剛好走到第一百一十一格，遊戲才算結束。」

沿途有「獎賞」的棋格全是主教轄區，包括樞機主教和主教的管區，如遊戲說明所列：「樞機主教視事：坎特伯里、約克。主教視事：聖亞薩、班戈、巴斯、布里斯托、卡萊爾、切斯特、奇切斯特、聖達味杜倫、艾希特、伊利、格洛斯特、赫里福德、蘭達夫、利奇菲爾德、林肯、倫敦、諾里奇、牛津、彼得伯勒、羅徹斯特、索爾茲伯里、溫徹斯特、伍斯特。」玩家走到這幾格，可將八角陀螺骰出的步數乘以二，直接前進到對應的格子。

罰得最重的棋格是「63. 考文垂（Coventry），以一年一度的裸女遊行出名，藉以緬懷戈黛娃夫人（Lady Godiva）。由於其夫暴斂橫徵，為了解救人民，戈黛娃夫人答應一絲不掛騎馬環市，並傳令要

求家家戶戶緊閉門窗，抗命者死。此處有一位可憐的裁縫，名叫湯姆（Tom），據說偷窺戈黛娃夫人裸身策馬過市遭人打瞎，『偷窺狂』（Peeping Tom）一詞由此而來。有鑑於此，走到這一格的玩家須流放至第十一格伯立克（Berwick），並休息四回合。」至於「死局」是「87. 愛迪石灣，以燈塔著稱，水手航行至英吉利海峽此段，非得靠這座燈塔引路不可。玩家在此觸礁沉船，喪失遊戲機會。」

這幅地圖還有一個有趣的地方——提給威爾斯親王的獻辭另外開模印製成標籤，再貼在地圖標題下方，〈環遊世界地圖〉（頁 92）也是如法炮製，料想是時間匆促所致，再版時獻辭便和地圖以同一塊雕版印製。

〈環遊英格蘭和威爾斯〉多少可說是英格蘭遊戲地圖的縮影，但這款遊戲背後還有個趣聞。湯瑪斯・傑弗里斯在這幅地圖和〈環遊世界地圖〉上都加了警語：「本圖已登錄《英國出版同業工會名冊》，版權所有，翻印必究，檢舉有賞。」當時出版商大多會努力保護版權，但同業競爭不擇手段，嚇阻效果有限，湯瑪斯・傑弗里斯不是說著玩的，說追究就追究。英國國家檔案館藏有衡平法院卷宗，內有湯瑪斯・傑弗里斯一七七〇年二月十五日提告的「訴狀」，內文控訴卡林頓・鮑爾斯（詳見頁 102）抄襲，故獲強制令禁止鮑爾斯販售旗下「皇家地理消遣」系列，隔月鮑爾斯抗告，訴狀連同兩家地圖副本轉交存卷法官判決，可惜卷宗至此便沒了下文，但推測應該是由湯瑪斯・傑弗里斯勝訴。

一七七二年七月歐洲圖，一七七二年

佚名作，倫敦出版

銅板雕刻印刷；圖畫處95×161 mm

這幅非凡的政治卡通地圖尺寸迷你，由此推之，應於一七七二年刊載於某英國期刊，出處不詳，地圖標題似乎遭粗心的裝訂員裁去，但其他版本還見得到。

一七七二年，普魯士、俄羅斯、奧地利協議瓜分波蘭立陶宛邦聯，此時正值俄土戰爭（Russo-Turkish War, 1768–74），俄羅斯和鄂圖曼帝國因邊界問題爆發衝突，該邊界一側是受俄羅斯控制的波蘭領土，另一側則是鄂圖曼帝國屬地，俄羅斯於一七七二年取得初步勝利，從而開啟近代列強瓜分波蘭史，同年二月十七日俄羅斯和普魯士簽訂條約，五月五日頒布。

圖中「波蘭王國地圖」四周聚集了歐洲大國君主，圖左是波蘭國王斯坦尼斯勞二世（Stanisław II, 1732–1798），雙手反綁、皇冠破損，象徵其處境。圖中是俄羅斯女沙皇葉卡捷琳娜二世（Catherine II, 1729–1796）、普魯士國王腓特烈·威廉二世（Frederick William II, 1744–1797）、神聖羅馬帝國皇帝李奧波德二世（Leopold II），三位拿著地圖，協商如何分贓。

三位後方站著法國國王路易十五（Louis XV, 1710–1774）和西班牙國王卡洛斯三世（Charles III,

1716–1788），兩位彷彿在留心眼前大局，身後的英國國王喬治三世（George III, 1738–1820）則顯然不管事，只管從頭睡到尾。

第一次瓜分波蘭由普魯士得利、奧地利坐收、俄羅斯失利，當時葉卡捷琳娜二世擔心的是鄂圖曼帝國從南邊進犯，圖左背景裡的就是鄂圖曼蘇丹穆斯塔法三世（Mustafa III, 1717–1774），手戴著手銬、腳繫著腳鐐，象徵其軍與俄軍交戰處處受制。

背景的「權力平衡」（The Ballance of Power）是一桿天秤，大不列顛（Great Britain）顯然吃了大虧。歐陸經過連年爭戰，一會兒是奧地利王位繼承戰（War of the Austrian Succession, 1740–1748），一會兒是七年戰爭，各強權都想偃旗息鼓，卻又想從中撈到好處：俄羅斯巴不得鄂圖曼帝國一敗塗地，普魯士、奧地利、英國則指望鄂圖曼帝國繼續掌控土耳其，以防堵俄羅斯擴張至南歐、中亞、地中海東岸，其中普魯士圖謀中歐，奧地利則覬覦鄂圖曼帝國在波蘭和巴爾幹半島的領土。這位佚名作者顯然認為喬治三世姑息普魯士在德意志境內坐大，此舉有損英國在德勢力，而新興局勢更損及英國在歐陸的利益，畫裡的喬治三世似乎「夢遊」進對英國不利的國際局勢，此一諷喻有失公允。

駛進婚姻港的真愛水道圖，約一七七二年

T. P. 作，倫敦出版

「駛進婚姻港的真愛水道圖，絕對位置北緯51.30度，
由婚姻界泰斗口授，依個人觀察調整，水道學家T. P. 作，
謹獻給婚姻之神海曼殿下及愛神邱比特王子。」

銅板雕刻印刷；最寬處181×292 mm

這幅真愛水道圖由「水道學家T. P. 作，謹獻給婚姻之神海曼殿下及愛神邱比特王子」，從圖左的「庸庸碌碌海」（Sea of Common Life）駛往圖右的「幸福港」（Felicity Harbour）和「應許之地」（Land of Promise），航道上可見無數歧途和危難，例如「醋妒礁岩」（Rocks of Jealousy）、「懼內沙洲」（Henpeckd sand）、「通姦漩渦」（Whirlpool of Adultery），唯有成功橫渡「婚姻港」（Harbour of Marriage），才能平安抵達「幸福港」。

地圖上方是給準戀人的建議：「航向幸福港指南。以道德為舵手，以審慎為羅盤，以平靜為心海，以希望為船錨，以真愛為動力，在這趟真愛之旅上，定力、見識、理智是您永遠的北極星。」

地圖下方則以長篇大論敘述航程：

【圖說】

從庸庸碌碌海進入真愛水道，首先駛進盲目海峽，兩側是愚夫愚婦角和花言巧語岬，接下來駛過金錢島和慾念島，前方的紅顏漩渦迷航著多艘預定開往美善島的船隻，水道兩側有許多水渠，有些水手雖未誤入歧途，卻在酣睡灣泊舟。繼續前行可見典禮海角，駛過結子海岬便來到大喜海角，再過去就是婚姻港，港內請靠右駛船，以免在懺悔海岬附近觸礁。此外，可靠的舵手也會遠離醋妒礁岩和紅杏出牆灣，盡

量沿著知足岬和知足灣往前駛，過了歡喜海峽便能安抵幸福港。由於西北季風常年從結子海岬吹過真愛水道，是以此行無法返航。另外，水道上颶風難免，縱使停靠在知足灣甚至幸福港，也會被大浪捲進死亡水渠，漂向長眠湖。

這幅地圖雖是獨立創作，卻與同代作家亨利·凱里（Henry Carey）的諷刺文學息息相關，一七四五年初版、一七七二年再版，書名冗長：《邱比特和海曼；駛往愛情島和婚姻島。內容講述這兩大人口稠密島嶼的島民生活，包括其律法、習俗、政府，筆調詼諧，行文間穿插實用指南和叮嚀，因島上眾多斷崖和流沙，已葬送上千名水手性命。俏皮門生H. C.、T. B合著……》。

儘管書名提及「婚姻島地圖」，但六十八頁的內文中僅見文字敘述，地圖另由羅伯特·塞爾（1725?–1794）付梓，淺顯易懂且精美非凡。羅伯特·塞爾是倫敦數一數二的地圖出版商兼版畫商，家道殷實，約翰·佐法尼（Johan Zoffany）曾為其繪製家族肖像，背景是其位於里奇蒙的豪宅花園，筆觸細膩優美，大衛·威爾森（David Wilson）曾以此為題出版專著《約翰·佐法尼與里奇蒙的塞爾家族：風俗畫翹楚》（*Johan Zoffany RA and the Sayer Family of Richmond: A Masterpiece of Conversation*），二〇一四年出版。

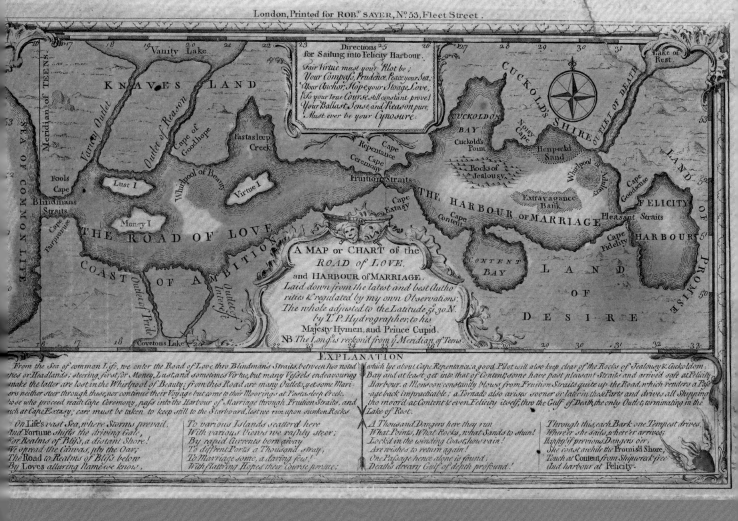

世界地圖拼圖，一七八七年

湯瑪斯・基欽作，倫敦出版

銅板雕刻印刷；現存最寬處 375×736 mm

　　就目前所知，這幅世界地圖拼圖僅存這一副，總共缺了三片，一片是中歐、一片是馬達加斯加、一片是五大湖北端，此外還缺外框和標題前半，但或許原本發售時就沒有外框和完整標題，拼圖地圖的售價不僅包括地圖和木板成本，還必須包括切割費用，在某些情況下，買家會選購「精簡版」，本圖或許就是如此，凡與地圖無關者一律棄而不用，畢竟空白外框一來徒增成本，二來又達不到寓教於樂的目的，不如捨棄。

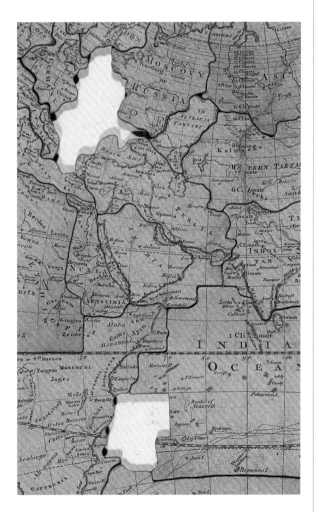

　　這款拼圖的標題寫著「湯瑪斯・基欽作」，指的或許是地圖繪製師兼雕刻匠湯瑪斯・基欽一世（Thomas Kitchin Sr, 1719–1784），又或許是其子湯瑪斯・鮑文・基欽（Thomas Bowen Kitchin，活躍於1765–約1784），父子二人皆為王室御用水道學家，但更有可能是出版商約翰・威利斯一世（John Wallis Sr）擅作主張，基欽父子根本沒有參與地圖製作，只是借用其名號來哄抬身價。

　　約翰・威利斯一世起初事業不順，一七七八年宣告破產，後來靠遊戲地圖發跡，搶在其他商家之前另立山頭，後由其子約翰・威利斯二世和愛德華・威利斯繼承家業，成為舉足輕重的遊戲地圖出版商，本書收錄旗下地圖數幅。

　　威利斯稱霸遊戲地圖界之後，便不顧拼圖地圖的創始人約翰・史皮爾斯布里（參閱頁86），逕自在廣告上自稱首創拼圖地圖，例如這段盒標上的文字：

> 約翰・威利斯，拼圖地圖創始人，致力此行三十年，論正確、論工藝，其拼圖皆冠居倫敦，眾人請睜大眼睛，購買請認明商標。

　　雖然事隔三十年，記憶有誤在所難免，但威利斯這番說詞應是行銷話術，為的是將其響亮的名號打得更響，加上這段廣告詞距離首幅拼圖問世相隔五十年，料想應無人能質疑其真偽之故。

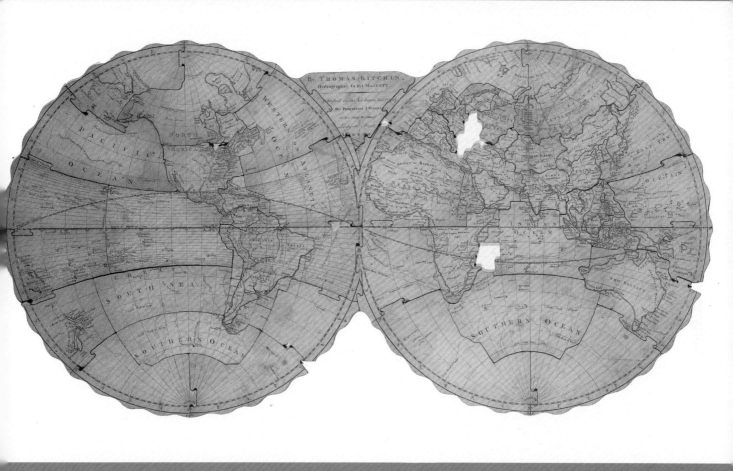

鮑爾斯環遊世界地圖，一七九〇年

卡林頓·鮑爾斯作，倫敦出版

「鮑爾斯環遊世界地圖，以麥卡托投影法繪製，收錄地圖最完整，帶您風雅暢遊既知寰宇。」

銅板雕刻印刷；376×630 mm（含頁邊）；470×638 mm（含文字）

鮑爾斯家族叱吒十八世紀倫敦地圖出版印製業，旗下擁有兩家獨立出版商，彼此時而競爭時而合作，其中一家由湯瑪士·鮑爾斯一世（Thomas Bowles I，活躍於1683–1714）創辦，後由其子湯瑪士·鮑爾斯二世（Thomas Bowles II, 1688–1767）接手，再傳至孫子湯瑪士·鮑爾斯三世（Thomas Bowles III, 1712?–1762），後來三世去逝，再由二世復出接應。

湯瑪士·鮑爾斯一世在遺囑中明定次子約翰·鮑爾斯可自立門戶，不久約翰·鮑爾斯便攜其子卡林頓·鮑爾斯開業，然而或因堂兄湯瑪士·鮑爾斯三世早逝，卡林頓·鮑爾斯放棄家業，接手伯父湯瑪士·鮑爾斯二世的生意，直到死後才傳給兒子亨利·卡林頓·鮑爾斯（Henry Carington Bowles），後者與父親的徒弟山謬爾·卡佛（Samuel Carver）合資經營「鮑爾斯與卡佛出版社」（Bowles & Carver），直到一八三〇年為止。

卡林頓·鮑爾斯曾與湯瑪斯·傑弗里斯打官司，時值一七七〇年，鮑爾斯被控抄襲傑弗里斯的世界地圖和英格蘭暨威爾斯地圖（參閱頁94），但鮑爾斯不久便自創遊戲，例如這段一七八〇年的廣告：

> 冬夜消閒，陪您歡度嚴酷冬夜，在遊戲中增長見聞，男女老幼皆可圍爐歡聚共學，為漫漫長夜平添歡笑，遊戲規則如下……

這幅世界地圖與約翰·鮑爾斯四張拼成的世界地圖同款，皆採用麥卡托投影法，只是內容精簡許多。鑒於當時遊戲地圖多採用雙半球投影法，這款地圖顯得十分特出。

「遊戲說明」以凸板印刷黏貼在地圖下方，玩法是標準的賽鵝圖擲賽遊戲，比的是運氣而非技巧，棋格比一般遊戲地圖少，需兩位玩家才能對戰，起點是亞速群島（Azores），途經陸路和海路，終點抵達倫敦：「76. 倫敦，完局，大不列顛首都，全球最繁華的城市。」走到這格的玩家「接受全場掌聲鼓勵，獲頒寰宇知識通兼環遊世界飛毛腿」。

玩家必須剛好走到第七十六格才算贏，沿途走到哪個棋格，就要將那個棋格上的文字唸出來，其中處罰不少，例如：「28. 植物學灣，新南威爾斯州第一個歐洲殖民地，一七八八年由英國建立，為避免被當成流放罪犯，玩家只能在此停留四回合，觀察當地風俗後再出發。」又如：「30. 馬尼拉，菲律賓群島首都，玩家有責在此停留三回合，找出西班牙未付贖金的原因，此處一七六二年為英國侵占，由西班牙贖回。」

「死局」在挪威北岸外海：「62. 莫斯肯漩渦，全球最危險海渦，玩家不慎涉險，死無餘辜，在此喪失遊戲機會。」

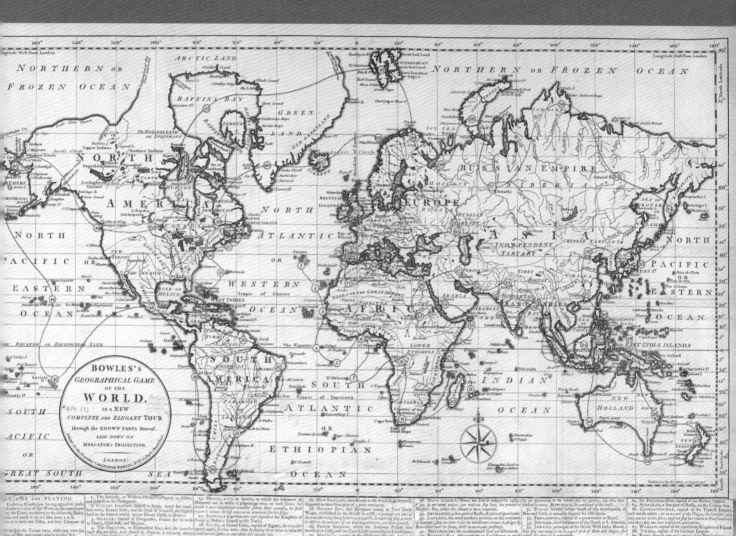

BOWLES's GEOGRAPHICAL GAME OF THE WORLD, IN A NEW COMPLETE AND ELEGANT TOUR through the KNOWN PARTS thereof. LAID DOWN ON MERCATOR's PROJECTION. LONDON.

無題，《天路歷程》拼圖地圖，一七九〇年

約翰·威利斯一世作，倫敦出版

盒標：「天路歷程益智拼圖，少年、少女皆可玩，且看基督徒從將亡城踏上天路，終至天國。」

銅板雕刻印刷；277×177 mm（含頁邊）

約翰·班揚（John Bunyan, 1628–1688）的宗教寓言《天路歷程》（*The Pilgrim's Progress from this World to that which is to Come*）一六七八年問世，是英國文學史上傳道散文的翹楚，數百年來再版不輟，是家家戶戶必備的案頭書，付梓以來從未絕版，更有超過兩百種語言的譯本。全書共分成兩部，第一部敘述象徵凡夫俗子的主角「基督徒」（Christian）奔走天路，沿途經過「憂鬱潭」（Slough of Despond）、「虛華市」（Vanity Fair），路上歷經的種種試煉與危難，如今都成為眾人掛在嘴邊的英語詞彙。

約翰·威利斯一世（約1745–1818）是舉足輕重的地圖繪製師兼出版人，率先鎖定迅速成長的青少年市場，於十八世紀末、十九世紀初稱霸遊戲地圖市場。早年《天路歷程》各版本皆不附圖，直至十八世紀方可見依情節繪製的地圖和插畫。威利斯這幅地圖顯然是設計作為單面印刷，可貼在木板上裱框或做成拼圖。

主角「基督徒」本鄉在地圖下方「將亡城」（City of Destruction），長大後頓悟人生而有罪，決意改過自新信奉基督，但《聖經》指出的原罪卻使其身負重擔，必須得救才能解脫。

書中描述「基督徒」經歷掙扎與折磨，又碰上引人走上歧途的旅伴，全憑堅忍才逃出「將亡城」，並跋涉過內陸，遠離「陰翳之地」（Giant Despair），抵達「安樂村」（Pleasant Land Beulah），接著出村、過江，終至天城。基督徒在將亡城外遇見「傳道」（Evangelist），依其指引走向「窄門」（Wicket Gate），踏上救贖之路。「窄門」的守門人是「仁慈」（Goodwill），實為耶穌化身，「基督徒」當下並不知情，只管叩門問路，「仁慈」說：

> 「……好的基督徒啊，走過來，我可以教你應走的前程。往前看，你看見那狹路嗎？那就是你應走之路，乃是古聖先知，基督與他的門徒所築的，這條筆直的路，就是你所當走的。」

基督徒：「但是這路難道沒有轉彎抹角，教不認得路的人走錯嗎？」

仁慈：「有不少歧路混雜，既彎曲，又寬大，但你必須認清正路，那是筆直而又狹窄的。」

聽完這番話，基督徒便踏上天路，途中歷經之地如地圖所繪，包括「疑棄」（Valley of the Shadow of Death）和「居謙谷」（Valley of Humiliation），此二地皆位於「黑山」（Dark Mountains），其中「居謙谷」是基督徒和惡魔「亞布淪」（Apolyon）搏鬥之地，正如小圖所繪。地圖上還可見「棄信鄉」（Apostacy）、「自滿地」（Country of Conceit）、「奢華鎮」（Vain Glory）、「俗情城」（Carnal Policy）、「磽地鄉」（Graceless），左上角畫著迷宮的就是「自滿地」，另外還有「修行村」（Morality）、「信實村」（Honesty）、「巧言鎮」（Fair Speech）、「求利城」（Love-gain），天路沿途可見「惡魔城堡」（Belzebub's Castle）和種種「直通地獄」（a bye way to Hell）的險阻。

基督徒最後克服難關進入「天城」（Celestial City），第二部則敘述其妻尾隨丈夫踏上天路。

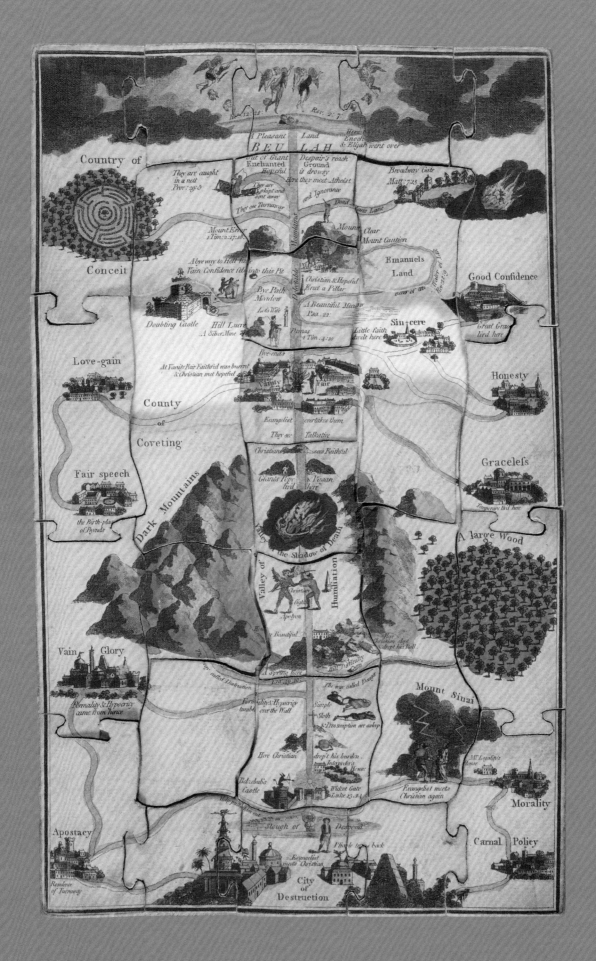

魔力地誌！英格蘭和威爾斯的滑稽人像地圖，一七九三年

羅伯特‧戴頓作，倫敦出版

銅板雕刻印刷；圖片 181×156 mm

羅伯特‧戴頓（1751–1814），天才橫溢的藝術家、插畫家、雕刻家，一七六九至一七九九年間於自由藝術家協會（Free Society of Artists）及皇家藝術學會（Royal Academy）開肖像畫展，一七七二年進入皇家藝術學院（Royal Academy Schools）就讀，後專事袖珍肖像，以教畫維生，並在沙德勒之井等名勝駐唱。

這一帆風順的職涯卻不幸戛然而止。戴頓蒐集多幅名家版畫，是大英博物館的知名研究員，當時版畫室尚未對外開放，戴頓便已和版畫室主持人威廉‧比洛牧師（Reverend William Beloe）交情甚篤，並深受比洛牧師信賴，戴頓因此濫權，將大英博物館的版畫或偷出變賣或私自收藏，後來東窗事發，弄得聲名狼籍。一八〇六年，向戴頓購畫的版畫商到大英博物館驗真偽，誰知原版竟不翼而飛，進一步調查後發現，竟然為戴頓私自變賣，戴頓眼看紙包不住火，供認不諱，並與館方協商——私藏品全數歸還，售出品交代去向，館方答應，戴頓因而逃過牢獄之災，但名聲卻一落千丈，不得不離開倫敦，從此浪跡萍蹤，餬口度日。比洛牧師也立即遭解僱。

一代才子淪落至此，令人不勝唏噓。戴頓藝術天分之高、諷刺畫造詣之深，在這幾幅〈魔力地誌〉展露無遺（參閱頁108、110）。這組地圖由卡林頓‧鮑爾斯於一七九三年前後付梓，後由其接班人再版，係由其學徒山謬爾‧卡佛與其子亨利‧卡林頓‧鮑爾斯合資的版畫出版社，兩人皆是當代獨占鰲頭的版畫商，店址在聖保羅大教堂。

這幅英格蘭和威爾斯地圖異想天開，畫法雖然有些陌生，但確實是約翰牛（John Bull）肖像。約翰牛做為英格蘭（或稱大不列顛、不列顛群島）人形地圖可謂家喻戶曉。正如同一想到美國就會想到山姆大叔，英國的約翰牛形象從十八世紀開始深植人心，一直風行至二十世紀。地圖上的英格蘭南部被畫成海怪，頭是東安格利亞（East Anglia），嘴巴是泰晤士河口（Thames Estuary），尾巴是英格蘭西南部的康瓦爾郡（Cornwall）和德文郡（Devon）。英格蘭北部則是笑呵呵的大塊頭，嘴裡叼著菸斗，手裡拿著麥酒，酒杯上浮著泡沫，彷彿在向讀者舉杯致敬，肩膀上披著的斗篷是威爾斯，在風中肆意翻飛。大塊頭宛如騎著海豚的波賽頓從海裡躍出，海面上則可見帆船遍布。

這三幅地圖在珍奇地圖中極為出名，下啟三十年仿效風潮，流傳甚廣，以致競爭對手勞里和惠特爾出版社（Laurie & Whittle）一八〇六年的「歐洲古怪地圖」（Whimsical Map of Europe）題詩寫道：

大店小鋪標價「減」，
繽紛英格蘭騎鯨現，
碧海青天作畫框，
愛爾蘭、蘇格蘭也依樣。

Dighton del.

Geography Bewitched!

or, a droll Caricature MAP of ENGLAND *and* WALES.

London: Printed for Bowles & Carver, No.69 St. Paul's Church Yard,

魔力地誌！蘇格蘭的滑稽人像地圖，一七九三年

羅伯特・戴頓作，倫敦出版

銅板雕刻印刷；圖片 181×156 mm

這是羅伯特・戴頓三幅〈魔力地誌〉的第二幅，由卡林頓・鮑爾斯出版（參閱頁106、110）。

在這幅地圖中，蘇格蘭頭戴小丑帽、頸繞襞襟、身穿衣褲，帽子和頭部是凱瑟尼斯郡（Caithness）和昔德蘭群島（Shetland Isles），襞襟翻飛處是天空島（Isle of Skye），雖然有人說看起來像駝子，但「駝背處」畫的是格紋，和上衣不搭，說不定不是駝背，只是肩上背著布包，代表蘇格蘭東部的弗雷澤堡（Fraserburgh）和亞伯丁（Aberdeen）一帶，也就是今日的亞伯丁郡（Aberdeenshire）。

上衣的襞襟是馬爾島一帶（包括威廉堡和歐本市），衣襬掀騰處是琴泰岬（Mull of Kintyre）和阿倫島（Arran），前腰是克萊德灣（Firth of Clyde），後腰是福斯灣（Firth of Forth），托著背包的左手是法夫郡（Fife），雙膝跨跪在鼓鼓的坐墊上，坐墊是蘇格蘭南部，涵蓋愛丁堡（Edinburgh）和格拉斯哥（Glasgow）以南地區。

這種畫法很快就讓其他出版社學了去，眾人讚不絕口，盜印、翻印不絕，風行三十年不輟。

Geography Bewitched!
or, a droll Caricature MAP of SCOTLAND

魔力地誌！愛爾蘭的滑稽人像地圖，一七九三年

羅伯特·戴頓作，倫敦出版

「魔力地誌！愛爾蘭的滑稽人像地圖。
僅以這幅愛爾蘭牛女士的肖像向偉大的約翰牛先生致敬。」

銅板雕刻印刷；圖片 181×156 mm

這是羅伯特·戴頓三幅〈魔力地誌〉的第三幅，由卡林頓·鮑爾斯出版（參閱頁 106、108）。不同於前兩幅，這幅地圖並未署名，但幾乎可以斷定是戴頓所作。

如標題所述，愛爾蘭在這幅地圖中畫成約翰牛的太太「愛爾蘭牛」。約翰牛做為英格蘭（或稱大不列顛、不列顛群島）的象徵可謂家喻戶曉。地圖中的「愛爾蘭牛」採坐姿，面朝左，手裡撥著豎琴，肩上掛著嬰兒，頸部以上是愛爾蘭舊省阿爾斯特（Ulster），豎琴是康諾特省（Connaught），裙襬是芒斯特省（Munster），背部和披巾下襬是倫斯特省（Leinster）。

圖中的愛爾蘭牛和藹可親——甚至可以說是慈眉善目。到一八七〇、一八八〇年代，愛爾蘭自治成為英國政壇不得不正視的重要議題，愛爾蘭牛被畫得面貌猙獰，變得像個老巫婆。

London: Printed for Bowles & Carver, No.69, St. Paul's Church Yard.

Giants Causeway

Lough Swilly

Fair Head

Red Bay

Bloody Fairland Pt.

Carrickfergus Bay

Cape Telling

Donegal Bay

Quintin Pt.

Dunfine Head

Sligo Bay

Dundrum Bay

Broad Haven

Carlingford Bay

Blacksod Har.

Dundalk Bay

Achill Hd.

New Haven

IRISH

Dogs Head

Howth Head

Slyne Head

Dublin Harbour

Galway Bay

SEA

Wicklow Head

Ballyela Bay

ATLANTIC OCEAN

Cape Lean

Shannon Mouth

Wexford Haven

Dingle Bay

Carnsore Pt.

Waterford Harbour

Youghall Bay

Kenmare River

Cork Harbour

Bantry Bay

Kinsale Haven

Dunmanus Bay

Cape Clear

Mizen Head

ST. GEORGE'S CHANNEL

Geography Bewitched!
or, a droll Caricature MAP of IRELAND.
This Portrait of LADY HIBERNIA BULL is humbly dedicated to
her Husband the great MR. JOHN BULL.

新‧英法地圖，一七九三年

詹姆斯‧吉爾雷作，倫敦出版

「法軍進犯──約翰牛砲轟『雜─貨船』。」

銅蝕刻印刷；334×241 mm（印面）

一七八九年巴士底監獄被攻占、法國大革命爆發，此後三十年間英法衝突不斷，史稱「拿破崙戰爭」（Napoleonic Wars），但這個說法只是統稱，嚴格來說不夠精確。拿破崙在一七九九年奪權，以此為界，奪權以降稱「拿破崙戰爭」，法國大革命到奪權之前稱「法蘭西督政府戰爭」（The Wars of the French Directorate）。

戰爭前期英國一直籠罩在法國進犯的威脅之下，直到一八〇五年十月特拉法加海戰開打，英國海軍上將納爾遜大敗法西聯合艦隊，從而確立英國百年海上霸權。此後，法國曾數度集結作戰艇，準備運軍隊和重砲過英吉利海峽，但卻遲遲不見後續行動。

這幅諷刺地圖馳名當世，畫的是法國虛張聲勢、要進攻不進攻的樣子，畫面上可見英吉利海峽上集結了法國作戰艇，一艘艘停靠在布列塔尼（Brittany）和諾曼地（Normandy）沿岸，海峽另一側是象徵英國的約翰牛，五官貌似英王喬治三世，正對著法軍出恭，糞便從英國在樸茨茅斯（Portsmouth）的海軍基地排出，上頭寫著「英國宣戰」，彷彿英王也派出「艦隊」，對敵軍大開殺戒。

地圖雖然署名約翰‧休伯特（John Schoebert），但應該是詹姆斯‧吉爾雷（James Gillray, 1756–1815）的化名或筆名。詹姆斯‧吉爾雷是出類拔萃的英國諷刺藝術家和版畫家，這幅《新‧英法地圖》無論是技法、粗鄙的笑點，或是以「雜─貨船」（bum-boat）做為文字遊戲，都可推斷出自其手筆，其中「雜貨船」（bumboat）原為海軍術語，意指運送補給物資到大船的小艇。右頁的版次是漢娜‧漢弗萊（Hannah Humphrey）的刻本，是當時絕無僅有的女性出版人，在倫敦登記開業，與詹姆斯‧吉爾雷住在同一個屋簷下。

A new MAP of ENGLAND & FRANCE.

The FRENCH INVASION; — or — John Bull, bombarding the Bum-Boats.

Pub.d Nov.r 5.th 1793 by H. Humphrey N.o 18 old Bond Street

John Schoebert fecit

新‧威力斯環遊世界地圖，一七九六年

約翰‧威利斯一世作，倫敦出版

銅板雕刻印刷；最寬處 312×623 mm；482×623 mm（含文字）

這款超人氣環遊世界地圖由約翰‧威利斯一世設計，一七九六年一月初版，此後再版多次，再版時地圖不變，但遊戲規則因版次不同而有所出入。右頁是湯瑪斯‧索雷爾（Thomas Sorrell）一八〇五年左右的刻本，遊戲盒則保留一八〇二年刻印的字樣。

〈新‧威力斯環遊世界地圖〉可供二到三個人玩，最多可以六個人一起玩，但必須額外加購棋子。棋盤是一張傳統的簡明世界地圖，西半球在左，東半球在右，起點是樸茨茅斯、終點是倫敦，沿途會經過一百個標號的地點，標號要搭配規則來看，以凸板印刷黏貼在地圖下方邊界，內容包括「玩法說明：如何環遊世界」、遊戲規則、標號地點指示。

玩家會先拿到金字塔棋子和四個籌碼，稱為僕人或計分員，接著轉動八角陀螺骰決定先後，再轉動陀螺骰決定前進幾步，一邊玩一邊讀標號地點指示，看走到什麼地點會發生什麼趣事。

如同大部分的遊戲地圖，贏家必須剛好走到標號一百號的倫敦：「如果轉出來的數字太大，走一走超出一百，超出幾步就必須後退幾步，等到下一輪再試試手氣，直到有玩家剛好走到倫敦為止。」

新‧威力斯環遊世界地圖也有要休息一回合的地點，其中之一是「第四十三號加爾各答，這裡是英國東印度公司在孟加拉的主要據點，走到這格要停留一輪，參觀一七五七年悶死一百二十三名英國俘虜的地牢。」

這幅地圖對於澳洲（時稱新荷蘭）的描繪和描述十分有趣：「第五十一號，新荷蘭，全球最大島。」「第五十二號，傑克森港*，又稱植物學灣，位於新荷蘭東岸，罪犯從英國送來後在此上岸。玩家須在此停留兩回合以探索這塊新殖民地。」地圖上的澳洲南岸以虛線描繪，顯示還不確定塔斯馬尼亞島（Tasmania）是否與澳洲大陸相連。一七九六年繪製這幅地圖時，此事確實存在爭議；但本書收錄的版本發行時，塔斯馬尼亞已證實為島嶼，喬治‧貝斯（George Bass）與馬修‧福林達斯（Matthew Flinders）於一七九八年至一七九九年間繞行迪門斯地（Van Diemen's Land，塔斯馬尼亞島舊稱），途中穿越「巴斯的海峽」（Basses Strait），現簡稱巴斯海峽（Bass Strait），分隔澳洲本島與塔斯馬尼亞島。地理新發現自然要經過一段時間才會為商業地圖採用，遊戲地圖尤其如此。

「死局」是以險惡出名的「第八十九號，麥哲倫海峽，由斐迪南‧麥哲倫發現，玩家在此遭遇船難出局。」

---

* 今雪梨港。

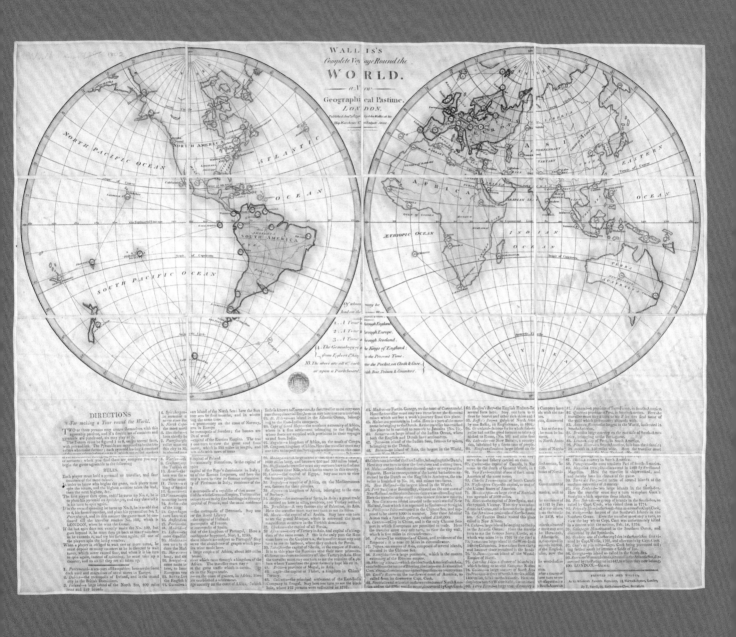

寓意地圖：通往知識之地的青春之徑，
一七九八年

羅伯·吉列作，倫敦出版

銅板雕刻印刷；137×185 mm（含頁邊）

羅伯·吉列（Robert Gillet, ?– 1797）疑為法國人，在法國大革命早期流亡至倫敦，最晚於一七九六年動筆撰寫《寫給青年的倫理學與邏輯學》，內附「寓意地圖：通往知識之地的青春之徑」，地圖於一七九六年出版，著作本身則隔兩年才出版，當時作者已過世。

《寫給青年的倫理學與邏輯學》是長篇論文，向年輕讀者解釋、灌輸正確道德觀，警告道德淪喪暗藏的危機，特別強調邏輯思考和深謀遠慮，全書以基督教義為思考框架，書中附地圖，文森·伍德索普（Vincent Woodthorpe）刻本，可與正文對照，地圖本身亦附圖例。本書是稀見珍本，大英圖書館的《英美圖書目錄索引》僅收錄四筆，三筆館藏地在英國、一筆在美國，館藏稀少有兩種可能：一是銷售慘澹，二是借閱者眾，讀者愛不釋手，因此造成磨損和毀壞。本書收錄的這個版本缺了四頁，推測內容應是在說明圖例代表的意涵。

簡單來說，這幅地圖畫的是青春之徑，指引青年從青澀走到成熟，中間要橫渡「歷練汪洋」（The Ocean of Experience），用海洋借喻人生歷練。「青春之徑」（the Youth's Tract）始於地圖標題右側標示「A」的「暗昧灣」（Dark Bay），一路歷經青年成長過程中因人格使然必經的風險，像是懶散山、冥頑山（Idleness and Obstinacy）、放蕩島（Dissipation），直到青年大徹大悟才初見陸地，也就是地圖左上角的「懊悔地」（Land of Remorse）與「悔改岬」（Cape Repentance），倘若決心改過自新則航向「贖罪島」（Penance I）和「應許群島」（Archipelago of Promises），後者或意指應許未成及承諾應許，接著駛過「奮發島」（Endeavour I）和「功成島」（Success I），穿過「堅忍沙洲」（Sands of Patience），便能由水登陸，這塊大地以「熱忱激流」（The Torrent of Passions）一分為二，一邊是「知識之地」（Land of Knowledge），一邊是「人間樂土」（Terra Firma of Happiness）。

青年要駛近陸地，須得「知識之地」的「理性之光」（Light of Reason）和「人間樂土」的「宗教之光」（Light of Religion）引導，才能穿過「唐突暗礁」和「自以為是漩渦」，這或許暗示作者認為要先立業才有幸福可言。即使已經在這麼接近陸地的地方，但只要拐錯彎，就可能會偏離航道，駛向「艱苦海岸」（Coasts of Hardship），受困在「虛空海灣」（Gulph of Vanity），或是在「熱忱之光」（Light of the Passions）附近觸礁遇難。

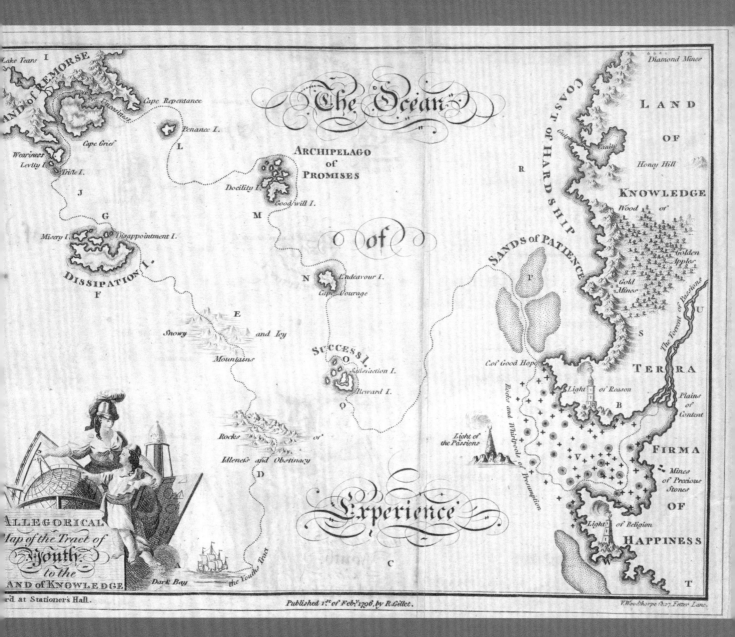

The Ocean
of
Experience

ARCHIPELAGO
of
PROMISES

LAND
OF
REMORSE

Lake Tears

Cape Repentance
Penance I.
Cape Grief
Weariness
Levity I.
Trifle I.

Docility I.
Good-will I.

Misery I.
Disappointment I.

DISSIPATION I.

Snowy
and Icy
Mountains

SUCCESS I.
Satisfaction I.
Reward I.

Endeavour I.
Cape Courage

Rocks
of
Idleness and Obstinacy

Dark Bay
the Youths Tract

Diamond Mines

LAND
OF
KNOWLEDGE

Honey Hill

COAST OF HARDSHIP

SANDS OF PATIENCE

Wood of

Golden
Apples

Gold
Mines

The Torrent of Passions

C. of Good Hope

Light of Reason

Light of
the Passions

Rocks and Whirlpools of Presumption

TERRA

Plains
of
Content

FIRMA

Mines
of Precious
Stones
OF

Light of Religion

HAPPINESS

ALLEGORICAL
Map of the Tract of
Youth
to the
LAND of KNOWLEDGE

r'd at Stationer's Hall.

Published 1st of Feby. 1796, by R.Gillet.

V.Woodthorpe Sculp. Fetter Lane.

117

特拉法加海戰乳白色紀念陶壺，一八〇五年

佚名作，疑於伍斯特出品

「一八〇五年十月二十一日特拉法加海戰，
納爾遜子爵率領英國艦隊大敗法西聯合艦隊，
子爵英勇善戰，戰死疆場，千古留名，衣錦還鄉。」

陶壺，高 150 mm，周長最寬處 340 mm

右圖的乳白色紀念陶壺製作於特拉法加海戰後，一來紀念英軍取勝，二來哀悼英雄殞落——英國最偉大海軍上將納爾遜子爵（Admiral Lord Nelson）於此役壯烈成仁。

一八〇五年，特拉法加海戰開打，英國海軍取得空前勝利，法西聯合艦隊大敗，法國從此不再進犯，英國稱霸海上百年不輟。軍事告捷加上英雄殞落，特拉法加海戰從此意義非凡，眾人只要一提及此役便憶起納爾遜的遺言，這在戰爭史上殊屬罕見。開戰前納爾遜發號施令：「英倫企盼著人人都恪盡其責！」此令在戰後流傳有多廣，在今日流傳就有多廣。

這幅地圖係以黑色油墨用轉印術印在陶壺正反兩面。陶瓷轉印術由誰發明至今仍存在些許疑團，但咸認是雕刻匠羅伯特・漢克一七五六年引進伍斯特。陶瓷轉印之所以做工繁複，在於必須將圖像印在曲面上，右頁的陶壺就是例子，可見早期轉印術不僅困難重重，陶瓷本身亦脆弱易毀，不小心就會磕傷、刮傷，失手掉到地上就碎了。

陶壺一面是納爾遜的畫像，以一七九八年十二月約翰・查普曼（John Chapman）的版畫為藍本，畫像上是納爾遜最後下達的

軍令。陶壺另一面是特拉法加海戰圖，一旁以文字附注：

敵軍戰船共三十三艘，法軍十八艘、西軍十五艘，我軍戰船三十三艘，雙方於正午開戰，戰艦砲管對砲管，英軍於下午三點告捷，共擊沉敵船十九艘，包括主艦三艘，主將分別是總司令法國海軍上將維爾納夫（Adml. Villeneauve）、西班牙海軍中將伊格納西奧・瑪麗亞・阿菲利亞（Ignatio Maria d. Avila）、西班牙海軍少將巴爾塔薩・伊達爾戈・西斯內羅斯（Baltazar Hidalgo Cisneros）。

此役共有兩張著名的海戰圖，但以此幅為佳，畫面上可見英國攻堅破陣，船艦首尾相連排成兩行與敵軍呈直角，正是所謂的「丁字戰法」（crossing the T）。這是相當冒險的打法，也是英軍的招牌戰術。戰艇先衝破敵人陣線，將敵軍一分為三，接著再各個擊破。之所以說此戰術非常冒險，在於英軍戰艦必須先駛過槍林彈雨才能與敵軍接觸，途中只能偶爾開砲回擊。此役最後法西聯軍共損失二十二艘船艦，英軍則毫無折損。

歐洲古怪地圖，一八〇六年

羅伯特·勞里和詹姆斯·惠特爾作，倫敦出版

銅板雕刻印刷；地圖181×251 mm（含頁邊）；347×251 mm（含文字）

一七九四年，羅伯特·勞里（Robert Laurie, 1755–1831）和詹姆斯·惠特爾（James Whittle, 1757–1818）接手羅伯特·塞爾的事業，合開了勞里和惠特爾出版社。羅伯特·塞爾生前是出版商兼版畫商，叱咤英倫五十年，勞里和惠特爾起初全靠塞爾留下來的老本，後來漸有新作問世，這幅諷喻地圖就是其中之一，一八〇六年十二月付梓。

當時拿破崙一世與反法同盟爭戰不休，英國也捲入其中。一八〇五年十月二十一日，英國海軍上將納爾遜於特拉法加海戰一役大敗法國海軍，拿破崙一世從此揮軍東征不再進犯不列顛，英國因此鮮少受歐陸戰火波及。這幀精美的地圖上英國隔岸觀火，正是這段史實的寫照。這張小地圖對後世的影響雖然難以估算，但無疑啟發了一八七〇年代以降歐洲的寓意地圖，喬瑟夫·高金斯（Joseph Goggins）、弗萊德·W·羅斯（Fred W. Rose）等人都受其影響。

地圖上的不列顛群島是騎著海怪（詩中說是鯨魚）的約翰牛，這一來承襲羅伯特·戴頓（詳見頁106），二來則呼應地圖底下詩歌的開頭：

> 大店小鋪標價「減」，
> 繽紛英格蘭騎鯨現，
> 碧海青天作畫框，
> 愛爾蘭、蘇格蘭也依樣。

詩中的諷喻圍繞著地圖上的肖像，詩人是「主持人」，由觀眾發問——為什麼英國特別清晰，主持人回答：

> 何以英國清如水？
> 上以自由作玻璃。

相較之下，法國顯得朦朧不清：

> 另有殘破畫一幅，
> 血跡斑斑法蘭西，
> 上泛光澤竟似臘？
> 漆以暴政故龜裂！

詩中一節描述一至數個歐洲國家，詞多詆毀，強調其為法國流毒波及，每一節都以同一詩句收尾：「英佬勇健跨騎鯨」，以英國高枕無憂對比異邦不勝其擾，以皇家海軍為「老英格蘭的木牆」。

荷蘭（低地國）在詩中是「老醉鬼……發霉腐朽」；德意志是監獄，各邦國的君主從鐵欄杆探頭而出；義大利為異邦征服，「橄欖園蔥鬱不再」；西班牙則如下所述：

> 左側肖像畫一幅，
> 滿臉妒意懼又苦。
> 顫顫巍巍金線懸，
> 只怕金環撐不住。
> 金環加冕西班牙，
> 法軍一來險震垮！

右方普魯士的士兵嚴陣以待，右下角土耳其蘇丹王則向大不列顛示好。

A POETICAL DESCRIPTION OF THE MAP.

OFT we see, in the shops, a print set up for sale,
England colour'd, an *old fellow striding a whale*:
Yes! Old England's a picture, the sea forms its frame,
And Hibernia and Scotia they class with the same.
Would you ask me what crystal, so clear, 'tis before;
'Tis the large lens of liberty plates them all o'er.
See Hibernia! a *harp*, gilt with industry's gold;
And the *seed-spreading thistle* is Scotia we're told.
Whilst crown'd with the thistle, the harp on his side,
He hangs o'er the ocean, protector, and pride.
See! the rude hand of time has not dar'd to assail
Yet " the sturdy old fellow astride on his whale."

There's a picture just by these, all tatter'd and torn;
One all *blood-smear'd and red;* that is France, I'd be sworn:
What's that covers its surface, all shining like wax?
'Tis the varnish of tyranny; see how it cracks!
There's a portrait beside of a *drunken old sot;*
That is Holland: how mildew'd and eat with the rot!
And its station, alas! by the very first glance,
We may see does not suit; for its crowded by France.
See! these cast such a shadow throughout the whole space,
That they seem to distort every natural grace,
Save with those where their shadows don't reach to prevail,
And " the sturdy old fellow's astride on his whale."

Yon *rich landscape* behold! it has seen better days;
And illumin'd was once with bright liberty's rays;
That is Switzerland; fam'd for its picturesque views;
But France now clouds its prospects; its *vines* turns to *yews.*
View that one to the right, that to France very near,
That bore once brightest colours, transparent and clear;

A tint most harmonious, like opening dawn;
That is Italy; mark how its colours are gone!
It no longer can boast of its olive retreat,
Now its large lumb'ring neighbour so elbows its seat!
Yon *vineyard-scene's* Portugal: some tints still prevail,
Like " the sturdy old fellow's astride on his whale."

See that *portrait!* away to the left, in the rear,
Descriptive of jealousy, anguish, and fear;
That which tremblingly hangs by its slight golden string;
And seems ready to drop from its great gilded ring:
That poor portrait is Spain; and the ring is its crown:
See! the motions of France almost shatter it down!
Yon's a picture surrounded by some smaller ones,
Which seems like a *debtor that's haunted by duns;*
That is Germany, tended by all its small states,
And it looks tow'rds France like a pris'ner through grates.
They're so shadow'd by France, not a ray can prevail,
Like " the sturdy old fellow's astride on his whale."

The next portrait is Prussia, a *soldier,* afar,
Just arous'd into action, and rushing to war.
Look again, tow'rds the right; see! *three snow-scenes* appear;
See! their shadows diminish; their colours grow clear:
Russia, Sweden, and Denmark, distinguish these three,
Still there's one distant picture o'erlook'd you may see:
It is Turkey; and see it tow'rds England advance;
For its terribly lately been shadow'd by France.
Now, to tell you, as showman, it falls to our lot,
Who plac'd these around in each singular spot,
'Twas the hand of that master, which long shall prevail,
For " the sturdy old fellow's astride on his whale."

地理遊戲‧航行世界，一八〇九年

約翰‧哈里斯一世作，倫敦出版

銅板雕刻印刷；489×476 mm（含邊界）；

最寬處570×488 mm；

地圖每一幅75×75 mm

約翰‧哈里斯一世（John Harris Sr, 1756–1846），十九世紀初葉首屈一指的英國童書出版商，早年在伊莉莎白‧紐伯瑞（Elizabeth Newbery）底下工作，一八〇一年接手紐伯瑞家族少年讀物出版事業，生意做得有聲有色，財源廣進，一八二四年退休，以便兒子約翰‧哈里斯二世接手。哈里斯一世出版的著作大抵以地理為主題，書頁繪有地圖和風景，此外也發售地圖遊戲，這幅一八〇九年出版的〈地理遊戲‧航行世界〉即為其中一例。

這款遊戲雖然可見地圖，符合哈里斯出版品一貫風格，但棋格大多以插圖裝飾，遊戲規則以賽鵝圖為基礎，玩家從第一格走到第一百一十六格，但走法大異其趣，整個棋盤均分成四塊扇形，玩家從左上方扇形最內圈開始逆時針走，走完四分之一弧

再往下一圈前進，一直走到最外圈，接著再從左下方扇形最內圈逐漸往外走，如此走完所有扇形抵達第一百一十六格，棋格上畫著歐洲，上頭標示著「完局」。

每個棋格都標有數字，第一個扇形包括第一到第二十八格，棋格上繪有歐洲風情；第二個扇形始自亞洲地圖（標號29），從第三十格到第五十七格畫著亞洲風景；第五十八格是美洲地圖，第五十九格至第八十六格繪有美洲物事；第八十七格是非洲地圖，第八十八格到第一百一十五格描繪非洲情景。第一百一十六格則是歐洲地圖。

起點的棋格上畫著北極旅人，腳上穿著雪鞋，背景是馴鹿拉雪橇；第三格描繪捕鯨；第十五格畫著低地國滑冰；第十六格是拿破崙，第十九格大概是維蘇威火山爆發，第二十四格嘲笑法國人吃青蛙，隔壁第二十五格畫著笑呵呵的英國佬，一手擎著一壺麥芽酒，一旁擺著一大塊火腿。

亞洲的插圖則包括佛塔（33）、皇帝出巡（34）、頂著砲塔的大象（37）、羅德島太陽神銅像（54）。美洲的棋格以描繪原住民部落為主，但第五十九格畫著哥倫布，第七十四格是華特‧雷利爵士（Sir Walter Raleigh）在新世界插上英國皇家旗，第七十七格是尼加拉瀑布，第八十一格是復活節島，第八十六格畫著庫克船長在夏威夷身亡。非洲棋格包括酷刑場景（89）、桌山（93）、奴隸買賣（103）和埃及人面獅身像（111）。

棋盤中央的圓形寓意畫將各洲擬人化，兩百年前的人一看便知——跨坐在球上的是歐洲，非洲跟獅子和大象並肩，騎著駱駝的是亞洲，跟美洲一起向歐洲進貢。

GEOGRAPHICAL RECREATION,
or
A VOYAGE Round the HABITABLE GLOBE.

(LONDON)
Published Oct.r 5.h 1809
BY JOHN HARRIS, at the JUVENILE LIBRARY,
Corner of St Pauls Church Yard.

綠袋國地圖，一八二〇年

喬瑟夫·昂韋恩作，倫敦出版

銅板雕刻及凸板印刷；187×255 mm（含頁邊）；247×397 mm（含文字）

喬瑟夫·昂韋恩（Joseph Onwhyn, 1787–1870）是書商、印刷商、出版商，對雕刻、插畫略有涉獵，曾製作諷刺插畫，右頁的〈綠袋國地圖〉（Map of Green Bag Land）就是其中一幅，其子湯瑪斯·昂韋恩（Thomas Onwhyn）頗有乃父之風，出版地圖諷刺克里米亞戰爭（Crimean War）。

〈綠袋國地圖〉諷刺政治，挖苦喬治四世和離異妻子拖泥帶水的離婚官司。喬治四世的正室是布倫瑞克大公國的公主卡羅琳，兩人在一七九五年大婚，當時喬治四世尚未登基，還是威爾斯親王，婚後兩人關係失和，一七九六年分居，喬治四世顧及面子，用錢打發卡羅琳，每年給她一萬英鎊揮霍。

太子妃卡羅琳寓居義大利，在當地建立「宮廷」。地圖右上角便是長靴國義大利。卡羅琳僱了一位英俊挺拔的義大利人，名叫貝加莫·佩爾加米（Bartolomeo Bergami，或拼作 Pergami），先後擔任其護衛、貼身侍衛、寢宮侍從、宮廷總管，卡羅琳為了往自己臉上貼金，私自成立了聖卡羅琳騎士團，並授命貝加莫·佩爾加米擔任團長。紙終究包不住火，兩人交情匪淺的傳聞甚囂塵上。一八一八年，喬治四世授意大律師威廉·庫克（William Cooke）、事務律師 J·A·鮑威爾（J. A. Powell）、布朗少校（Major Browne）前往米蘭蒐證，依議會法訴請離婚，議會雖然受理，但直到一八二〇年一月喬治三世駕崩、喬治四世登基加冕，官司才開始有重大進展。「米蘭蒐證團」將證物裝在綠袋裡帶回，「綠袋國地圖」因而得名，袋中是構成「審理」卡羅琳的各項罪狀，或者，說得更確切一點，是罷黜王后的議案《一八二〇年痛苦和刑罰草案》（Pains and Penalties Bill 1820），要求依議會法解除兩人的婚姻關係，一八二〇年八月提交上議院表決。

地圖上雖然沒有注明出版日期，但可從一八二〇年十一月七日《晨紀事報》（Morning Chronicle）上登出的廣告推知。廣告刊出前一天，上議院以些微票數通過議案，但卻遲遲未交至下議院審理，因為通過機會太渺茫，喬治四世不得民心，反對者視卡羅琳為女中豪傑，每次上街都會引來群眾歡呼。

〈綠袋國地圖〉畫的是上議院對卡羅琳的聆訊，一旁輔以文字說明，開頭寫道：「綠袋國的首都叫『忘了市』，真令人嘖嘖稱奇。」「忘了」兩個字在聆訊時出現超過兩百次，出自卡羅琳的僕役西奧多·馬約基（Theodor Majocchi）之口，他被傳召出庭作證，無論問什麼皆答以「忘了」（Non mi ricordo），這兩個字一時流行起來，並淪為全國笑柄。至於「曖昧地」就不用多作解釋了吧？整個聆訊卡羅琳的過程既令人同情又引人發噱，既悲壯又荒唐。地圖上可見「黃金河」（Gold River），一來指喬治四世付給卡羅琳的贍養費，二來指賄賂證人所費不貲。

這下諷刺畫家可有得發揮了，據說喬治四世光是為了買斷最毒辣的諷刺畫，大概就花了兩千五百英鎊。綠袋國城牆內外陳列著形形色色的印刷機，代表著各家報社，對於喬治王朝這齣連續劇的男女主角，有幾家表示支持，有幾家表示反對。「牛牛國」（Bull Country，即英格蘭）的報社包括《泰晤士報》、《晨紀事報》、《政治家報》、《號角報》；「綠袋國」則有《衛報》、《郵報》、《信差報》。

民意善變，不久便從同情王后轉為反對王后，別人有錯，她也有錯，當時的小調是這麼唱的：

王后陛下行行好，痛改前非莫再拗，
放棄后位實不易。一走了之莫再回。

一八二一年七月十九日，卡羅琳並未受邀參加喬治四世加冕大典，她不死心跑到皇宮門前，敲得宮門砰砰作響，但還是吃了閉門羹，這似乎讓她大受打擊，三週後便溘然長逝。

MAP OF GREEN BAG LAND.

Description.

…oundaries.]—This newly discovered … is bounded on three sides by the …try of the Bulls, from which it is se… …ed by a *Great Wall*, well planted with … …on to protect it from incursions, and … …e fourth side it is bounded by the Sea.

…ies.—The Capital of the Land is the … …ing City of *Non mi Ricordo*, which … …ustly be termed the eighth wonder of … …orld; it is divided into the upper and … … and it is here that the Great Fair … …rket for sale of *Non mi Ricordos* is … …d on.

…the north of the City is an extensive … …ce, formerly used to grow Cotton … …w appropriated to a *Crop of Green* … … which yield an extraordinary Fruit … *Non mi Ricordo*, from whence both … …ty and the Colonists take their name. … …uous to this is the Colony of *Double* … …*res*, who also drive a fine trade by … …ommodities, and almost rival the *Non* … …*ordos* by the efficacy of their *Double* … …*res*.

…rs.]—A great variety of fine Rivers … …this wonderful Country, the princi… … which are the following:—the *Waters* … …*ivion* take their rise in the Palace of … …*eat Hum*, and after watering the … …nd fertilizing the respective Colonial … …ces, empty themselves in the great … …*g Tub* of the *Non mi Ricordos*. … …aters of this River are so bitter that … …d be death to those who drink it, … …its noxious qualities dissipated by … …r of *Gold*, which forms a junction … …little before entering the City.

…*River of Gold* takes its rise in the … …y of the Bulls, in the City of In… … and flows into the Green Bag … …hrough one of the *Cannons* in … …at Wall. After forming an agree… …ke in the Gardens of the Great … … it joins the aforesaid River,

…d and Published by J. Onwhyn,

Description.

and pursuing similar meanderings sweetens its oblivious Waters.

The *River of Truth* takes its rise in the small Palace of the Sultana Hum, which is situated in the Bull Country, and after passing through the various Cities which appear by the Map to be constructed on its Banks, it flows towards the Great Wall where it miraculously ascends a steep Mountain, and by means of a *Steam Engine* is precipitated through a *Printing Press* over the Great Wall presenting a beautiful cascade in defiance of the Cannons; it immediately forms a great Lake in the Valley of Despair, and rushing from thence in a torrent into the *lower* division of the City, it entirely disperses the before-mentioned River of Gold and Waters of Oblivion.

Mountains.]—The most celebrated Mountains are those in the Bull Country. An immense chain surrounds the Land of Green Bags, and are indeed the only security to the Inhabitants of the Bull Country; they are covered with noble forests of waving Goose Quills which give them a beautiful appearance, and the strata of the Mountains are composed of small particles of metallic ore, which, by a particular configuration in the Machines upon their summits keep the whole Land of Green Bags in a state of anxiety, in as much as they are wholly inaccessible to the range of their Cannon, as well as protect the River of Truth which the *Non mi Ricordos* and other Inhabitants of the Green Bag Land have been endeavouring to turn into another Channel.

Mountains are also observed in the Green Bag Land with similar Machines on their summits, but they are wholly artificial, and as they owe their support *solely* to the *River of Gold* and are *far* from the *River of Truth*, their influence over the Bull people is trifling unless conducted through Cannons, or transmitted by Sabres as at the *Field of Peterloo*.

Catherine Street, Strand.—Price 1s.

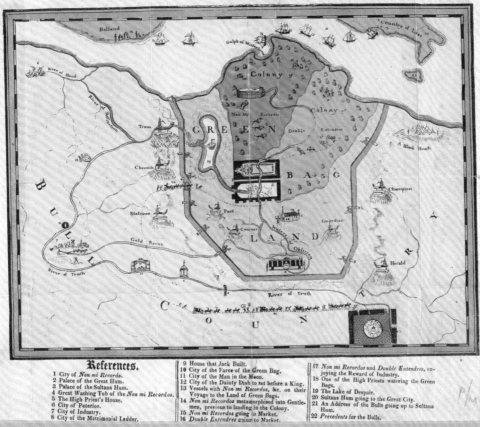

References.

1 City of *Non mi Recordo*.
2 Palace of the Great Hum.
3 Palace of the Sultana Hum.
4 Great Washing Tub of the *Non mi Recordos*.
5 The High Priest's House.
6 City of Peterloo.
7 City of Industry.
8 City of the Matrimonial Ladder.

9 House that Jack Built.
10 City of the Farce of the Green Bag.
11 City of the Man in the Moon.
12 City of the Dainty Dish to set before a King.
13 Vessels with *Non mi Recordos*, &c. on their Voyage to the Land of Green Bags.
14 *Non mi Recordos* metamorphised into Gentlemen, previous to landing in the Colony.
15 *Non mi Recordos* going to Market.
16 *Double Entendres* going to Market.

17 *Non mi Recordos* and *Double Entendres*, enjoying the Reward of Industry.
18 One of the High Priests watering the Green Bags.
19 The Lake of Despair.
20 Sultana Hum going to the Great City.
21 An Address of the Bulls going up to Sultana Hum.
22 *Precedents* for the Bulls.

英倫迷宮・騎師的困惑，一八三〇年

查爾斯・殷格雷、弗雷德里・沃樂作，倫敦出版

「這幅迷宮的靈感來自修路所造成的交通中斷，
玩家要繞過圖上封起來的施工道路，從岸濱街走到聖保羅。」

平版印刷；地圖115×215 mm；最寬處195×268 mm

本書收錄的地圖中，或許以這幅最能引起當代通勤族共鳴。〈英倫迷宮〉是遊戲地圖（或說是牢騷），靈感來自倫敦市中心因道路施工而引起的交通中斷，惱怒的旅客只好繞道再繞道，或者像時人說的「繞著房屋走」，本來岸濱街（Strand）直走就會到聖保羅大教堂（St Paul's Cathedral），旅客卻非得九彎十八拐才會到。簡單來說，玩家必須從地圖左下角的岸濱街出發，走到地圖中央聖保羅教堂院落（St Paul's Churchyard），這裡是克里斯多佛・雷恩爵士（Sir Christopher Wren）設計的宏偉大教堂，沿途許多街道都用黑線「封起來」，表示道路施工：

道路常壞需修葺，
旅人心聲如是云。
英倫迷宮眼前展，
平心靜氣耐心尋。
覓見暢通路一條，
直抵教堂聖保羅。

地圖出版人查爾斯・殷格雷（1800?–1877）的平版印刷社就開在岸濱街三百一十號，這裡正好是道路施工的地方，比起另一位出版人弗雷德里・沃樂，殷格雷的氣惱或許更勝一籌，其出版品大半是道路改善工程的施工圖，以彰顯「鐵路實用、實惠、好處多多」，後來轉行成為會計師。沃樂跟他住得近，在弗利特街四十九號開文具店，兩人合出了〈英倫地圖〉，無疑也深為道路施工所苦。

這幅地圖最北到卡爾特修道院（Charter-house），最南到泰晤士河和南華克（Southwark），西邊到科芬園（Covent Garden），東邊到阿爾德門（Aldgate）。地圖四角各畫著一枚盾徽，左上角是英國皇室徽章，右上角是倫敦市的市徽，左下角是西敏市的市徽，右下角則是橋樑局的局徽。

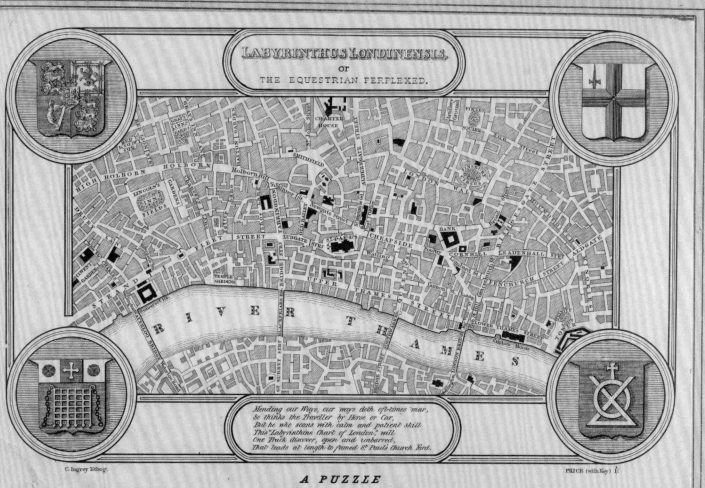

LABYRINTHUS LONDINENSIS,
or
THE EQUESTRIAN PERPLEXED.

Mending our Ways, our ways doth oft-times mar,
So thinks the Traveller by Horse or Car,
But he who scans with calm and patient skill
This "Labyrinthine Chart of London", will
One Track discover, open and unbarred,
That leads at length to famed St. Paul's Church Yard.

C. Ingrey lithog.

PRICE (with Key) 1/.

A PUZZLE

Suggested by the Stoppages occasioned by repairing the Streets. The object is to find a way from the Strand to St. Paul's,
without crossing any of the Bars in the Streets supposed to be under repair.

Published by C. Ingrey, 310, Strand, and F. Waller, 49, Fleet Street, London.

演繹《聖經》的人生地圖，一八三三年

約翰・賓恩作，倫敦出版

銅板雕刻印刷；535×388 mm（含頁邊）

在倫敦的書商和地圖商中，約翰・賓恩（John Ping，活躍於 1833–1854）和詹姆斯・尼斯貝特（James Nisbet，活躍於 1821–1854）只是兩位小人物。賓恩是地圖繪製師兼雕刻匠，尼斯貝特是書商兼出版商，兩人合作出版了這幅精緻的寓意地圖，指引信徒人生道路。

這幅地圖是宗教寓言，畫著凡人在加略山（Mount Calvary）巨大十字架的俯瞰下歷經生死，地圖左邊的神之愛河（The River of the Love of God）旁是「筆直而又狹窄」的正路，其餘通往地圖右側的岔路全是險途，分別代表著各式各樣的危險。兩條門路始自地圖左下角的「幼邦」（Infancy），一旁的文字出自《聖經・馬太福音》：「你們要從窄門進去；因為那通向滅亡的門是大的，那條路是寬的，從那裡進去的人也多；然而，那通向永生的門是多麼小，路是多麼窄，找到它的人是多麼少。」

這兩條門路（正路和岔路）分別通往天堂和地獄，過了約旦河（River Jordan）寫著「榮耀」（Glory）的就是天堂，寫著「死淵」（Gulf of Death）的則是地獄，上頭寫著警句「生有時，今已遲」（Time was time is no more），這和天國賜與的永生恰成對比──「至此再無生死別離」（Out of which no friend departs）。

品德高尚的基督徒循正路前進，沿途恰如其分經過各個里程碑，包括「讀經公園」（Park of read-ing the Scriptures）、「信基督」（Faith in Christ）、「神聖花園」（Garden of Holiness）、「戰勝世俗、戰勝肉身、戰勝魔鬼」（Victory over the World the Flesh and the Devil），接下來就能過約旦河進入天國。地圖大半篇幅都在描繪人生歧途，只要穿過「不忠不孝原野」（Fields of disobedience to Parents and Masters），行經「交友不慎森林」（Forest of Bad Company），忍不住「自以為是」（Desire of being a wit）、「隨波逐流」（Desire of being fashionable），再翻過「妄自尊大山」（Mount Arrogance）和「不信神烈燄山」（Burning Mountain of Atheism），又穿過「撒旦的不信花園」（Satan's Golden Garden of Unbelief），就能迅速進入地獄。

這幅地圖獻給福音派教會牧師羅蘭・希爾（Rowland Hill, 1744–1833），他的信仰獨立，兼容喀爾文、衛理宗、公理宗三派，在黑衣修士路（Blackfriars Road）創立獨一無二的薩里教堂，各教派的牧師皆慕名而來，堂址就在約翰・賓恩的住處附近，兩人之間必有交情，說不定賓恩就在希爾的教堂禮拜，而這幅地圖反映的正是希爾的傳道宗旨。

地圖右下角的訓誡文字則出自《聖經・馬可福音》：「所以你們要警醒，因為你們不知道這家的主人什麼時候回來，或傍晚，或半夜，或雞叫時，或凌晨；免得他忽然回來，看見你們在睡覺。我對你們說的，也對所有的人說：你們要警醒！」

新‧威力斯鐵道地圖，帶您暢遊英格蘭和威爾斯，一八三五年

愛德華‧威利斯作，倫敦出版

鋼板雕刻印刷；505×447 mm；
最寬處 510×667 mm（含文字說明）

威力斯家族是數一數二的遊戲地圖和拼圖地圖出版商，由約翰‧威利斯一世開創基業，其膝下有二子，一是約翰‧威利斯二世（約1779–1830），二是愛德華‧威利斯（Edward Wallis，約1787–1868），前者於一八〇六年另起爐灶，後者則接掌家業，其餘遺產則由前者繼承。愛德華將家業經營得有聲有色，除了重版再刷，也設計多款地理遊戲，這幅地圖便是以當時英格蘭蓬勃發展的鐵路為藍本，堪稱是最早的鐵道地圖遊戲。

後來愛德華似乎漸漸無心地圖遊戲而改賣「玩具」，當時的「玩具」指的是各種小玩意兒和小首飾，店址在伊斯林頓（Islington），同時兼賣庫存地圖，後於一八四七年前後將出版事業賣給約翰‧派斯摩（John Passmore），本書收錄的版本便是由派斯摩出版，愛德華則於一八五一年左右退休，晚景尚待考證。

〈新‧威力斯鐵道地圖〉主要設計供二到三位玩家遊玩，只要棋子夠多，最多可以六位玩家共玩。棋盤是一張英格蘭地圖，起點在羅徹斯特，終點在倫敦：「117. 倫敦，完局，鐵道終點站」，沿途共經過一百一十七個標號的地點，標號要搭配規則來看，「新‧威力斯鐵道地圖玩法說明」以凸板印刷黏貼在地圖兩側，內容包括遊戲規則和標號地點指示。

這幅地圖出版時，英國境內的鐵路網還不發達，一八三〇年各地鐵道加總還不到一百英里，因此，〈新‧威力斯鐵道地圖〉並非依據事實繪製，不過，玩家如果走到當時火車停靠的大城，便能循鐵道快速前進。

玩家會先拿到金字塔棋子和四個籌碼，籌碼用以計算休息回合數，此外另有八角陀螺骰一枚，八角形的骰面上標示著數字一到八，讓玩家擲骰決定步數，走到哪個棋格，就要將對應的標號指示唸出來，內容包括當地簡介和賞罰指令，其中罰得最慘的是第八十九格：「89. 曼島，位於愛爾蘭海，從島上可望見英格蘭王國、蘇格蘭王國、愛爾蘭王國，玩家在此遭遇海難，喪失遊戲機會。」

此外，發展鐵路網的後果在這幅地圖已初露端倪，許多未設站的歷史小鎮注定要湮沒無聞，歷如：「108. 伊利，偏僻小城，市民五千人，僅以伊利大教堂聞名。」相較之下，巴斯（Bath）居民六萬，布里斯托（Bristol）十一萬，新堡（Newcastle）六萬，但要論人口稠密，還是以利物浦（Liverpool）二十五萬居冠。

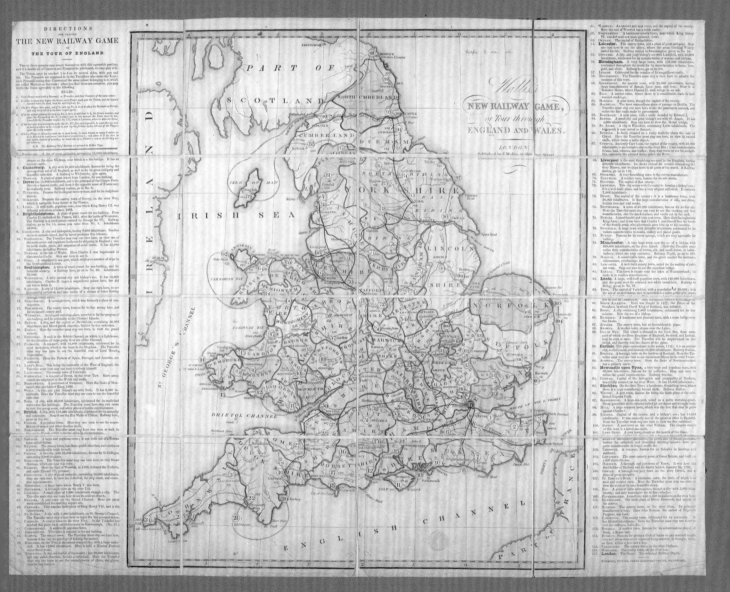

發現之航——五個航海家（全新地圖遊戲），一八三六年

威廉·馬提亞·斯普納作，倫敦出版

平版印刷；最寬處 556×436 mm

威廉·馬提亞·斯普納（William Matthias Spooner, 1796–1882），倫敦版畫商兼書商，一八三六年左右開始出版地圖遊戲，從此一炮而紅，推出多款畫風一致的地圖，顯然每一款都大受歡迎。

〈發現之航〉為傳統的擲賽遊戲增添新意，由玩家抽籤決定路線，沿著籤上指定的路線前進，起點都在「人魚岩」（Mermaid's Rock）左邊，終點都在「人魚岩」右邊，每條路線都有賞有罰，走到黑框圓圈的玩家會「失去船隻，淘汰出局」。

〈發現之航〉的賽道疊印在瑰麗的地圖上，圖上可見虛構的海域和島嶼，玩家沿途會遇到航海危險，也會欣賞到如畫的風景，宛如親身經歷一場航海之旅。每條曲曲折折的路線都畫有圓圈，每個曲折或圓圈算一步，這款遊戲別致之處就在於——決定步數的不是骰子而是轉盤，名為「航海羅盤」，羅盤上有指針，指針上有箭頭。羅盤分成五個扇形，一個扇形一個顏色，一個顏色一位玩家，最多五位玩家。每個扇形的圓弧上又分成五個色塊，也是一個顏色一位玩家，並且標示數字。玩家先撥轉指針，看箭頭停在哪個扇形，再看那塊扇形的圓弧，找到自己的色塊並依上頭的數字移動船隻，所有玩家同時前進，而非輪流擲骰前進，如果走到圓圈，必須唸出圓圈上的指示並照做，最後走到終點「出局」（Out）者得勝，並非先到先贏，這又是這款遊戲另一項創舉。

雖然遊戲規則沒有明講，但看起來玩家在遊戲開始前會先均分籌碼，開始時先拿出三枚做為賭款，走到圓圈除了要按上頭指示行事，還要依指示拿出籌碼或拿回籌碼，走到「生死圈」則要繳交三枚籌碼。

舉個例子，紅色代表「紅丸號海盜船航道」，幸好船上配有英國皇家海軍。這條路線的第一個圓圈是「船長和船員應土著王子之邀上岸」，第二個是「印地安人逆襲」，一旁插圖可見皇家海軍奮勇殺敵，一路殺到第三個圓圈「奪得獨木舟，順流而下出海」。相較之下，回程堪稱一路順風，但可能會「與兩艘海盜船激戰」，如果走到這一格要再轉一次輪盤，如果轉到「一」則淘汰出局——紅丸號不敵兩艘海盜船，「船沉，船員搭小艇逃生」。

每一條路線都有各自的風浪和獎賞，每次玩都可以體會這款遊戲的不同面貌。「橘丸王子驅逐艦」要搏鬥的主要是惡劣天候和險惡大海，生死圈則是「強風襲來，掀起滔天巨浪」，而「藍丸盡忠驅逐艦」若走到生死圈，則可能會被漩渦捲走。

這款地圖另一有趣之處在於展現當時印刷業舊慣：年底出版品會以隔年為出版年份，以免才上市就顯得落伍。因此，〈發現之航〉雖然標示一八三六年出版，但發行時間其實是一八三五年尾，有文為證，例如一八三五年十二月五日《宮廷日報》（*Court Journal*）上有篇文章對這款遊戲大肆推崇：

> 全新聖誕遊戲上市！〈發現之航——五個航海家（全新地圖遊戲）〉由攝政街的斯普納先生發行！這款遊戲別出新裁且精妙絕倫，讓青年小友一邊玩一邊學，迫不及待和五位航海家踏上旅程。〈發現之航〉規則風雅，設計巧妙，加上價格實惠，必定會大賣特賣，銷售長紅。

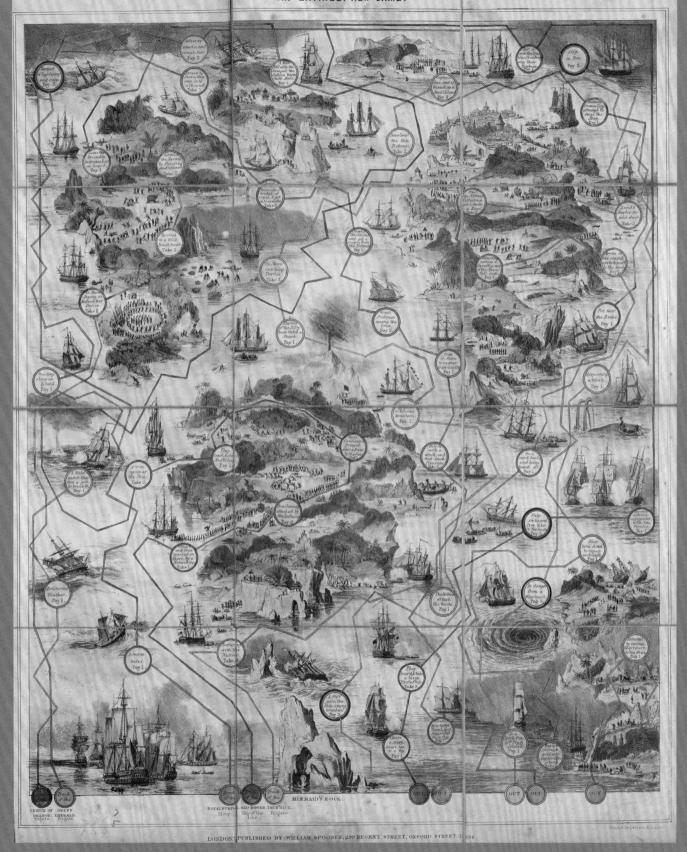

A VOYAGE OF DISCOVERY; OR, THE FIVE NAVIGATORS.

AN ENTIRELY NEW GAME.

MERMAID'S ROCK.

LONDON, PUBLISHED BY WILLIAM SPOONER, 259 REGENT STREET, OXFORD STREET, 1836.

啟程——過馬路前往城堡（新奇遊戲），一八三七年

威廉·馬提亞·斯普納作，倫敦出版

平版印刷；最寬處 549×409 mm

　　威廉·馬提亞·斯普納出版多款以地圖為主題的遊戲（詳見頁132、136），〈啟程〉是虛構地圖，終點是上方的城堡，沿途要經過繪製者設下的種種危險，玩家從地圖下方正中央的「起點」（Starting Place）出發。好玩的是，這並非擲賽遊戲，棋盤上的數字只供玩家在出發時決定先後，接著將指針放在「機運圈」（Circle of Chance）上旋轉，箭頭可能會指向「上」、「下」、「左」、「右」，指向哪裡就往哪裡移動，一次移動一格，沿途會經歷各種狀況。

　　若要為這幅地圖下副標，大概會是〈都市俗下鄉遇險〉，這相當符合玩家沿途要克服的挑戰。玩家一路上會碰到形形色色的有趣人物，有些現實生活中也有，有些只存在於幻想國度，例如「捷徑」巷那隻癩蛤蟆，一手拿著菸斗，一手拿著一大杯啤酒，絕對是出自作者的想像。這些人物大多引人發噱，但「呼基庫基」巷那位給驢子踢中的旅人大概笑不出來，那驢子的兩條後腿似乎結結實實踢中他的胸膛。

　　正如同旅途上的人物虛實交揉，這一路上的處罰也是從家常便飯到千奇百怪都有。玩家若有幸途經「斟壺道」（Fillpot Walk），給「船錨酒家」攬進去歇腿，休息兩回合。除此之外，圖中的鄉下人似乎無不伸手討錢：有位老太太停下掃帚讓旅人通行，玩家經過要付錢。渠道那邊有個裝木腿的人守著渡口，想過橋就要掏錢。此外還有替人看病的人和收通行費的人，只要經過就要付費。

　　更邪惡的壞人還有蒙面響馬，在「打頭路」（Crackskull Common）手持上膛手槍，要旅客把錢包交出來。此外還有個「黑森林」（Black Forest）嚮導，專帶旅人去女巫幽谷（Witches Glen）看三女巫跟貓顧大釜。更嚇人的是「巨無霸巨人」（Giant Grumbo），他在半路挾持旅客要求贖金。

　　其餘則是鄉間會碰到的天災，例如有家人想抄捷徑，打「蹣跚荒原」（Hobble Heath）走過，結果跌進泥潭，潭深及長子膝。另有兩位旅人，一胖一瘦，努力想翻過「斷脖山丘」（Breakneck Hill），不意卻在山腳跌成一團，胖的跌在下面當肉墊，當地人見狀拉他們一把，自然要付點小錢聊表謝意。還有個想抄近路的老先生走過「瘋牛巷」（Mad Bull Lane），結果後悔莫及。

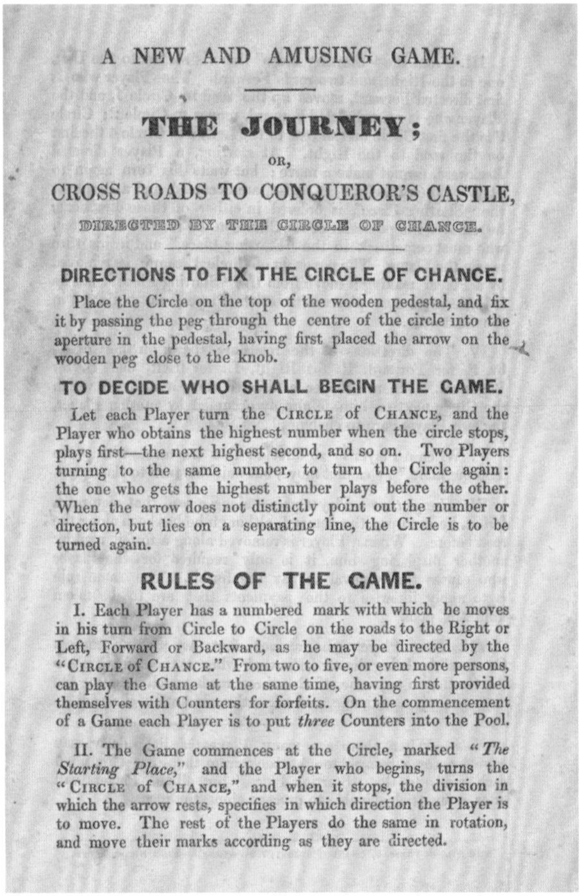

A NEW AND AMUSING GAME.

THE JOURNEY;

OR,

CROSS ROADS TO CONQUEROR'S CASTLE,

DIRECTED BY THE CIRCLE OF CHANCE.

DIRECTIONS TO FIX THE CIRCLE OF CHANCE.

Place the Circle on the top of the wooden pedestal, and fix it by passing the peg through the centre of the circle into the aperture in the pedestal, having first placed the arrow on the wooden peg close to the knob.

TO DECIDE WHO SHALL BEGIN THE GAME.

Let each Player turn the CIRCLE OF CHANCE, and the Player who obtains the highest number when the circle stops, plays first—the next highest second, and so on. Two Players turning to the same number, to turn the Circle again: the one who gets the highest number plays before the other. When the arrow does not distinctly point out the number or direction, but lies on a separating line, the Circle is to be turned again.

RULES OF THE GAME.

I. Each Player has a numbered mark with which he moves in his turn from Circle to Circle on the roads to the Right or Left, Forward or Backward, as he may be directed by the "CIRCLE of CHANCE." From two to five, or even more persons, can play the Game at the same time, having first provided themselves with Counters for forfeits. On the commencement of a Game each Player is to put *three* Counters into the Pool.

II. The Game commences at the Circle, marked "*The Starting Place*," and the Player who begins, turns the "CIRCLE of CHANCE," and when it stops, the division in which the arrow rests, specifies in which direction the Player is to move. The rest of the Players do the same in rotation, and move their marks according as they are directed.

旅人──環歐之旅，一八四二年

威廉・馬提亞・斯普納作，倫敦出版

平版印刷；最寬處497×612 mm

威廉・馬提亞・斯普納先前出版的地圖遊戲（詳見頁132、134）都是虛構地景，重要的是玩家玩得盡興。自從這幅地圖起，他開始以真實的國家做為背景，漸漸賦予地圖寓教於樂的意義。〈旅人〉的版面以歐洲為主，北非地中海沿岸城邦為輔，西至裏海（Caspian Sea），約略勾勒各國的國界，幾個主要城市也有標示。

這幅地圖最顯眼之處在於加入歐陸和北非的城市風景畫，描繪細膩，旨在讓老少玩家對這些地方留下大致的印象。這些風景畫是袖珍藝術，包括阿爾及爾、摩洛哥、突尼西亞、的黎波里、亞歷山

大、開羅、耶路撒冷、阿卡等非洲和近東城市，還有幾幅不知畫的是何處，只標注「小亞細亞景致」，以上幾幅風景畫置於地圖邊緣，顯然比中間幾幅大上許多，後者包括倫敦、愛丁堡、都柏林、馬德里、巴黎、威尼斯、羅馬、維也納、雅典和君士坦丁堡。

地圖本身雖然並未標示遊戲玩法（遊戲規則另附手冊說明），但可見聖彼得堡標示著「A」，斯德哥爾摩是「C」，柏林是「D」，倫敦是「E」，華沙（或德勒斯登）是「B」，以上是玩家的起點或終點。地圖上雖然沒有賽道，但有畫出經線和緯線，玩家循著經緯線的交叉點前進，以四角陀螺骰決定前進方向，四角分別標示羅盤的「N」（北）、「E」（東）、「S」（南）、「W」（西），擲到哪個方向，就將棋子往那個方向移動一步。每位玩家的起點和終點都不同，例如從耶路撒冷出發的玩家終點是維也納，從開羅出發的玩家目的地是聖彼得堡。某些交叉點會賞錢或罰錢，遊戲最初會發給每個玩家二十個籌碼做為「盤纏」，一旦「破產」就得淘汰出局。地圖上的主要城市以三把劍號做為標示，走到這些點的玩家必須說出其所在地的名字，也許是國名，也許是區域名，講不出來要罰兩個籌碼，讓率先抵達目的地的玩家通吃。以上遊戲規則有賴遊戲地圖專家亞德利安・塞維爾（Adrian Seville）說明，筆者在此銘謝。在本書收錄的遊戲地圖中，要以這幅最為益智，同時也最能增長見識，簡簡單單就能讓玩家牢記各個城邦的位置，同時以風景畫讓玩家對主要城市留下印象。

THE TRAVELLERS; OR, A TOUR THROUGH EUROPE.

London: Published by William Spooner, 377 Strand, Dec.r 1.st 1842.

星條旗之旅——移民到美國，一八四二年

愛德華·威利斯作，倫敦出版

細點腐蝕兼蝕刻印刷；663×489 mm（含邊界）

這幅地圖由愛德華·威利斯出版，繪製精美，內容導覽美國，由此可知一八四〇年代早期英國出版商對美國的觀感。本地圖另有出版拼圖，不久後由在賓州的美國出版商翻印。這幅地圖大抵公認是第一幅美國地圖遊戲。儘管沒有標示日期，出版年代也眾說紛紜，但從遊戲本身提到的各個日期來看，應以一八四二年最為可信，儘管這些日期彼此之間互相矛盾。例如遊戲盒上的美國國旗共有二十六顆星，一顆星代表一州，因此出版時間應該在取得第二十六州密西根之後（一八三七年一月二十六日）、第二十七州佛羅里達加入之前（一八四五年三月三日）。

然而，遊戲附的規則手冊卻稱密西根為「領地」（Territory），表示密西根當時尚未正式成為州（詳見標號一〇八），而在描述阿肯色時字裡行間則透露其已成為阿肯色州（詳見標號九十，阿肯色在一八三六年六月十五日成為美國第二十五州）。標號二十六號稱萬達利亞（Vandalia）為伊利諾州首府，這在一八一九年至一八三九年間確實如此，但在描述緬因州奧古斯塔市時卻說：「126. 奧古斯塔。緬因州首府，郡治所在。此處向為英美常爭之地，為紀念州界確立，玩家擲骰兩次，以茲慶祝。」這指的想必是一八四二年八月九日簽署的《華盛頓公約》（Treaty of Washington）。

這本遊戲規則手冊標題是《解說星條旗之旅——移民到美國》，總共十六頁，兩頁是〈遊戲規則〉，另以十四頁描述沿途經過的一百四十七個地點。

〈星條旗之旅〉的起點在海面上，玩家會先看見「大海蛇。根據多筆記載顯示：一八一七年無數水手目睹此怪，引來驚詫連連。水怪身長九十英尺，抬頭出水高及船隻中桅！」接著玩家在長島靠岸、布魯克林登陸，在美國繞一圈之後回到紐約：「誰先剛好走到這裡，誰就獲勝。」玩家沿途經過各州首府、各領地大城及華盛頓，途中繞經加拿大及美國著名景點，一路飽覽美國風光，包括尼亞加拉大瀑布、乞沙比克灣、五大湖區、密西西比河、密蘇里州、田納西州、俄亥俄州。

此外，《解說星條旗之旅——移民到美國》也是美國當代生活紀實，尤其蓄奴一節描寫特別詳細：「48. 奴隸。維吉尼亞州是奴隸交易市場，當地養了大批黑奴供應南方各州奴隸主。黑奴在維吉尼亞州受到相對舒適的照料，每年販售的黑奴多達四千人，凡帶有黑奴血統者皆難逃遭買賣的命運。」此外，手冊中也提到邊疆私刑問題：「90. 私刑。阿肯色州。動用私刑天理難容，因中央政府鞭長莫及，在邊疆常遭濫用，假正義之名虛立法庭，對獨排眾議者進行審問和處刑。」

年輕玩家若嫌以上描述嚴肅，其他「地點」簡直反胃噁心、肉顫心驚。例如標號十號描寫火雞禿鷹「以腐肉為食，遭掠食者追捕，便反芻腐肉發出沖天惡臭。」又如標號三十八號：「臭鼬。看看這小傢伙。哎哎，別追，否則有得你後悔。臭鼬一旦被攻擊，便會噴出臭氣，臭不可擋，掩鼻幾欲窒息，狗啊、狼啊——對，甚至人類，都巴不得敬而遠之。」標號一百三十號說獾會「埋伏在樹上，等鹿之類的獵物經過便一躍而下，飲其血、茹其毛，將獵物生吞活剝至死。」標號七十二號提到鱷魚「多生長在密西西比河，掠食豬和牛犢，有時候甚至連小孩也吃。」想來就是一心想移民美國的急腳鬼，玩完〈星條旗之旅〉也會三思吧？

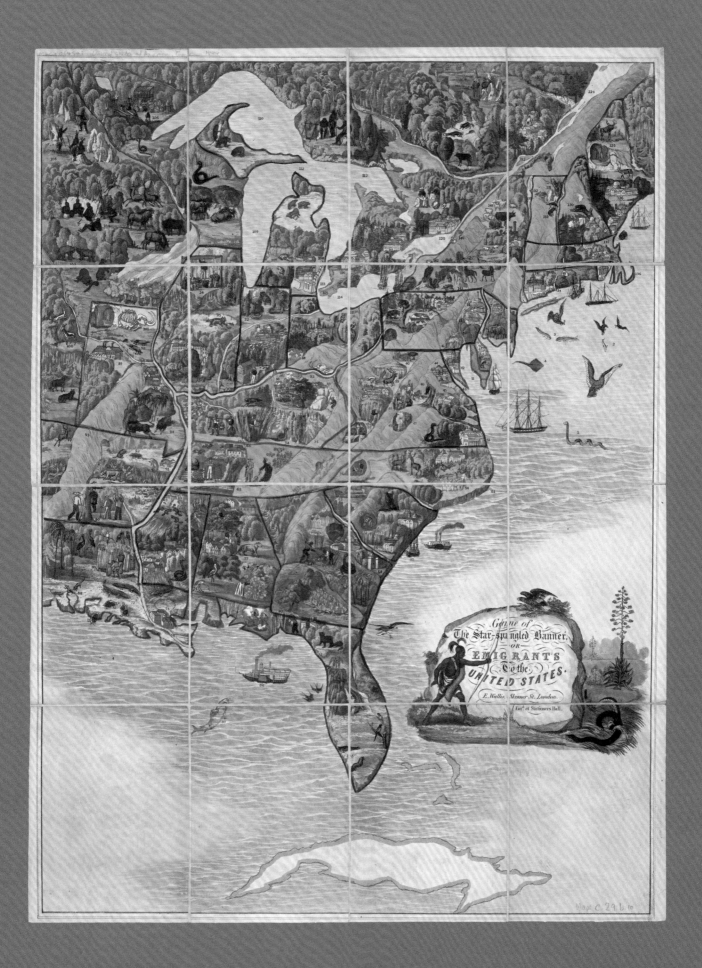

Game of
The Star-spangled Banner.
OR
EMIGRANTS
To the
UNITED STATES.

E. Wallis, Skinner St. London.

Ent'd at Stationers Hall.

新‧威力斯荒野漫遊地圖，一八四四年

愛德華‧威利斯作，倫敦出版

細點腐蝕兼蝕刻印刷；654×491 mm

　　愛德華‧威利斯的〈荒野漫遊地圖〉以南美洲為背景，與〈星條旗之旅——移民到美國〉是姊妹作（詳見頁138）。〈荒野漫遊地圖〉可見繪圖師兼雕刻匠約翰‧亨利‧班克斯（John Henry Banks, 1816–1879）的簽名，隔年（一八四五年）又為威利斯繪製《倫敦全景圖》（*A Panoramic View of London*），一八五一年初版《乘熱氣球看倫敦——從漢普斯特德上空俯瞰》（*A Balloon View of London [As seen from Hampstead]*），並以此作傳世。鑒於〈荒野漫遊地圖〉與〈星條旗之旅〉畫風相似，推估兩者皆出自班克斯之手。

　　〈荒野漫遊地圖〉環遊南美洲，途經八十四個地點，標號八十五號「完局」並未繪出，另附十二頁遊戲規則手冊，一來解說玩法，二來描述玩家跋涉之地，起點是英屬德梅拉拉的莊園，手冊在此做了行前導覽：「勇敢的朋友，歡迎來到南美洲海岸。我將伴您啟程探索這塊驚奇大陸，沿途保證奇觀處處，只是舟車勞頓難免。我們將穿過與天地同壽的森林，行經廣袤的平原和無垠的沼澤地。」

　　接著，或許是刻意要和〈星條旗之旅〉有所區隔，手冊上的嚮導說：「趁著僕從還在準備點心，我先帶您到莊園到處走走。這裡僱用了大約兩百個黑人，先前全是奴隸，如今固定支薪。廢除蓄奴舊規惠我良多。我這莊上靠河邊的土地真是肥沃，走遍全世界都找不到像這樣的膏腴之地，如今盛產咖啡、棉花和糖。」

　　嚮導接著建議客人該帶的物品：「貴賓鞋襪皆可免，南美洲沒有巨岩，沙石也不似非洲燙腳。一頂帽子、一件襯衫、一條便褲，便足以應付此行。我們會帶上幾位印地安原住民作地陪，他們會捕獵、會捉魚，還會幫我們帶彩色油布……下雨可以擋雨，入夜可以作帳篷。」

　　嚮導最後再提醒一句，南美之行就上路了：「容我給各位貴賓一句忠告：走路要看路，以免踩到毒蛇、蠍子、蜈蚣，但除非被激怒，否則這些動物不大咬人。響尾蛇雖然致命，但尾巴會發出聲響示警，我們有的是時間開溜。此外，我們人多勢眾，足以嚇跑凶殘的凱門鱷。貴賓在水塘洗手要當心，別被電鰻電到，否則包準你想忘都忘不掉。好啦，我的朋友，準備好前往荒野了嗎？」

　　〈荒野漫遊地圖〉不像〈星條旗之旅〉，沿途到訪的城市寥寥可數，不過就是里約熱內盧、布宜諾斯艾利斯、瓦爾帕萊索、利馬（一七五五年毀於地震），途經標號和插畫內容不外乎南美洲的人物、植物、動物，尤其是各式各樣的巨蚺，包括標號三號「卡摩狄，又稱噬牛蛇，身長約三十六英尺」，或如「考拉克納拉，巨蚺的一種，以雄鹿為食」，又如二十二號「聽！附近森林傳來好可怕的聲音！美洲豹在死前咆哮！正在被巨蚺纏絞成肉醬！那巨蚺的吐信聲令人寒毛直豎，儘管美洲豹張牙舞爪想將巨蚺碎屍萬段，但只是徒勞，遲早會被巨蚺斷骨生吞下肚。」

　　可怕歸可怕，玩家很快就會認得各種鳥類（例如老鷹、兀鷹、蜂鳥）、猴子、熊、馬、美洲獅，甚至較罕見的馬來貘、食蟻獸、犰狳，只要玩過幾次便能叫出名字。

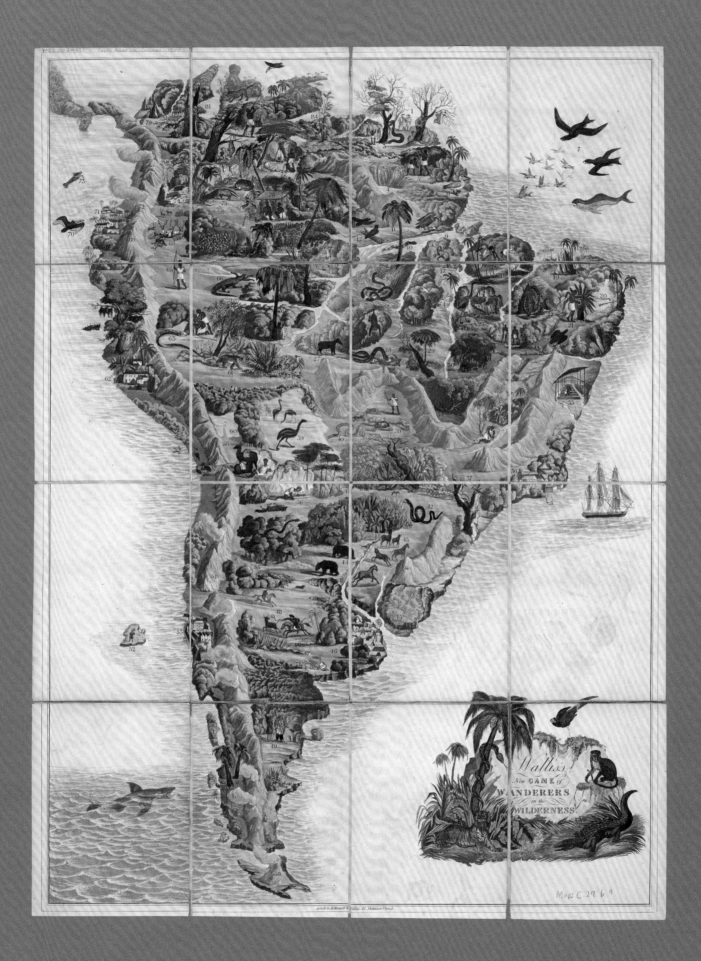

環遊英格蘭和威爾斯——認識各郡產物，一八四四年

愛德華‧威利斯作，倫敦出版

銅板雕刻印刷；643×488 mm（含頁邊）

這幅遊戲地圖由愛德華‧威利斯繪製，堪稱是工業革命的插畫地圖，出版之時正值英格蘭中部和北部的工業重鎮幡然改貌，儘管地圖本身並未標示出版日期，文獻亦可見更早的出版紀錄，但本書收錄的地圖文字提及一八四〇年普利茅斯皇家造船廠大火，因此推測出版時間應該在大火不久之後。

這幅地圖也是以賽鵝圖為基礎改編，沿著棋盤上的賽道環遊英格蘭和威爾斯，遊戲規則和景點描述另附小冊子。不過，〈環遊英格蘭和威爾斯〉跟標準的賽鵝圖遊戲有幾點不同，首先是不用骰子，只用一張符號表玩到底。每位玩家先選一個字母做為棋子，其餘符號放進袋中（規則建議用仕女提包），包括數字一到九、十字架兩枚、空白紙一張，由玩家輪流抽籤，抽到數字代表前進步數，空白紙是零步，玩家必須在原地停留一回合，十字架表示懲罰，懲罰方式如規則所述：「玩家如果抽到十字架，必須再抽出一張數字，看數字是多少就後退幾步。」

玩家從標號一號「倫敦泰晤士河」出發，終點也是倫敦，標號一百五十一號。一如其他賽鵝圖遊戲，玩家抽到的數字必須剛好走到倫敦，超出幾步就要後退幾步，等到下一回合再試試手氣。〈環遊英格蘭和威爾斯〉當然也有處罰，有些是要在原地停留幾回合，有些是要退回上一格，此外還有「死局」：「143.（肯特郡）拉姆斯蓋特，英國皇家海港，海濱度假小鎮，海水浴風靡一時，外海有險惡的古德溫沙洲，玩家在此遇難，喪失遊戲機會。」

遊戲規則手冊語調正經八百，十足的維多利亞時代風格：「150.（薩里郡）杜爾維治，著名的達利奇學院就位於此，由演員艾霖創辦，據說他因為演惡魔演到一半突然看見魔鬼，所以捐錢建校。倘使那些揮霍無度的戲子全都捐錢蓋醫院，英國早就處處醫院了。」此外，玩家走到賭博勝地就要受罰，例如：「149.（薩里郡）埃普索姆，此處水中含鹽，並以賽馬出名。玩家到此須退回第一百一十八格艾迪史東岩，為涉足賭博場所懺悔。」

工業革命雖未席捲英格蘭各地，但所到之處皆讓當地改頭換面，特別是蘭開夏郡、約克郡、沃里克郡，這三郡的區域和城市都易容變色。為了確保熔爐有燃料、工廠有原料，各地依其條件大興土木，或是採礦（41），或是開鑿運河（例如51. 梅西河），或是修橋（例如66. 梅奈跨海大橋、108. 克利夫頓吊橋）；此外，為了讓貨物流通全球，多處港口進行擴建（詳見119. 普利茅斯防波堤）。至於曼徹斯特，遊戲規則手冊有以下描述：「57.（蘭開夏郡）曼徹斯特，全球最大的工業重鎮，居民三十萬，有多幢壯麗建築點綴。玩家在此停留一回合，參觀滿倉滿庫的羊毛、絲綢、棉花，欣賞一下蒸氣動力，曼徹斯特便是因蒸氣而偉大。」謝菲爾德（Sheffield）的描述可就沒那麼好聽了：「28.（約克郡）謝菲爾德，該鎮是世界的刀具和餐盤工廠，到處灰濛濛、髒兮兮、黑黝黝，但建築還行，附近盛產煤礦和鐵礦。玩家可直達第四十格。」

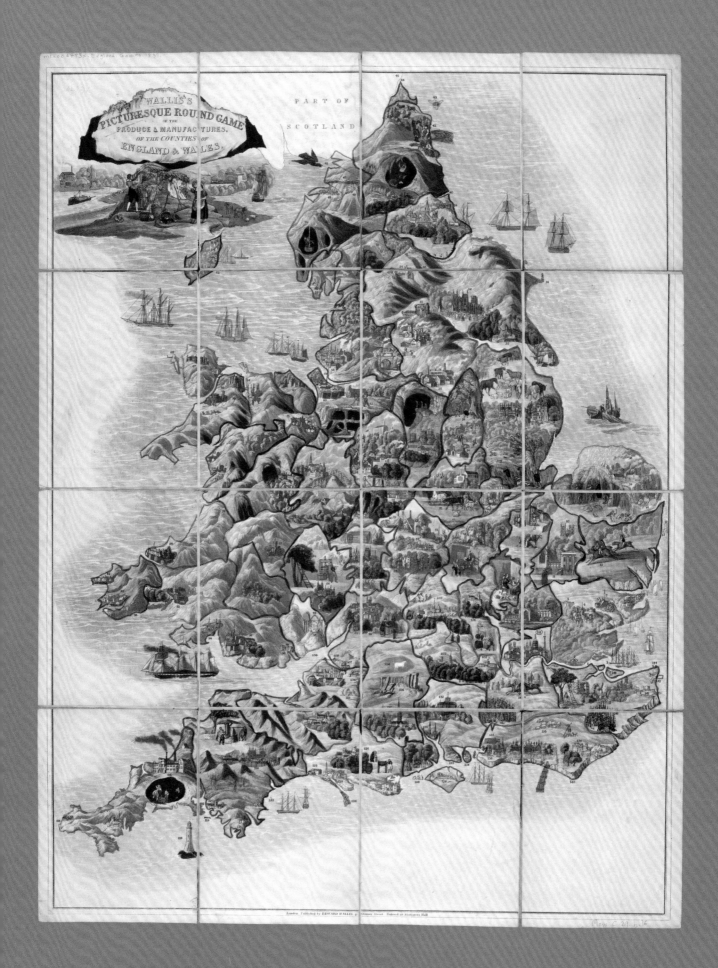

少年暢遊英格蘭──斯普納圖畫地圖，一八四四年

威廉・馬提亞・斯普納作，倫敦出版

平版印刷；最寬處609×483 mm

如同威廉・馬提亞・斯普納出版的多款地圖遊戲（詳見頁132、134、136），〈少年暢遊英格蘭〉結合了繪畫和地圖，棋盤上可見密密麻麻的橢圓小圖疊合英格蘭地圖，海面上則可見多幅風景圖，圖上畫著城市、小鎮、地標，全是玩家沿途經過的地點。

〈少年暢遊英格蘭〉最多可供五位玩家一起玩，起點和終點都印在圖框上，以A、B、C、D、E代表起點，另用小字寫著「完局」的是終點。舉個例子，玩家A從地圖北邊的圖框出發，往南穿過英格蘭，抵達肯特郡（Kent）旁邊的圖框。

這款地圖遊戲原附三十六頁的遊戲規則手冊，內容是玩法說明和各郡簡介，後者或許要由玩家背誦，玩法則應類似〈旅人──環歐之旅〉（頁136），以標示東西南北的四角陀螺骰決定前進方向。不過，這幅〈少年暢遊英格蘭〉可見其他版本，其賽道如傳統賽鵝圖以數字標示棋格。不論是哪一種玩法，每一回合都是知識大考驗。

斯普納對〈旅人──環歐之旅〉有以下看法，〈少年暢遊英格蘭〉也適用：「像這樣娛心悅目、增廣見聞的資訊，像這樣比諄諄教誨更能讓少年牢記知識的娛樂，想來也不需太多溢美之詞。因此，本社滿懷信心，將這款遊戲呈現給諸位家長和孩子，保證大人玩得滿意、小孩玩得開心，人人都盡興。小小旅人若想循著條條路徑，抵達心之所嚮的終點──家，就請學學大人的耐心和毅力。除此之外，玩家若在漫長的旅途中碰頭，可要培養好心腸、好脾氣，唯有如此，方可化旅途中的苦澀為甘美──不管你是大人還是小孩，身處城市、沙漠或是歡愉的爐邊。」

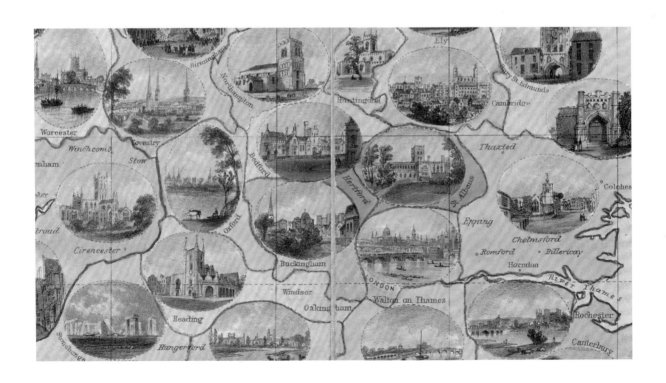

知足小屋——明辨是非之路（詼諧小遊戲），一八四八年

威廉‧馬提亞‧斯普納作，倫敦出版

平版印刷；最寬處 545×390 mm

這是一款擲賽遊戲，其道德說教意味濃厚——玩家若有好心便有好報，行為失檢則會受罰，因而與其餘威廉‧馬提亞‧斯普納（詳見頁132~136、144）的遊戲地圖相當不同。棋盤上畫的是虛構地圖，背景是鄉村，另有幽默插圖多幅，有些是途經場景，有些是遊戲賞罰，其中五朔節少男、少女圍繞著五月柱起舞（右下角）、古早式跳蹦床（左上角）、四個大漢玩跳袋（右上角，其中一個跌了個狗吃屎）、打羽球的兩個孩子、火力全開的板球比賽（中下），都頗有看頭。

〈知足小屋〉以四角陀螺骰決定前進方向，「F」代表前進，「R」代表右轉，「L」代表左轉，「B」代表後退，每次擲骰移動一格，經過紅色告示則必須依照上頭指示行事。例如，玩家最先遭遇的危險之一，就是在「步槍手路」（Rifleman Road）

遭響馬持槍搶劫，必須交出三枚籌碼方能前行；又如「懲罰小徑」（Punishment Path）上的旅人不知是粗心大意還是魯莽輕率，竟然惹怒群蜂，被蜜蜂追著跑；另有一個旅人想抄捷徑，逕自穿過「瘋牛場」（Mad Bull），最後只能爬到樹上避難。

另有多幅插圖是在說教、教人誠實，例如右下角那人因為偷了一頭小豬，被母豬和其他頭小豬追著跑，表情驚恐萬分；又如「壞男孩路」（Bad Boy's Road）的少年提著鵝頸，跑給後頭的鵝群追；棋盤左側中段有位小姐在裸泳，面有懼色看著小偷揣走她的衣服；一旁的「笑柄巷」（Laughing Stocks Lane）可見三個男孩在取笑一位先生被上了枷鎖，玩家走到這裡要罰籌碼兩枚。另有一位先生牽著孩子涉水過淺灘，因其心地善良，玩家要付三枚籌碼。

此外，棋盤上處處可見維多利亞時代的進步繁榮，例如右下角畫著兩只升空的熱氣球，中段則可見一輛驛馬車和一列火車，一旁還有旅人追著車，譬如追火車的夫婦跑過「遲到巷」（Too late row），不但要因為拖拖拉拉被罰兩枚籌碼，還要讓火車上的豬和山羊嘲笑。

有些怎麼也想不到會出現在英國鄉村的場景，也讓製圖師畫上去了，例如左下角那兩隻衣冠楚楚的青蛙，在青蛙提琴手的伴奏下翩翩起舞；又如池塘裡那條鱷魚，虎視眈眈等著毫無戒心的旅人走進死巷。另有一位旅人一臉震驚，跟一隻鸛面面相覷。地圖中段上方有個走私客，躡手躡腳爬到懸崖邊緣，懸崖底下有個洞穴，三個同伴正在藏身處舉杯，慶祝今晚大幹了一大票，洞裡洞外恰成對比。走到這附近的玩家甚至有機會遇到羅賓漢和塔克修士，只管往「羅賓漢大道」（Robin Hood's Walk）走便是了。

一八五〇年以降

維多利亞時代暨
大眾市場成長

新·皇家郵政地圖（沿西海岸主線從倫敦到愛丁堡），一八五〇年

約翰·雅克，倫敦出版

木刻；227×1203 mm（不含邊框）

約翰·雅克家族企業（今稱「倫敦雅克」）堪稱全球現存最古老遊戲製造商，旗下遊戲包括槌球、乒乓球、蛇梯棋、飛行棋（Ludo）、小小神射手（Tiddledy Winks）、幸福家庭（Happy Families）、碰牌（Snap）等歷久彌新的遊戲，一七九五年由湯瑪斯·雅克（Thomas Jacques, 1765–1844）創辦，後由兒子兼合夥人約翰·雅克一世（John Jaques I, 1795–1877）接手，並出版這款〈新·皇家郵政地圖〉。

比起威力斯鐵道地圖（頁130）帶玩家暢遊英格蘭，約翰·雅克的郵政地圖以倫敦西北鐵路公司（London and North-Western Railway）的鐵道為藍本，起自倫敦尤斯頓車站，終至愛丁堡威瓦利車站，總共一百零四站，標號一〇四是愛丁堡。棋盤上鐵道彎彎曲曲，只是畫個意思意思，並不講求精確度。

倫敦西北鐵路公司一八四六年成立，由三家鐵路公司合併而成，其營運路線現稱「西海岸主線」（West Coast Line），先自倫敦至伯明罕，再行經曼徹斯特和利物浦，終至格拉斯哥和愛丁堡。

〈新·皇家郵政地圖〉標出沿途二十二個站，每一站附一小插圖，有些畫的是地標，有些畫的是場景，譬如普雷斯頓站畫著野餐籃，尤斯頓車站畫著多利克柱式正門和倫敦天際線，利奇菲爾德（Lichfield）畫著當地大教堂，克魯（Crewe）畫著火車頭工程，威根（Wigan）畫的是煤礦，蘭卡斯特（Lancaster）畫的是城堡，愛丁堡則是城堡和作家華特·司各特爵士紀念碑（Sir Walter Scott

Memorial），後者於一八四四年完工。值得注意的是，伯明罕、曼徹斯特、利物浦並無插圖。

〈新・皇家郵政地圖〉上印有遊戲規則，棋子是四臺火車頭（本書並未收錄），先停在尤斯頓車站，一臺火車頭一個車庫。玩家擲骰子決定先後順序，然後發下代幣，接著開始遊戲。火車頭沿鐵道行駛，一路以信號機控制，進站時信號機的臂板若平行地面則「停」，玩家休息一回合，信號機的臂板若垂直地面則「行」，玩家可依擲出點數前進。此外，兩臺火車頭不得停靠在同一火車站，後到者必須後退一步，並依該棋格指示挨罰。

處罰列在地圖右側，正是沿途經過的二十二個站，內容大多是罰錢，要玩家付「代幣」觀光，例如標號九號：「伯克翰斯德，玩家參觀城堡，付代幣兩枚。」有些棋格罰得更凶，例如標號四十號：「克魯，玩家參觀當地火車頭工程，在此停留至其他玩家經過。」標號二十四號：「納尼頓，玩家在此休息兩回合，參觀川特河畔的波頓地區。」玩家要小心不要走到八十四號：「格雷納，玩家參觀鐵匠舖，返回倫敦重新開始。」這格雖然不是「死局」，但罰得也夠嚴了。

唯一有賞的是標號三十三號：「斯塔福德，走至此格可與跑在最前頭者交換位置。」此外，率先抵達完局愛丁堡「獲勝，盤面上代幣由贏家通吃」。遊戲規則並未說明倘若擲出步數超出愛丁堡該如何處置，故而推測先走到便算贏。

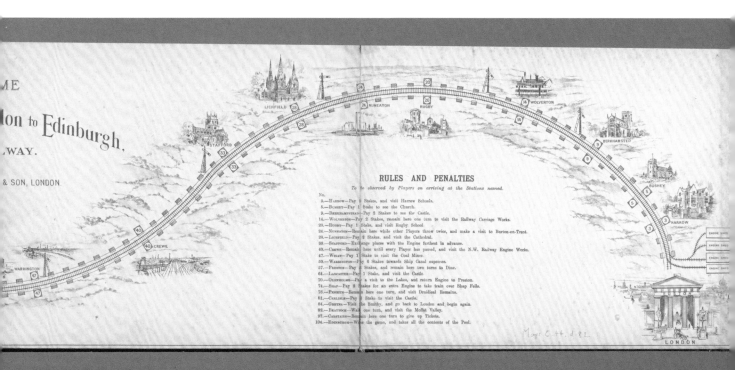

凡諾多提雅太太，又喚格溫內斯阿姨（北威爾斯地圖），一八五一年

修·休斯作，卡納芬出版

平版印刷；219×234 mm（含頁邊）；

最寬處 305×234 mm

修·休斯（Hugh Hughes, 1790–1863），雕刻家、漫畫家、藝術家、肖像畫家，一七九〇年生於北威爾斯蘭迪德諾（Llandudno）玉黍螺潭（Pwll-y-Gwichiad），同年二月二十日受洗。他在利物浦和倫敦工作過一段時間。一八三五年前後出版北威爾斯卡通人形地圖〈凡諾多提雅太太，姓字不詳，又喚格溫內斯阿姨〉。這幅地圖的原版雖然難得，但可見出版商麥克盧·麥當勞·麥理博（Maclure, Macdonald & Macgregor）的翻版，該出版商原址在格拉斯哥，後遷至倫敦，期間皆有翻印。本書收錄的是修·韓福瑞斯（Hugh Humphreys）刻本，約瑟夫·約西亞·多德（Joseph Josiah Dodd, 1809–1894）印刷，多德是設計師兼平版畫家，出身利物浦，一八五〇年前後與妻子定居卡納芬。

這幅地圖將北威爾斯畫成一位老婦，名叫「凡諾多提雅太太」（凡諾多提雅是北威爾斯古地名，由羅馬人起名）。圖中凡諾多提雅太太打赤腳，肩上背著行囊，面朝左前行，頭部是安格爾西島（Anglesey），伸展的雙臂是麗茵半島（Llyn），上半身是西北威爾斯（約為今格溫內斯郡），行囊是東北威爾斯，裙子是威爾斯中部（今錫爾迪金郡和波伊斯郡）。

北威爾斯的主要地理特徵說明標於地圖下方，包括湖泊、威爾斯古鎮、威爾斯古郡（安格爾西島、卡那封郡、梅里奧尼斯郡、弗林特郡、卡迪根郡、登比郡、蒙哥馬利郡）、威爾斯和英格蘭邊界城鎮、主要燈塔、河流、山脈。

〈凡諾多提雅太太〉畫工細膩，值得細細審視。老婦的行囊其實是穿著晚禮服的女士，裙子很蓬，裙襬可見一頭公山羊（標號十一下方），此外隱約可見狐狸臉（標號六十四下方）、人臉和兔臉（標號六十三右邊），甚至還有公羊頭（標號三十七下方）。老婦上衣的下襬則有隻大狐狸帶著幾隻小狐狸，此外還有一群在下山的綿羊。老婦的裙子另有幾張模糊的面目，但因為疊上顏料而難以辨識。標號七十三下方似乎可見人臉輪廓，標號七十二下方好像有隻動物，頭上長了三角犄角，標號七十九下方隱約可見獸面，但看不出來是什麼動物，此外至少還有三張獸面，需要沒上色的版本才能解開謎團。現存的版本（包括右頁）大都以彩色印刷，再用手工畫上裙襬的紅色條紋。

DAME VENODOTIA, ALIAS MODRYB GWEN.
A Map of North Wales

LAKES	ANGLESEY	CARNARVONSHIRE.	MERIONETHSHIRE.	FLINTSHIRE.	DENBIGHSHIRE.	MONTGOMERYSHIRE.	RIVERS.
1 Llanberis	8 Amlwch	20 Conway	34 Festiniog	53 Rhyl	62 Abergele	70 Llanfyllin	1 Menai
2 Nantlle	9 Llanerchymedd	21 Bangor	35 Maentwrog	54 Rhuddlan	63 Denbigh	72 Llanidloes	2 Dee
3 Cywellin	10 Holyhead	22 Aber	36 Harlech	55 S. Asaph	64 Ruthin	73 Welshpool	3 Conway
4 Dinas	11 Gwalchmai	23 Carnarvon	37 Corwen	56 Flint	65 Wrexham	74 Machynlleth	4 Elwy
5 Capel Curig	12 Mona Inn	24 Clynog	38 Trawsfynydd	57 Holywell	66 Llanrwst	75 Montgomery	5 Maw ddach
6 Cigau	13 Llangefni	25 Bwala	39 Bala	58 Caerwys	67 Chirk	76 Newtown	6 Dovi
7 Cwmant	14 Beaumaris	26 Bethgelert	40 Barmouth	59 Hawarden	68 Llangollen	77 Ch. Stretton	MOUNTAINS.
8 Cwmorwyd	15 Pentraeth	27 Bettws y coed	41 Dolgelley	60 Mold	69 Oswestry	78 Bishop's Castle	G. Carnedd as
9 Conway	16 Menai Bridge	28 Nevin	42 Drws y Nant	61 Bangor		ENGLISH TOWNS	H. Tryn yu maes
10 Aled	17 Britannia Bridge	29 Porthdinllaen	43 Mallwyd	CARDIGANSHIRE.	50 Liverpool	MERIONETH SHIRE.	J. Nan thod
11 Alwn	18 Aberffraw	30 Tremadoc	44 Llwyn gwril	46 Machynes	51 Parkgate	1 Bardsi	K. Snowdon
12 Bala	19 Newborough	31 Port Madoc	45 Towyn	48 Borth	52 Chester	2 South Stack	L. Moel Famau
13 Tryllyn	19 Malltraeth	32 Pwllheli	46 Aberdovey	49 Aberdurth	71 Shrewsbury	3 Skerries	M. Mynant
		33 Cruccieth				4 Penmon	N. Berwyn
						5 Point of Air	O. Cader Idris
						6 Leasowe	P. Plinlimon
						7 Black Rock	

PUBLISHED BY H HUMPHREYS, CASTLE SQUARE, CARNARVON

水晶宮寰宇遊戲，帶您踏上追尋知識之旅，輕輕鬆鬆學習地理，大約一八五四年

亨利·史密斯·伊凡斯作，倫敦出版

平版印刷；最寬處483×666 mm

亨利·史密斯·伊凡斯（Henry Smith Evans），皇家地理學會成員，知名地圖繪製師，最出名的作品是〈麥卡托投影法世界地圖，標注英國屬地暨其取得日期、當地人口、已知輪船路線、赴印度陸路，另標注赴澳洲海路，可取道巴拿馬……〉（'Map of the World on Mercator's Projection shewing the British Possessions, with the date of their accession, population, &c., all the existing Steam Navigation, the Overland Route to India, with the proposed extension to Australia, also the route to Australia via Panama...'），該地圖曾於一八四七年至一八五二年間出版，標題略有不同，此後應可見再版。

繪製這幅地圖獲得的知識大大有利於伊凡斯設計〈水晶宮寰宇遊戲〉，約翰·安東尼·蘭芳（John Anthony L'Enfant）刻本，印製精美，出版時間應與水晶宮（Crystal Palace）移址思丹林（Sydenham）同時。水晶宮原為世博（Great Exhibition）展館，世博全名「萬國工業博覽會」（The Great Exhibition of the Works of Industry of All Nations），由維多利亞女王夫婿阿爾伯特親王策畫，一八五一年五月至十月在倫敦海德公園舉辦，雖然號稱要展示寰宇諸國各項創新，但其實目的是突顯英國在藝術、科學、科技、聲勢各方面壓倒群雄，如同〈水晶宮寰宇遊戲〉中間下方圓形徽章邊框題詞所示：「大英國土不見日落」。

這幢世博館以革新技術打造，先在海德公園預建鐵架，再覆上二十九萬三千片玻璃，時人皆稱「水晶宮」，由約瑟夫·派克頓爵士（Sir Joseph Paxton）設計，工程耗時不到九個月，一八五四年遷址至倫敦東南邊思丹林，一九三六年毀於祝融，

時至今日該區仍稱水晶宮。地圖右上角的插圖是水晶宮移址啟用大典，由維多利亞女王和夫婿阿爾伯特親王主持。地圖頁邊另有十四幅插圖，上頭描繪世界各地場景，包括奴隸販賣、印度獵虎、澳洲土著。此外，地圖上另有小插圖，內容包括著名的庫克船長戰死夏威夷、哥倫布初見西印度群島、亞歷山大·西爾考克（Alexander Selkirk）荒島求生，其中西爾考克漂流到胡安·費爾南德斯群島（Island of Juan Fernandez）一事，由丹尼爾·迪福（Daniel Defoe）改編成小說《魯賓遜漂流記》（*Robinson Crusoe*）。另外值得注意的是，羅伯特·路易斯·史蒂文森筆下的弗林特船長（Captain Flint）真有其人，他駕駛「艾佛烈號」航行世界，其航道也畫在〈水晶宮寰宇遊戲〉上，或許是史蒂文森創作《金銀島》的潛在靈感。〈水晶宮寰宇遊戲〉發行時，正好是史蒂文森玩這款遊戲的年紀。

玩家從亞速群島（標號一）出發，循著標號航遊世界，先沿著非洲沿岸航行，繞過阿拉伯半島後，航經印度，接著穿過東印度群島，然後環太平洋一周後抵達澳大利亞，接著沿南美洲海岸航行至合恩角北返，繞過巴西後，穿過西印度群島，沿美國東岸航行至紐芬蘭，再穿過大西洋，抵達不列顛群島。

解說插圖的索引手冊已不復見。雖然頁邊大圖皆有編號，但數字與地圖編號不符，少了遊戲規則手冊，難以通盤理解這款遊戲精妙之處，只能推測標號十一、四十六、五十八應該是「死局」或處罰，標號十一可見船隻遭遇海怪，標號四十六、五十八可見船員遭凶暴土著殺害。

新・貝茲輕便地球儀，一八五二年

約翰・貝茲作，倫敦出版

「貝茲輕便地球儀獲女皇制誥，資料最新最威信。」

彩色平版印刷地圖，摺疊金屬架，長710 mm，撐開直徑400 mm

約翰・貝茲（John Betts, 1803?–1889），維多利亞時代知名遊戲製造商兼零售商，一八一九年八月十一日拜威廉・達頓二世（William Darton Jr）為師。達頓家族是零售商兼出版商，專營圖書、地圖、版畫、遊戲、拼圖，叱吒青少年市場。

一八二〇年代晚期，貝茲自立門戶，一八二七年出版《世界地理快問快答》（*Key to the interrogatory geographical game of the world*），書中附世界地圖，悉尼・霍爾（Sidney Hall，生年不詳，1831年卒）刻本，一八三一年再版。此外貝茲出版過兩本地圖集，一是《貝茨的少年地圖集》（*Betts's Juvenile Atlas*），二是《貝茨學校用地圖集》（*Betts's School Atlas*），兩本書中收錄的地圖足以出版多款拼圖，另有源源不絕的地圖問世。貝茲在倫敦岸濱街擁有黃金店面，不僅瞄準教育市場，也從熙來攘往的街上招攬大眾。

貝茲發行多款教育地圖，其中以這款取得女皇制誥的輕便地球儀最為創新，其靈感顯然來自雨傘設計。地球儀中央是一根金屬杆，杆子上下以雙環固定輻條，收起則輻條打直，雙環內推輻條便向外彎曲，撐起原本鬆垮垮的世界地圖，呈現地球儀模樣。金屬杆上端有個掛環，可將地球儀掛在家裡或教室的天花板上，金屬杆尾端呈圓狀可做為握柄。

本書收錄的這款地球儀和外盒皆未標示日期，但以地理學知識判斷，應於一八五〇年代中期出品，算是貝茲輕便地球儀的早期版本。上頭的美國領土包括德克薩斯州（一八四五年併入）、新墨西哥州（一八五〇年併入）、加利福尼亞州（一八五〇年併入），出版時間應在南北內戰（一八六一年至一八六五年）之前。

此外，貝茲還出版《貝茲輕便地球儀使用指南暨圖表》（*Companion to Betts' portable globe and diagrams*），其標題頁雖然沒有標示日期，但推測應於一八五一年下半年發行，該書附《商品目錄：地圖、地圖集、拼圖、寓教於樂遊戲》，當中夾了一張〈出版者的話〉，標注日期為一八五一年六月十七日，內容提及將於一八五二年二月發售某幾款商品。

貝茲輕便地球儀雖然熱銷，但相當容易損壞，因此貝茲陸續又出了幾款改良版，後來將版權賣給喬治・菲利普（George Philip），一路長銷到一九二〇年代。

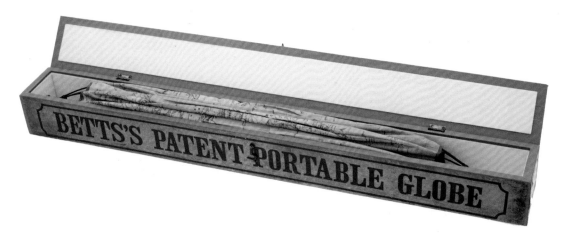

全新‧漫畫版戰事地圖，一八五四年

湯瑪斯‧昂韋恩作，倫敦出版

平版印刷；479×681 mm（含頁邊）

這是十九世紀最著名的漫畫地圖之一，啟迪後世許多亦莊亦諧的歐洲戰事地圖。該地圖之前僅知由洛克兄弟與裴恩（Rock Brothers & Payne）合夥出版，但近來出土的初版〈漫畫版戰事地圖〉可見繪製師署名「Done by T. O.」於亞洲土耳其（Asiatic Turkey）南部海岸，其中「by」在本書收錄的版本中被遮住。「T. O.」是湯瑪斯‧昂韋恩（Thomas Onwhyn, 1813–1886）名字縮寫，其為喬瑟夫‧昂韋恩之子。本圖作者身分大白，讓湯瑪斯‧昂韋恩得以和弗萊德‧W‧羅斯等寓意地圖大師齊名，堪稱漫畫戰事地圖鼻祖。

克里米亞戰爭（一八五三年至一八五六年）爆發催生了這幅戰事地圖，圖中可見英法及其盟國揮軍進擊俄羅斯，四位主角都畫成了動物：英國獅似乎在站哨，法國鷹顯示時值拿破崙三世第二帝國，土耳其（Turkey）位於歐洲的國土畫著——沒錯，火雞（turkey），俄羅斯則是一頭貌似無害的熊，但手裡揮舞著連枷，連枷上垂著一條一條繩索，繩索上的繩節全是骷髏頭，熊的身上印著「專制」（despotism）、「偏狹」（bigotry）、「殘酷」（cruelty）、「奴役」（slavery）、「愚昧」（ignorance）、「壓迫」（oppression）等有損國格的字眼，其鄰國波蘭則畫上手銬，連國名（Poland）都用白骨拼寫。

在波羅的海，俄羅斯戰艦遭英法盟軍艦隊封鎖，丹麥提著風箱對著俄羅斯軍港克隆斯臺吹，好讓英法艦隊得以借風駛船，瑞典也殷殷敦促：「上啊！小查！」（Go it Charley），「小」查（英國海軍上將查爾斯‧納佩爾）也大喊：「瞧我賞他一頓排頭！」（I'll give him a flea in his ear.）

主要戰場克里米亞半島被英法盟軍艦隊團團圍住，興致勃勃替俄羅斯熊修剪腳趾甲。地圖標題下方的「權力天秤」朝英法盟軍傾斜，秤上可見英國獅、法國公雞、兩隻火雞（代表橫跨歐亞的鄂圖曼土耳其帝國）。事實上，克里米亞戰爭萬分慘烈，史稱現代戰爭濫觴，英法盟軍雖一本初衷拿下俄羅斯軍港塞巴斯圖堡（Sebastopol），但雙方可謂兩敗俱傷。

這幅地圖雖然以戰事為背景，但許多國家卻是一派太平氣象，例如突尼西亞是載歌載舞的母獅，身穿燈籠褲，足蹬翹頭履，手撥斑鳩琴。義大利是一頭嚇壞的狗，尾巴上綁著的破爛水壺是西西里島，暗指島上埃特納火山爆發釀成災情。此外，厄爾巴島給畫成了雙角帽，象徵拿破崙曾流放至此。

〈漫畫版戰事地圖〉可見酒精插圖，並配上邪惡的雙關語，例如高加索山脈被畫成一排浮著泡沫的酒瓶，文字說明寫著：「靠家鎖山擺瓶他」（Cork as us Mountains & bottle him），象徵土耳其的火雞用腳爪擒著「天朝酒」，馬爾他島（Malta）是麥芽酒（Malt），慕尼黑是啤酒杯，西德是香檳杯。

這幅戰事地圖還有許多「出師之名」（casus belli），象徵俄羅斯和土耳其在南歐的種種角力，有些象徵不言而喻，有些時至今日已難以考證。在亦莊亦諧的漫畫戰事地圖中，湯瑪斯‧昂韋恩這幅作品可說是數一數二細膩，值得日後進一步考究。

法國地圖遊戲，大約一八五五年

馬舒埃作，巴黎出版

牌面地圖平版印刷；每張135×82 mm

這款盒裝遊戲共有八十六張地圖，平版印刷，馬舒埃（Massuet）刻本，L·大歐貝（L. Aubert *père*）刻字，每張牌長13.5公分、寬8.2公分，共分成五副：「加隆河區」（Bassin de la Garonne）一副，共二十張，「羅亞爾河區」（Bassin de la Loire）一副，共二十一張，「塞納河區」（Bassin de la Seine）一副，共十六張，「隆河區」（Bassin du Rhône）一副，共十九張，「萊茵河區」（Bassin du Rhin）一副，共十張，將法國依境內主要河流分成大小不一的五大流域。

盒中可見轉軸、木製底座、拆卸式指針，指針雕鏤精巧，可裝在轉軸上旋轉。每一副牌配一張紙盤，外圈列出該流域主要城鎮，並注明該城鎮位於哪一省。

盒中有三個小籃和一個大籃，分別裝著三種象牙製籌碼，一種是圓形，一種是扁矩形，一種是長矩形，每種形狀四種顏色：紅色、綠色、紫色、黃色，應是做為遊戲代幣供四位玩家使用。

〈法國地圖遊戲〉未附遊戲規則手冊，盒子上也不見玩法說明。筆者脫稿前尚未找到任何相關文獻可供比較參考。

一八五九歐洲戰事插畫地圖，一八五九年

雅克布斯·約翰內斯·布雷德洛德，哈倫出版

平版印刷；最寬處251×278 mm

這幅諷刺地圖相當罕見，內容諷喻歐洲政局，出版時正值法奧戰爭（Franco-Austrian War of 1859，又名第二次義大利獨立戰爭），當時義大利泰半為奧匈帝國領土，尤以義大利北部為最，包括倫巴第（Lombardy）和威尼斯（Venetia）。此前義大利獨立失敗，未能將奧地利勢力驅逐出境，薩丁尼亞王國（下轄皮蒙特區）因此與法國簽訂密約，將薩伏依（Savoy）和尼斯（Nice）割讓給法國，以此換取援軍攻打奧地利，謀求義大利半島統一。

〈歐洲地圖〉描畫戰事初期，法國（拿破崙三世）和奧地利（法蘭茲·約瑟夫一世）各踩一腳在義大利，象徵其為外侮。薩丁尼亞國王維托里·亞諾艾曼紐二世（Vittorio Emanuele II）抱著拿破崙的前腿，義大利反叛軍則揮劍戳向奧皇的皮靴。

丹麥、荷蘭、西班牙、葡萄牙、英國隔岸觀火，英國手插褲袋，袋口繡著「中立」（Neutral）。德意志皇帝一手拿劍，一手持望遠鏡，像在觀察，又像在干擾義大利國界上的士兵。教皇在義大利中部觀戰，不知所措；義大利南部手銬腳鐐，愛莫能助。

趁著歐洲大國關注義大利戰局，俄皇悄悄西進，將巨石滾向東歐諸國，石頭上寫著「Panslavisimus」（俄統斯拉夫諸族）。土耳其看在眼裡，手持長劍席地而坐，一旁希臘手舞足蹈，蒙特尼哥羅（Montenegro）則一手持劍、一手挺矛，矛上插著土耳其人頭，趁土耳其渾然不察，朝土耳其背後直衝而去。克里米亞畫著墳塚，此前克里米亞戰爭（一八五三年至一八五六年）才剛落幕，期間英國、法國、土耳其、皮蒙特區出兵俄羅斯，墳頭都還很新。

法國雖然在各方酣戰中取勝，但戰火卻延燒不絕，拿破崙三世擔心德國出兵干預，遂聽勸向奧地利請和。然而，法奧講和歸講和，薩丁尼亞等國卻不守合約，反趁奧地利元氣大傷統一義大利，維托里·亞諾艾曼紐二世順勢稱王，但威尼斯仍由奧地利占領，直到一八六六年普奧戰爭結束，才由義大利王國收復。

AANSCHOUWELIJK OORLOGSTOONEEL,

zamengesteld naar de beste telegraphische berigten, waarop met een oogopslag de politieke toestand en ligging der grootere en kleinere Mogendheden van Europa kunnen erkend en beoordeeld worden.

UITGAVE van J.J. VAN BREDERODE.

PRIJS 15 CENTS.

Lith. v. Emrik & Binger, Haarlem.

歐洲梟雄，一八五九年

威廉・尼克爾森作，倫敦出版

「仔細綜觀全圖，可見歐洲梟雄卯足了勁在穿靴子，腳已經伸了進去，不知拉不拉得上來？」

平版印刷，手工上色；最寬處285×211 mm

威廉・康尼（William Coney）和威廉・尼克爾森（William Nicholson）是寂寂無名的出版商和地圖繪製師，目前僅見這幅地圖傳世。維多利亞時代晚期有位知名畫家也叫威廉・尼克爾森（William Nicholson, 1872–1949），代表作《字母》（*An Alphabet*）將二十六個英文字母畫成版畫。此尼克爾森雖然非彼尼克爾森，但同樣天才橫溢，從這幅罕見的義大利地圖便可見端倪，一筆一畫都將其才能發揮到淋漓盡致。

約自一八五四年起，戴與哈葛（Day & Haghe）、湯瑪斯・派克（Thomas Packer）等少數英國出版商推出鳥瞰圖，這類地圖從飛鳥視野描繪一地或一國，由於圖面精美，頗投素人讀者所好，後來確實也十分暢銷，許多買家為了想看地圖對照時事而衝動購買，因此，這類鳥瞰圖多為戰事地圖，〈歐洲梟雄〉也不例外。

義大利獨立建國之前，各城邦交戰不絕，幕後多由西班牙和奧地利主使。一八五九年，義大利各邦受席捲全歐的革命浪潮鼓舞，在薩丁尼亞王國的領導下起身抗奧，史稱第二次義大利獨立戰爭。法國見機不可失，一來可藉此役削弱奧地利勢力，二來可翻過阿爾卑斯山南進義大利，遂與薩丁尼亞王國結盟，由法皇拿破崙三世親自披掛上陣。〈歐洲梟雄〉的靈感來自義大利半島形似長靴，圖中把義大利當靴子穿的正是拿破崙三世，影射法國將魔爪伸向義大利。雖然顏色有些淡，但還是可以看出法國東南部畫著拿破崙三世的頭。

THE
EVIL GENIUS OF EUROPE

On a careful examination of this Panorama the Genius will be discovered struggling hard to pull on his Boot. It will be noticed, he has just put his foot in it. Will he be able to wear it?

REFERENCE.

1 Amiens
2 Brussels
3 Berlin
4 Posen
5 Paris
6 Chaum
7 Stutgard
8 Wursburg
9 Narnberg
10 Pilsen
11 Buntzlau
12 Rausbon
13 Innspruck
14 Saltzburg
15 Vienna
16 Maude
17 Aosta
18 Comorn
19 Gap
20 Gratz
21 Montpellier
22 Carcassone
23 Marseilles
24 Toulon
25 Nice
26 Mantua

27 Venice
28 Bologna
29 Spoleto
30 Rome
31 Naples
32 Mostar
33 Callaro
34 Ajaccio
35 The Island

LONDON. W. CONEY, 61, WARDOUR ST, OXFORD ST.

J. Bell Yard, Gracechurch St.

新法國地圖，一八六二年

維克・吉隆作，巴黎出版

鋼板印刷；456×461 mm（含頁邊）

這是一幅詳細的法國地圖，左下角附科西嘉（Corsica）島嶼圖，維克・吉隆（Victor Guillon）繪製，艾佛列・勒梅西埃（Alfred Lemercier）印刷，奧古斯丁・樂吉侯（Augustine Logerot）出版，雖未標注日期，但說明書於一八六二年出版，故本書以該年為出版年。

〈新法國地圖〉分為四大區，似以分水嶺為界，每區一個顏色：綠色是北法和巴黎周遭；羅亞爾河谷流域到奧弗涅山區是粉紅色；法國西南部是藍色；東部和東南部是黃色。各區以山脈分隔，例如科比埃山（Monts Corbieres）、黑山（M[onta]gnes Noires）、愛斯比奴山（M[on]ts. de l'Espinouse）斜走，橫亙在法國西南部和東南部之間。

〈新法國地圖〉附書，書名《背詩學地理──全新圓盤地名記憶法》（*La géographie versifiée de la France d'après un nouveau système de dénomination des localités dit système du cadran*），書名的「cadran」直譯為「圓盤」，可用來指鐘錶的錶盤、日晷的盤面、電話的轉盤等，地圖上半可見示意圖，一旁標示「塞納瓦茲省」（Seine et Oise），範圍包括巴黎以北、以西、以南郊區，此處繪有「圓盤」，其上有兩根大指針和一個較小的圓盤，類似舊式的懷錶盤面。

少了《背詩學地理》，有些符號難以臆測，例如地圖上許多以虛線相連的城鎮繪有箭頭，箭尖大多朝西，不知何意，只能猜測這是某種記憶遊戲，透過背詩來學習法國地理。

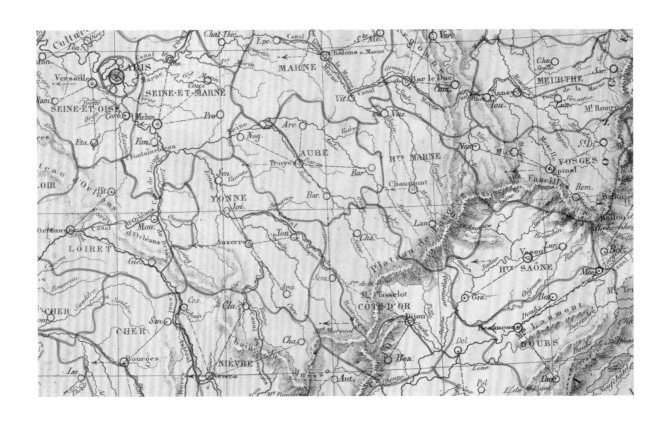

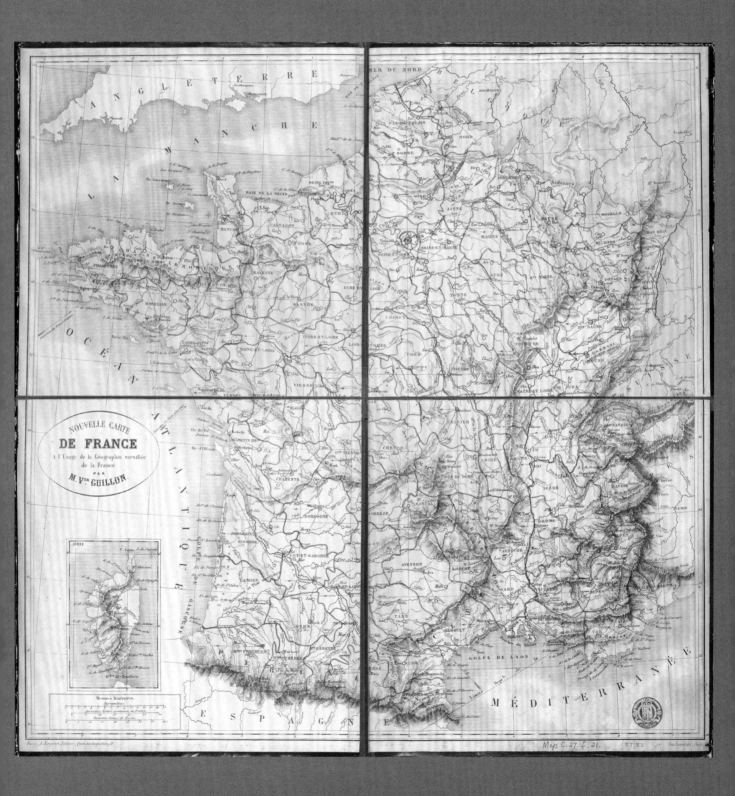

地球儀立體拼圖，一八六六年

亞伯拉罕‧奈森‧麥爾斯，倫敦出版

平版印刷；地球儀直徑170 mm

亞伯拉罕‧奈森‧麥爾斯（Abraham Nathan Myers, 1804–1882），倫敦玩具製造商、銷售商、進口商，專門進口高檔商品，旗下玩具包括各式地理遊戲，例如木製或紙製的地球儀立體拼圖。一八四二年至一八六四年，麥爾斯與艾隆‧約瑟夫（Aaron Joseph）、索羅門‧約瑟夫（Solomon Joseph）、莫里斯‧所羅門（Maurice Solomon）合夥創辦艾索約邁公司（A. & S. Joseph, Myers & Co.），一八六四年十二月三十一日正式拆夥，此後麥爾斯自創品牌，開設A‧N‧麥爾斯公司（A. N. Myers & Co.）。

本書收錄的地球儀由A‧N‧麥爾斯公司出品，約於一八六六年開始販售，是相當罕見的地球儀立體拼圖，總共分成八層，計三十八塊拼圖，北極和南極各一塊，南極有個凹孔，用以與木頭底座對接，其餘拼圖切面呈扇形，從南極一塊一塊疊上去，便是完整的地球儀。北極的拼圖塊上方有個小握把，方便玩家疊上最後一塊拼圖。

這款地球儀還有個好玩的地方，就是拼圖塊的切面也是拼圖，其中一面是各大洲地圖，另一面以文字描述各大洲，擺放時地圖那面朝上，文字那面朝下。

唯一的例外是北極往下數第二層，這一層是玻里尼西亞的地圖那面朝下，對玻里尼西亞的介紹朝上。第三層是北美洲地圖及簡介，文字那面畫著北極熊站在浮冰上說故事，先說哥倫布發現新大陸，再談亞美利戈‧維斯普奇（Amerigo Vespucci）的貢獻，最後標示北美洲的長、寬、面積並估算人口。

普魯士地圖，一八六八年

艾萊夫作・倫敦出版

「普魯士王，老謀深算。薩多瓦王，英勇持槍，
與之並肩，俾斯麥相。野心勃勃，矢志興邦。」

多彩石版印刷；240×200 mm（含頁邊）；

最寬處263×203 mm

「艾萊夫」本名威廉・哈維（William Harvey, 1796–1873），記者兼古董商，擅寫倫敦，著有個人回憶錄《那些人・那些事——倫敦軼與憶，速寫倫敦今昔物事風土》（*London scenes and London people: Anecdotes, reminiscences and sketches of places, personages, events, customs and curiosities of London city, past and present*），收錄其於《城報》（City Press）專欄發表的文章。

哈維還著有知名人像地圖集《地理好好玩：各國滑稽地圖，附文字簡介》（*Geographical Fun: Being humorous outlines of various countries with an introduction and descriptive lines*, 1868），包括這幅〈普魯士地圖〉在內，共收錄十二幅彩色歐洲地圖，繪製者不詳，作者亦未指名道姓，只能從〈導言〉窺見其身分及繪製緣由：

繪圖者乃荳蔻少女，年方十五，因見《笨拙雜誌》（*Punch*）將英格蘭畫成小小人騎海豚，一時靈光乍現，提筆作畫娛樂臥病胞弟，其筆下插圖不乏教育意義，鑒於當前小小學者常嫌地圖和地球儀乏味，像這樣將各國地勢畫成滑稽人像多有趣，有助於莘莘學子記憶，從一幅幅妙圖聯想到各國地形，譬如蘇格蘭峭壁陡、海岬多，遂畫成那含辛茹苦風笛手，法國美人像貌醜怪，手持鏡子翩翩起舞。舉凡記憶法大抵

以日期和事件串連地名，難免失之武斷，碰上哪樁人事物想不起來，倘若能憶起與那事兒相關的玩意兒，例如心愛的書、美麗的圖，哪怕是忘到天邊的事也能飛回眼前。這幾幅地圖孩子看了若是高興，這高興便會成為年輕學子心底的好奇，這高興便會成為人心對異域的喜愛。不懂地理——讀不懂歷史；不懂地理——看不懂時事。敝社讓地理變得輕鬆又好玩，以此嘉惠讀者。艾萊夫筆。

近來研究確認這位荳蔻少女就是伊麗莎・珍・蘭卡斯特（Eliza Jane Lancaster, 1852–1939），藝名麗蓮・蘭卡斯特（Lilian Lancaster），能演能唱，擅長默劇、喜劇，唱紅了輕鬆小調〈哎呀呀〉（Lardy dah, Lardy dah!）。世人大多只知麗蓮，不認識伊麗莎。

這幅〈普魯士地圖〉畫的是普魯士國王威廉一世（Wilhelm I, 1797–1888）和首相奧圖・馮・俾斯麥（Otto Eduard Leopold von Bismarck, 1815–1898）。在俾斯麥的建議下，普魯士設了一支常備軍，該軍所向無敵，先於一八六四年戰勝丹麥，又於一八六六年七月三日薩多瓦（Sadowa）會戰大敗奧軍，一八七〇年至一八七一年讓法國望風披靡，普軍節節勝利，最終迎來了德意志統一，威廉一世登基，加冕為德意志帝國首任皇帝。

PRUSSIA.

His Majesty of Prussia—grim and old—
Sadowa's King—by needle guns made bold;

With Bismark of the royal conscience, keeper,
In dreams political none wiser—deeper.

Vincent Brooks, Day & Son, Lith. London, W.C.

西班牙暨葡萄牙地圖，一八六八年

艾萊夫作・倫敦出版

「皮里姆爵，倡議修好。西葡結盟，指日可待。

西國淑女，費君好逑。葡萄結子，草長驥壯。」

多彩石版印刷；243×202 mm（含頁邊）；

最寬處 268×202 mm

這幅地圖出自《地理好好玩：各國滑稽地圖，附文字簡介》，作者署名艾萊夫，本名威廉・哈維（詳見頁170）。圖上畫的是伊比利亞半島，穿著華服的淑女是西班牙，頭戴長長的頭紗，影射西班牙女王伊莎貝拉二世（Isabella II, 1830–1904），一八四三年親政，一八六八年九月遭黜流放法國。圖中的熊代表的是葡萄牙，淑女送熊一串葡萄示好。

詩中提到的「皮里姆」實為卡斯蒂列霍斯侯爵（Marquis of Los Castillejos）胡安・皮里姆・普拉茨（Don Juan Prim y Prats, 1814–1870），他在卡洛斯戰爭（Carlist Wars）中軍援伊莎貝拉二世。卡洛斯戰爭是西班牙內戰，因伊莎貝拉的叔叔莫利納伯爵（Count of Molina）卡洛斯認為王位應由男性繼承，故屢屢策動政變威脅伊莎貝拉退位。皮里姆最後倒戈加入敵營，協助卡洛斯支持者推翻伊莎貝拉。由於皮里姆倡議西葡君主結盟，故其名見於題詩。詩中「費君」則為葡萄牙女王瑪麗二世（Mary II of Portugal）的親王費爾南多二世（Ferdinand II of Portugal, 1819–1885），一八五三年瑪麗二世崩殂，長子伯多祿五世（Pedro V.）繼位，因其年幼，故由父親費爾南多二世攝政。伊莎貝拉二世廢黜後，眾人擁戴費爾南多二世為王，卻遭費爾南多二世推辭。西班牙王位空懸，法國希望由西班牙波旁王室繼任，普魯士國王卻推舉堂兄奧波特・霍亨索倫（Hohenzollern）接位，普法戰爭（Franco-Prussian War）因此一觸即發。

《地理好好玩》咸認於一八六九年出版，該書標題頁並無日期，反倒是一八六八年十二月二十四日《標準報》（The Standard，13850期）可見該書廣告：

霍德與斯托頓推出耶誕鉅獻——少年插畫地圖，《地理好好玩：各國滑稽地圖》全新上市，四開本，平裝版五先令，精美布裝版七先令六便士，由文森布魯斯與戴氏公司印製，附詩歌介紹。

地圖繪製者伊麗莎・珍・蘭卡斯特藝名麗蓮・蘭卡斯特，維多莉亞時代名伶，以喜劇見長，能演善唱，根據《地理好好玩》〈導言〉（詳見頁170），她畫這些地圖給臥病在床的弟弟威廉，如果她當時果真才十五歲，那真的稱得上聰明早慧。這位才媛往後也在演藝生涯一展繪畫長才，每每登臺皆應觀眾要求勾勒肖像，例如一八八〇年二月二十一日《體壇影壇畫報》（Illustrated Sporting and Dramatic News，317期）所載：「她利用機會展現繪畫天分，真真是才華洋溢，拿起炭筆、對著觀眾，不消五十至六十秒，就是一幅名人素描。」

除了〈西班牙暨葡萄牙地圖〉和〈普魯士地圖〉，本書頁184、186、200、202的地圖也出自其手筆，最後兩幅署名「麗蓮・德南」（Lilian Tennant），因其一八八四年嫁給威廉・愛德華・德南（William Edward Tennant），故冠上夫姓。

These long divided nations soon may be,
By Prims' grace, joined in lasting amity.

And ladies fair—if King Fernando rules,
Grow grapes in peace, and fatten their pet mules.

Vincent Brooks, Day & Son, Lith. London, W.C.

一八七○新歐洲地圖，一八七○年

喬瑟夫·高金斯作，都柏林出版

「孤高英格蘭怒火炎，忘卻愛爾蘭手中牽。葡萄牙在下作蒲團，西班牙高臥吐煙圈。
普魯士西進法軍卻，荷蘭奧地利抱滿懷。俾斯麥且聽義國言：勸君撤兵勿再驚擾。
科西嘉島滿臉頑皮，偕薩丁尼亞呵呵笑。丹麥痛失霍爾斯坦，瘸腿誓言收復河山。
歐洲土耳其揉揉眼，亞洲土耳其抽鴉片。瑞典偕挪威扮黑豹，俄羅斯老妖滿載歸。」

平版印刷；最寬處 355×412 mm

喬瑟夫·約翰·高金斯（Joseph John Goggins），都柏林人，文具製造商、平版藝術家兼設計師，一八四二年前後生於天主教家庭。這幅滑稽人像地圖繪於普法戰爭（1870–1871）初期，是高金斯傳世的唯一作品，筆法精彩，雖然繪製者默默無名，其作品卻在歐洲各地開花結果，或許濫觴於這幅都柏林初版，或許發軔自巴黎翻版，總之，遲至一九一四年，都可見神似這幅地圖的姊妹作。

高金斯似乎相當反英，大不列顛島在其筆下成了巫婆，轉身背向歐陸的衝突，搗住耳朵阻絕砲火的紛擾。英國政府向來不插手歐陸戰火，這回更沒理由捲入德法紛爭。愛爾蘭在地圖上是忠實的獵犬，脖子上繫著韁繩，讓巫婆牽在手中。

普魯士被畫成俾斯麥，身形臃腫，頭戴「尖盔」（pickelhaube，普魯士步兵的戰盔），靠著頓位將奧地利壓扁，右手則伸向比利時，但似乎被法國逼得節節敗退。當時許多專家認為法國軍備精良，必能輕取普魯士，但若論戰術及戰力，普魯士皆在法國之上，法國最後苦吞敗仗。地圖西邊的西班牙小妞往後倒在可憐的葡萄牙身上，吞雲吐霧好不愜意。土耳其也彷彿事不關己，歐洲那一半睡眼惺忪，亞洲那一半捧著水煙袋在抽鴉片。

瑞典和挪威所在的斯堪地那維亞半島是黑豹，丹麥小兵稍息站好，因為先前戰敗，將日德蘭半島與普魯士接壤的霍爾斯坦邦（Holstein）割讓給普魯士，故而只剩兩條木腿。俄羅斯被不客氣地畫成衣冠禽獸，肩上斜挎著個大袋子，身後跟著一群狼，趁普魯士忙著西進，在東歐四處搜刮贓物。

〈一八七○新歐洲地圖〉反英立場鮮明，在英國滯銷也是意料中事，但顯然引起歐洲出版商共鳴，因而衍生出大量作品。

挖苦歐洲地圖，一八七一年

曼弗雷多·曼弗雷迪作，波隆那出版

多彩石版印刷；地圖342×528 mm；
428×657 mm（含文字）

在所有諷喻歐洲政治的地圖中，尤以這幅〈挖苦歐洲地圖〉最獨樹一格，一八七一年由曼弗雷多·曼弗雷迪（Manfredo Manfredi）於波隆那（Bologna）出版，畫風與同類地圖殊異，此外曼弗雷迪賦詩印在地圖兩側，詩風古雅，仿佩脫拉克體十四行詩。佩脫拉克（Francesco Petrarca, 1304–1374）是義大利詩人、人文主義之父，著作等身。由於年代久遠，地圖中許多意象已不可考，曼弗雷迪的詩於此幫助亦有限。

〈挖苦歐洲地圖〉似乎以一八七〇年至一八七一年的普法戰爭餘波為背景，畫面上有個德國士兵，挺著大大的啤酒肚，坐在阿爾薩斯－洛林帝國省（Alsace-Lorraine），大口大口灌著啤酒，這顯然在畫一八七一年五月的法蘭克福條約（Treaty of Frankfurt），法國既割地又賠款，將富庶進步的阿爾薩斯和洛林兩省割予德國，普法戰爭就此結

束。法屬阿爾及利亞畫的是一八七一年三月卡比利亞起義，畫面上的阿拉伯人正在打法軍屁股，應是象徵舉事者穆罕默德·莫克蘭尼（Muhammad al-Muqrani）初期勢如破竹，但普法戰爭結束之後，大批部隊開往阿爾及利亞鎮壓，一八七二年弭平叛亂。

科西嘉島上畫著軍人胸像，圖示說明寫著「Eroe di Sedan」，意指一八七〇年九月一日色當會戰（Battle of Sedan），當天普軍大破法軍，法皇拿破崙三世率兵投降。半身像或指法國元帥馬歇爾·帕特里斯·麥克馬洪（Maréchal Patrice de MacMahon），但他開戰不久便掛彩，吃敗仗與他關係不大。

法國的國土上畫著慘遭屠殺的三首龍，或許是附會血腥鎮壓巴黎公社一事。一八七一年三月，公社分子於普法戰爭尾聲攻占巴黎，同年五月法國政府軍介入，麥克馬洪元帥率領凡爾賽軍收復巴黎、恢復政府。

葡萄牙畫著薩爾達尼亞公爵（Duke de Saldanha）若昂·卡洛斯·薩爾達尼亞（João Carlos de Saldanha），他正在操縱傀儡國王。薩爾達尼亞戰功彪炳，在葡萄牙政壇呼風喚雨五十載，總計發動七次政變，一八七〇年五月十九日至八月二十九日出任首相，後以葡萄牙大使身分外派倫敦，一八七六年死於任上。

在地圖東部，俄羅斯被畫成嗜血的哥薩克人，手裡揮舞著沾滿鮮血的刀，用鐵鍊栓著波蘭，一旁有個德國人袖手旁觀，看樣子或許是首相俾斯麥。

整幅地圖畫著各種動盪，只有瑞士律師躲在堡壘後方，英格蘭全無所聞，一副太平景象，心滿意足啃著骨頭，那骨頭正是印度。

L' EUROPA GEOGRAFICO-POLITICA
VEDUTA A VOLO D'OCA

Bologna presso Manfredi Manfredo Editore Via Venezia N. 1749

地理立體拼圖，一八七五年

尚‧紀堯姆‧巴比杜‧波卡吉作，巴黎出版

木製，平版印刷；

每張地圖約 235×310 mm；

拼圖塊邊長 45 mm

〈地理立體拼圖〉共四十二塊立方體，立方體六個面都印著拼圖，共可拼成六幅地圖。因此，這款遊戲不僅考驗正確拼出地圖，還考驗玩家要用拼圖塊的哪一面來拼拼圖。

為了協助玩家，這款遊戲附六幅地圖，都印在同一張紙上，供玩家碰到困難時參考。此外，〈地理立體拼圖〉附遊戲盒，盒面上以精緻的浮凸文字印著遊戲名稱，並以木頭裱框平面地圖。

尚‧紀堯姆‧巴比杜‧波卡吉（Jean-Guillaume Barbié du Bocage, 1793–1843）家學淵源，父親是法國著名地理學家尚‧丹尼斯‧巴比杜‧波卡

吉（Jean-Denis Barbié du Bocage, 1760–1825），師門為法國皇家首席地理學家尚‧巴蒂斯特‧柏格農‧唐維爾（Jean-Baptiste Bourguignon d'Anville, 1697–1782）。尚‧紀堯姆‧巴比杜‧波卡吉的外公是法國皇家首席雕刻師吉翁‧尼可拉‧德拉埃（Guillaume-Nicolas de la Haye, 1727–1802），出身知名地圖雕刻世家。

這六幅地圖最初收錄於巴比杜‧波卡吉一八四二年出版的《世界地圖》（*Géographie générale*, 1842），隔年巴比杜‧波卡吉逝世，書版流出，各家翻印不絕，本書收錄版本由巴黎出版社布亞斯樂貝（Bouasse Lebel）出品，雖未標示日期，但可從圖面推知出版年。首先，從圖中法國疆界判讀，出版時間應在普法戰爭（1870–1871）之後，阿爾薩斯和洛林兩省皆已割讓德國。此外，自初版以來，北美的疆域歷經多次重劃，墨西哥國界南移，德州、新墨西哥、加州原為墨國領土，後來皆劃入美國聯邦。

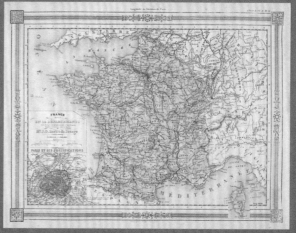

一八七七亦莊亦諧戰事地圖，一八七七年

弗萊德·W·羅斯，倫敦出版

「八爪章魚俄羅斯，克里米亞吃敗仗，
兵敗之痛轉身忘，四面八方伸魔爪……」

多彩石版印刷；426×579 mm（含邊界）

　　湯瑪斯·昂韋恩首開先河，啟迪一系列亦莊亦諧歐洲地圖，這是第一幅，署名「F.W.R.」，不知何許人，後出版本地圖署名弗萊德·W·羅斯（Fred W. Rose）。羅斯顯然是才氣縱橫的藝術家兼漫畫家，一八七七年至一九〇〇年間可見作品問世，但其身分遲至二〇一四年才完全確認，全名弗萊德·威廉·羅斯（Frederick William Rose, 1849–1915），以畫畫為副業，主業是資深文官，出版過兩本驚世駭俗的小說。

　　〈一八七七亦莊亦諧戰事地圖〉是一幅政治漫畫，一旁附英文說明，影射一八七七年俄土戰爭（Russo-Turkish War of 1877）歐洲政局。英國與鄂圖曼土耳其帝國雖未交好，卻利用土耳其制衡俄羅斯，避免俄羅斯在中東和東南歐壯大。英國擔心俄羅斯心懷不軌，打算將勢力從中亞往南深入阿富汗，進而威脅到英屬印度。羅斯著有《西班牙散記》（*Notes on a Tour in Spain*, 1885），字裡行間夾雜對歐洲政局的看法，當中亦可見此一隱憂。同樣的道理，德國寧可與朝三暮四的土耳其毗鄰，也不願與野心勃勃的俄羅斯接壤，後者一心一意侵吞波蘭，不斷威脅奧地利和巴爾幹半島。

　　在所有將俄羅斯畫成章魚的卡通地圖中，似以〈一八七七亦莊亦諧戰事地圖〉為最早，畫面上章魚的觸手伸向四面八方，巧妙捕捉俄羅斯帝國擴張的野心。此外，章魚形象在後世地圖中一再出現，顯示章魚直指人性最原始的恐懼，令人想起內心深處的神祕怪物，一見到章魚便聯想到萬惡淵藪。地圖上的章魚攫著土耳其的手腕和腳踝往反方向拉，其餘觸手還扼著波蘭、克里米亞和波斯國王，德國首相俾斯麥反手把觸手擋開，奧匈帝國拔出匕首準備參戰。

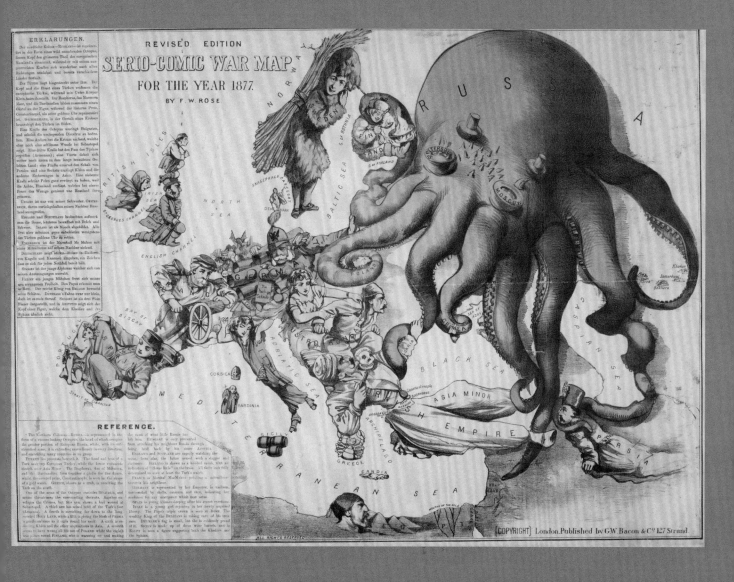

復仇天使——一八七七戰事寓意地圖，一八七七年

喬治・W・培根，倫敦出版

多彩石版印刷；447×601 mm（含邊界）

如同上一幅地圖，這幅未署名的寓意地圖影射一八七七年俄土戰爭，由喬治・華盛頓・培根（George Washington Bacon）於倫敦出版，有些研究者認為這幅地圖出自弗萊德・W・羅斯手筆（見頁180），畫風確實也有幾分神似；然而，這幅地圖對俄土戰爭的看法與〈一八七七亦莊亦諧戰事地圖〉天差地別，說是羅斯畫的有些說不過去，比較有可能是喬治・W・培根的作品。這位美國地圖出版商主張平等，而且非常跟得上時事，或許是急於推出跟俄土戰爭相關的商品，觀點如何倒在其次。

地圖上的俄羅斯是「復仇天使」，背上有一對翅膀，身上罩著披風，一手持盾，盾面上是象徵羅曼諾夫王朝的雙頭鷹，脖子上掛著沉重的鍊子，鍊墜上寫著「解放農奴」（Liberation of the Serfs），另一手擎劍，劍刃上寫著「保護受壓迫者」（Protection to the Oppressed），一副巴爾幹半島救世主形象，羅馬尼亞跪在一旁求救，土耳其嚇得畏畏縮縮，手上彎刀飽沾的鮮血，是保加利亞塗炭的生靈，膝上的劍橫過兩副骷髏和一具屍體，象徵其暴政下的保加利亞亡魂。

地圖繪製者寫道：

> 俄羅斯是象徵進步的復仇天使，胸前掛著璀璨寶石，手中高舉成功寶劍，懲罰暴虐無道的土耳其病夫。匈牙利為擾攘所驚，喚醒兄長奧地利，直指眼前危機，請示是否出兵干預。

南邊希臘不知北方鹿死誰手，低頭讀箋：「天助自助者也。」（God helps those who helps themselves）顯然期待漁翁得利，從雙雄爭霸中撈到好處。克里特島（Candia）雙手反綁，淪為歹毒土耳其的階下囚。法國自顧不暇，政府（Power）與人民纏鬥不休，人民頭上戴著無邊便帽，上頭寫著「自由平等博愛」（Liberty Equality Fraternity），顯然是普法戰爭後餘波動盪的遺緒。德國全副武裝，眼裡似乎只有法國，一排重砲槍管全朝西，反而把俄羅斯拋諸腦後。

西班牙、葡萄牙、比利時、荷蘭對遠方戰火無動於衷，瑞士是鐘錶匠的樂土，義大利被畫成魔鬼，手裡提線，像操縱木偶般控制著教皇，西西里島則忙著跟過客勒索過路費。

英倫三島中似乎只有英格蘭關心勝負，其形象為其守護聖者聖喬治（St George），正高舉劍準備屠龍，此龍即「東方問題」（Eastern Question），意指「歐洲病夫」鄂圖曼土耳其帝國式微遺留下來的苦果，蘇格蘭則在捧讀華特・司各特爵士的小說。

鑒於地圖兩旁的說明文字有英文和德文兩種版本，可推測除了內銷英國之外，應該也打算外銷德國。

THE AVENGER

AN ALLEGORICAL WAR MAP.

FOR 1877.

London, Published by G.W. Bacon & Co 127. Strand.

美國——精確速寫，一八八〇年

伊麗莎·珍·蘭卡斯特作，美國出版

手稿，紙板設色；圖片250×375 mm；

最寬處261×375 mm

麗蓮·蘭卡斯特為英國名伶兼歌手（詳見頁170），才華洋溢，擅長卡通和漫畫，時常結合地圖作畫。麗蓮名揚海外，一八八〇年赴美巡迴表演，正值美國總統大選前夕，一時靈光乍現，畫下兩幅選情漫畫地圖。

蘭卡斯特繪製多幅漫畫地圖，〈美國——精確速寫〉是其中兩幅，最近納入大英圖書館館藏，推測蘭卡斯特原先打算印製出版，因為兩幅手稿上都有版權聲明，但至今仍未見印刷版本。

本書收錄的地圖可見左下角原有的標題遭塗改，僅部分字跡清晰可辨，寫的是「漢考克對上加菲爾德」。這幅政治漫畫以美國地圖為底，描繪一八八〇年美國總統大選，共和黨派出詹姆斯·A·加菲爾德（James A. Garfield）出戰競選連任的民主黨候選人溫菲爾德·斯科特·漢考克（Winfield Scott Hancock），兩位候選人被畫成拌嘴的孩子，身上穿著連身裙，漢考克拽著加菲爾德的腳，加菲爾德又像在拭淚、又像在擺拳擊的防守姿勢。山姆大叔轉身背對這場混戰，身體正面形成美國東岸，襯衫的襞襟是維吉尼亞州及卡羅萊納州的海岸，前腳是佛羅里達半島，後腿是德克薩斯州海岸。兩位戰鬥人物的身後是美國國旗，形成北方、中西部和五大湖地區。

美國——精確速寫，一八八〇年

伊麗莎‧珍‧蘭卡斯特作，美國出版

手稿，紙板設色；圖片243×373 mm；

最寬處268 mm

紅極一時的女伶麗蓮‧蘭卡斯特赴美巡迴演出，正值美國總統大選前夕，因而催生兩幅政治漫畫地圖，一幅刊在本頁，另一幅刊在一百八十四頁。

前一幅地圖描繪的是選情，本幅地圖描繪的是選舉結果，以美國地圖為底，上頭畫著共和黨總統當選人詹姆斯‧A‧加菲爾德和對手溫菲爾德‧斯科特‧漢考克將軍的漫畫肖像，後者由民主黨推派出來，不幸落敗。圖中加菲爾德手捧豐盛角跪在一名女子面前，女子是自由的化身，盾牌上寫著「自由」（Liberty），身穿飄逸白洋裝，身子斜倚，手持自古象徵勝利的月桂葉，加冕加菲爾德為「一八八〇年總統」（President 1880）。

加菲爾德和漢考克皆在南北戰爭期間為南軍效力，兩人都位高權重，地圖上一身軍裝的是漢考克，轉身背對為勝者嘉勉的場景，垂頭喪氣。

漢考克的正面是美國東岸，襯衫的褻襟是維吉尼亞州及卡羅萊納州的海岸，前腳像打石膏又像穿雪靴，正好是佛羅里達半島。女子的身形縱貫美國西部，裙襬是德州。加菲爾德身後的美國國旗「星條旗」則形成中西部和五大湖地區。

法爾茅斯市鎮章魚覬覦法爾茅斯及布德克教區，一八八二年

艾德溫·湯馬斯·奧佛作，倫敦出版

多彩石版印刷；最寬處449×600 mm

這幅地圖相當罕見，承先啟後以「貪婪章魚」為主題入畫，畫中的章魚並非象徵軍國主義擴張，而是象徵藉民主制度擴大領土以謀求一地之政治及經濟利益，究其根本仍是以權力和帝國擴張為主題，只是規模非常小而已。

圖中的章魚疊畫在康沃爾郡法爾茅斯的地圖上，地圖代表的是法爾茅斯議會管轄範圍（藍色區域），一方面負責管理法爾茅斯市鎮，二方面卻將其觸手伸向鄰近的法爾茅斯教區和布德克（Budock）教區。

艾德溫·湯馬斯·奧佛（Edwin Thomas Olver, 1829–1917）顯然看不慣法爾茅斯議會的行徑。奧佛是土生土長的法爾茅斯人，早年曾赴倫敦闖蕩，發展印刷及出版事業，一八七四年靠捐獻加入倫敦出版同業公會，晚年回鄉定居法爾茅斯（精確來說是布德克），出版數本旅遊指南介紹家鄉，包括《風景如畫的康沃爾郡·卷一·法爾茅斯及其周遭》（*Picturesque Cornwall. No. 1. Falmouth and its surroundings*, 1894）、《法爾茅斯及其周遭圖鑑》（*The pictorial guide to Falmouth and its surroundings*, 1897）、《法爾茅斯及其周遭：歷史、紀實、進程·1914年至1945年圖鑑暨大事記》（*Falmouth and its surroundings: historical, descriptive and progressive. A pictorial guide and social souvenir for 1914–1915*）。此幅地圖的倫敦店址也透露奧佛的出身，康沃爾的地標潘丹尼斯城堡（Pendennis）就印在最左邊。

當時法爾茅斯議會的管轄地帶其實只包括法爾茅斯市鎮，以東是法爾茅斯碼頭（Falmouth Quay），大約在今日碼頭街（Quay Street）附近，以西是帕克碼頭（Packet Quay），兩者的腹地即法爾茅斯市鎮，周遭則是法爾茅斯教區，範圍包括法爾茅斯火車站、法爾茅斯港以及今日的海關大樓碼頭，全都落在法爾茅斯議會的管轄範圍之外，但對法爾茅斯市鎮的擴張及財政成長都至關緊要。地圖標題底下有張圖表，清楚揭露市鎮擴張的關鍵，表中羅列各項切實且有趣的數據，例如法爾茅斯市鎮占地四十英畝（約十六公頃），法爾茅斯教區占地六百五十一英畝（約二百六十五·五公頃），布德克（即表中的「Penwerris Lighting Company」）占地一百五十一英畝（約六十一公頃），後兩者相加，其面積比法爾茅斯市鎮大上二十倍。

在財政上兼併的利益更是顯而易見，法爾茅斯市鎮歲入9,070英鎊、負債8,639英鎊，兩者幾乎打平，法爾茅斯教區歲入19,021英鎊、負債8,598英鎊，而布德克教區歲入2,568英鎊、負債為零。

表上的人口統計資料來源為一八八一年人口普查，由此推估地圖出版年應緊接在該年之後，大約落在一八八二年至一八八五年間。

法爾茅斯市鎮的擴張野心路人皆知，奧佛擺明是在對此作出回應，以生動的章魚形象抗議其行徑。儘管事隔遙遠，對於當年地方政治難以窺得全貌，但法爾茅斯在一八七〇年代確實擴張迅速，內地興起多項住宅建設，港口和車站周邊發展工業，尤以造船和鑄鐵最為蓬勃，碼頭擴建使來往船隻增加，其中以漁船為多，潘丹尼斯城堡的軍事基地也大大擴大。鑒於該區日益繁榮，法爾茅斯議會或許是想從中得利，又或許只是希望治理更明確、規畫更有效。

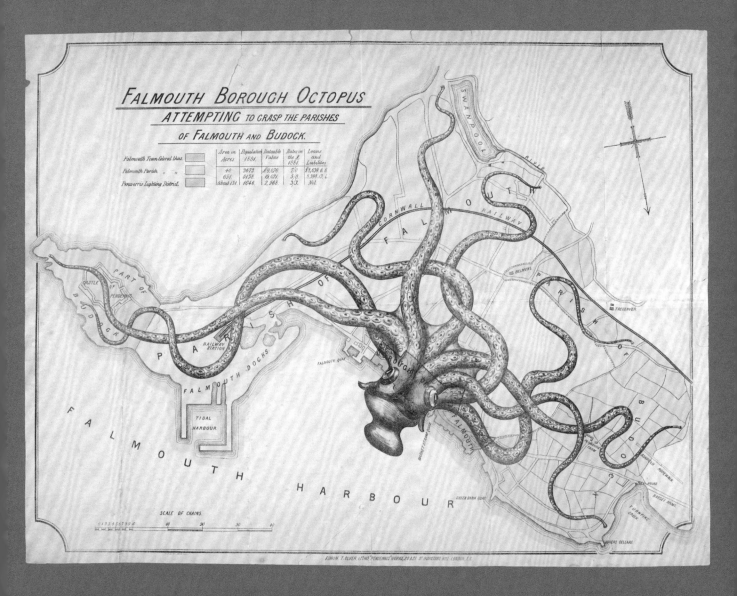

英格蘭地圖：現代聖喬治屠龍！！！一八八八年

威廉・麥克漢作，倫敦出版

多彩石版印刷；最寬處 502×315 mm

《聖史蒂芬評論》（*St. Stephen's Review*）為週刊，一八八三年創刊，專門評論社會和政治，一八九二年改名《大笨鐘》（*Big Ben*），隔年停刊。該週刊的文章常搭配跨頁全彩漫畫，威廉・麥克漢（William Mecham, 1853–1902）為其合作畫家，藝名湯姆・梅利（Tom Merry），畫技高超，擅長卡通和肖像漫畫，登臺演出時跟麗蓮・蘭卡斯特一樣，時常替底下的觀眾繪製素描，而且援筆立就，不用一分鐘便能畫好，人稱「閃電漫畫」（Lightning Cartoons）。

這幅漫畫地圖是為兩百七十四期一篇評論而作，篇名〈現代聖喬治屠龍〉，描述當時政壇的政治角力，由英國首相莎士保理侯爵（Lord Salisbury）對上自由黨黨魁威廉・尤爾特・格列斯敦（William Ewart Gladstone），圖中莎士保理侯爵是聖喬治，格列斯敦是龍，龍舌伸在外頭，舌尖帶刺，上書「自治」（Home Rule），影射當時英國政壇吵得不可開交的愛爾蘭自治運動，由於自由黨對此議題並無共識，格列斯敦在下議院推動的法案表決失敗，莎士保理侯爵因而贏得一八八六年英國大選。

〈現代聖喬治屠龍〉戲仿路易斯・卡羅（Lewis Carroll）的《愛麗絲夢遊仙境》（*Alice's Adventures in Wonderland*），內容是愛麗絲、三月兔、惰兒鼠和帽匠在議論時事。《愛麗絲夢遊仙境》初版於一八六五年，當時已躋身經典，底下對話便是戲仿第七章〈瘋茶會〉的場景：

> 「也罷，」帽匠說，「方才我正想說，聖派翠克的事蹟雖然偉大，卻遠遠比不上聖喬治，人家可是屠了一條惡龍吶。」

「罷，罷，」三月兔不耐煩道，「說重點行不行？拐彎抹角算什麼呢？」

帽匠起身，躡手躡腳走到門口，猛然一開，瞧瞧外頭沒人，關門上鎖，把屋裡可藏人的角落都細細看過，這才落了座。

「他又來啦！」帽匠壓低嗓子道。

「誰？什麼又來？」大夥異口同聲說。

「啊？聖喬治吶，這個自然！」帽匠提高了嗓門。「不然還有誰？」

愛麗絲這下可糊塗了，開口問道：「請教您一聲：聖喬治怎麼啦？」

「龍啊。」帽匠說著又斟了一杯茶。

「我曉得這帽匠葫蘆裡賣的是什麼藥，」三月兔插嘴道，「我再清楚不過，我太了解他了。這個月是六月，六月裡我可不瘋，這帽匠說的聖喬治，其實是莎士保理侯爵，意思是侯爵屠了老龍格列斯敦。」

「正是如此，」惰兒鼠說，「眼前是夏天，夏天我不睡懶覺，我說這事兒全畫在英格蘭地圖上，謎底就在畫中，妳自個兒找去。喏，等等，怕妳倒頭就睡，給妳個提示。」說著惰兒鼠把英格蘭地圖遞給目瞪口呆的愛麗絲，我們這兒有副本（詳見漫畫）。

愛麗絲看了看地圖，說道：「我覺得這龍不怎麼樣。」

帽匠方才陷入沉思，聽到這裡才又開口道：「但願聖喬治跟這圖上畫的一樣，能在英格蘭北部所向無敵，畢竟南方那條龍都給他宰了吶。」

A MODERN ST GEORGE AND THE DRAGON!!!

渾水釣魚——亦莊亦諧歐洲地圖，一八九九年

弗萊德・W・羅斯作，倫敦出版

多彩石版印刷；最寬處 500×704 mm

弗萊德・W・羅斯，維多利亞時代藝術家，以漫畫地圖見長，本書收錄其於一八九九年和一九〇〇年（頁194）出版的地圖，兩幅都十分暢銷，只是印製紙張脆弱，流傳至今的版本寥寥可數。

本書收錄的〈渾水釣魚〉是初版，這一點可從標題推得而知，右頁地圖的標題只有英文，後出版本則有德文（Der Fischfang im Trüben）、法文（La Pêche en eau trouble）、義大利文（La Pesca nelle acque turbes），甫出版便風行一時，同年即可見再版，並注明版次一萬五千份。

這幅漫畫地圖評論歐洲各國勢力及其拓展海外版圖的抱負，羅斯將方興未艾的殖民擴張野心比喻為釣魚比賽，並以此描述各國如何彼此競爭：

> 約翰牛在自己的國度裡怡然自得，不論乖戾惡鄰如何攪起渾水，只管受用垂釣的樂趣，瞧他備妥了魚餌箱，手裡高舉著抄網，想來不久就又有大魚要上鉤。

> 法國的軍民衝突不僅髒了彼此的衣裳，弄不好只怕到手的魚都要游走，在這天的釣魚大賽敬陪末座。科西嘉島之子的幽魂看著這場混戰，看得是滿臉詫異。

> 在這幅地圖中，出身科西嘉島的拿破崙皇帝就站在島上，目瞪口呆望著這場法國內戰。這幅地圖

繪於美西戰爭（Spanish–American War）期間，西班牙被畫成雙膝跪地的鬥牛士，先是輸了美洲殖民地，接著又喪失了菲律賓。至於德國，羅斯評論如下：「德國皇帝藝術勝、演辯勝、文學勝，還不知足。做為帝國行商，他收起拳腳，行囊一背，四處撈好處去。」

羅斯在描述俄羅斯和土耳其時，字裡行間充分反映英國的隱憂。約翰牛正在埃及收線，此處是地中海東岸的戰略要地，若要東進中東及印度，皆須在此整備軍事。羅斯評論道：

> （沙皇尼古拉斯）手持橄欖枝倡議和平，可敬可佩，但腰帶的玩意兒能否拋棄？右脇下的積貯是否能捨去？世人倘若曉得他釣的是什麼魚，對其提議或許會更熱心。

> 土耳其瘦得不成樣，手搭在耳邊，是否聽見憤慨的群情為其衣裳上的斑斑血跡發出不平之鳴？在俄羅斯的蹂躪下，曩昔的太平盛世已是過眼雲煙，口袋裡的「好寶寶獎盃」也起不了安慰。

> 地圖上畫的骷髏頭一是保加利亞、一是亞美尼亞，正是引文中述及的「斑斑血跡」，影射土耳其軍隊屠殺鎮壓當地居民。

約翰牛和好朋友——亦莊亦諧歐洲地圖，一九〇〇年

弗萊德·W·羅斯作，倫敦出版

多彩石版印刷；最寬處483×688 mm

　　弗萊德·W·羅斯在二十世紀之交出版了兩幅著名的政治漫畫地圖（詳見頁180），這是第二幅，側重描繪歐陸政壇，尤其是各國對南非爆發布爾戰爭（Boer War）的反應。布爾人（Boers）是荷蘭及德國移民的後裔，該字為荷蘭文，意為「農牧場主」，他們在南非建立了兩個共和國，一八九九年向英國宣戰，表面上英國迅速取勝，實則持續施暴鎮壓布爾突擊部隊，著實吃足苦頭才將游擊戰爭弭平。

　　約翰牛身穿英國卡其軍服直挺挺地站著，挺住「兩隻野貓」的攻勢。「兩隻野貓」（two wild cats）一詞出自一旁的〈參考文字〉（Reference），指的是布爾人在川斯華省和奧蘭自治邦成立的共和國。約翰牛身後的彈藥顯示來自大英帝國疆域的奧援，包括澳洲、加拿大、印度。南邊的西班牙冷眼旁觀，還在氣惱殖民地遭美國侵吞。一旁的法國自顧不暇，一來殖民地問題懸而未解，二來因反猶心理作祟誤判猶太軍官德雷福叛國，釀成「德雷福事件」（Dreyfus Affair）而元氣大傷。羅斯在筆墨之間也表達對美國態度的關心：「約翰牛的腳邊是朋友山姆大叔的來信，內容相當鼓舞士氣，但信末附筆卻漏了氣。少數愛爾蘭自治論者趁亂謾罵約翰牛，多虧全國上下一心才住了口。」此處的言外之意是愛爾蘭自治運動愈演愈烈，愛爾蘭與國會雙方爭論不休。地圖上山姆大叔的來信末尾寫道：「『祝貴國告捷！』

　　麥金利二世敬上。P.S.『盼您吃鱉。』愛爾蘭民主黨筆」。

　　德國心有旁鶩，威廉二世（Kaiser Wilhelm II）正在玩新艦隊，名為「皇帝的海軍」（Kaiserliche Marine），又名德意志帝國海軍（Imperial Germany Navy），一八七一年成軍，一八九九年在海軍上將鐵必治（Alfred von Tirpitz）的領導下大大擴軍，擺明要挑戰英國海上霸權，英國被迫重擬造艦計畫，德英軍備競賽於焉展開，成為第一次世界大戰爆發的導火線，羅斯膝下二子戰死沙場。

　　俄羅斯在羅斯的筆下再次被畫成章魚，比起前年的〈渾水釣魚〉（詳見頁192），〈約翰牛和好朋友〉對俄羅斯的意圖和行動更加不懷好意：

> 儘管沙皇竭力打造俄羅斯的和平形象，但章魚依舊是章魚，觸手伸向四面八方，波蘭和芬蘭早已領教過吸盤的厲害，中國如今也嚐到個中滋味，另有兩隻惹人厭的觸手偷偷伸向波斯和阿富汗，另一隻觸手摸找好位置，準備對土耳其發動攻擊。

滑稽歐亞外交地圖，一九〇四年

小原喜三郎作，東京出版

「新近某英國名士為露西亞起名『黑蛸』，因黑蛸貪婪，將觸手伸向四面八方，

凡觸及者皆納為己有……時因貪欲過患，即令小魚亦能傷之，

果如日本諺語所云：『大欲似無欲。』（大欲は無欲に似たり）」

多彩石版印刷；印刷面積419×575 mm

小原喜三郎，石川縣金澤市人，日俄戰爭（Russo-Japanese War, 1904–1905）爆發期間就讀慶應義塾大學，因受弗萊德·W·羅斯的歐洲地圖啟發（詳見頁180、194）將俄國畫成章魚，地理範圍橫跨歐亞，顯示俄國在亞洲勢力擴張。

西歐軍事大國率皆將砲口朝向俄羅斯，德國皇帝出手阻攔章魚腳對芬蘭的糾纏，另一隻章魚腳則縛住波蘭，芬蘭和波蘭都被畫上骷髏頭，黑山、塞爾維亞、保加利亞、羅馬尼亞也一樣，用以象徵俄羅斯統治弊端叢生。土耳其則三處受制，腰和腳被章魚腳纏住，手肘還被希臘螃蟹咬。

在亞洲，一隻章魚腳鎖住波斯的咽喉，另一隻則在印度被英國擋開，轉而把西藏從中國拉走。第三隻章魚腳越過滿州伸向旅順，旅順是天然良港，位於黃海，戰略地位至關緊要，俄羅斯在此建立海軍基地和堡壘，並將東清鐵路（後稱中東鐵路南滿支線）修築至此，藉以強借這座亞洲不凍港。中國顯然一臉不悅，不願跟「友善的」俄國勾肩搭背。

果然，小原氏將俄羅斯畫成侵略者，在地圖上進犯歐亞各國，並直指俄羅斯入侵日本一事。由於俄羅斯嚴重低估明治維新促成日本軍事及技術進步，俄羅斯艦隊在公海遭擊潰，旅順港的「無敵」堡壘也遭武力摧毀，俄羅斯成為第一個敗給亞洲國家的歐洲大國，這也預示遠東的勢力均衡即將天翻地覆。

〈滑稽歐亞外交地圖〉雖然以日文書寫，但顯然意圖外銷，重要文字皆譯為英文，標題、地名、左側說明文字皆以英文附注，提醒歐洲讀者別掉以輕心，「黑蛸」的帝國主義觸手十分危險。

怎麼去？寓教於樂遊戲，適合二至四位玩家，一九〇八年

J.W.L. 作，倫敦出版

多彩石版印刷；285×356（含邊界）

正如英國的鐵道地圖可結合擲賽遊戲，倫敦的地鐵地圖也可以。一九〇八年，倫敦地下電氣鐵路公司偕同四家地下鐵路公司，包括金融城和南倫敦鐵道公司、滑鐵盧及金融城鐵道公司、大北城及金融城鐵道公司、中央倫敦鐵道公司，五家公司聯合推出倫敦捷運地圖，名為「地鐵路線圖」（Underground），是史上首款地鐵地圖，內容包括電車路線（例如倫敦聯合電車）和鐵路路線（例如倫敦西北鐵路）。這款地鐵地圖的初版年推估得應該很準，因圖上標示一九〇八年白城（White City）英法博覽會（Franco-British Exhibition）的會址，地圖繪製師J.W.L（遊戲盒蓋上可見此縮寫）亦於同年出版英法博覽會紀念銅牌。

本書收錄的〈怎麼去？〉亦可見英法博覽會的會址，推估也是一九〇八年出版，路線更是與前提的「地鐵路線圖」一模一樣，出版商強森與瑞斗公司（Johnson, Riddle & Co.）只消把「地鐵路線圖」貼起來，把標題換成「怎麼去？」（How To Get There），便能做為地圖遊戲出版。

地圖上共八條路線：貝克盧線（Bakerloo）、倫敦中央鐵路線（Central London Railway，今稱中央線）、金融城和南倫敦線（City and South London Railway，今北線銀行區支線）、區域線、大北城及金融城線（Great Northern & City Railway，今屬英國鐵路網）、漢普斯特線（Hampstead Railway，今北線查令十字支線）、大都會線（Metropolitan line）、皮卡迪利線（Piccadilly line），有些地鐵站已不復存，有些地鐵站則已更名，例如多佛街站（Dover Street）今稱綠園站（Green Park），郵政局站（Post Office）今稱聖保羅大教堂站（St Paul's），另有些站已關閉，例如唐郡街站（Down Street）於一九三二年因閒置而關閉；大英博物館站（British Museum）一九三三年因霍本站（Holborn）擴建而關閉；馬克巷站（Mark Lane）今為塔丘站（Tower Hill），莫爾伯勒路站（Marlborough Road）現為聖約翰伍德站（St John's Wood），特拉法加廣場（Trafalgar Square）則併入查令十字車站（Charing Cross Station）。

〈怎麼去？〉最多可容四個玩家共玩，比賽看誰先抵達目的地，遊戲盒中包括紙板地圖、四臺列車（紙板車身，金屬支架）、二十五張地鐵票（上附起迄站和票價）、旋轉輪盤（附指針），盒蓋內則貼著遊戲說明。

玩家先抽一張地鐵票，依指示將列車置於起站，接著轉動輪盤，依盤面指示朝目的地前進，好像真的在搭地鐵一樣，少數地鐵票有指定路線，但玩家大多能自由規畫路線，一旦抵達終點站，「首先抵達的乘客必須報出站名，並大喊『所有乘客在此轉車』，如此便算獲勝，售票處所得全歸贏家。」

輪盤盤面分成十六格，上頭的指示包括「直達查令十字車站」、「前進一站」、「車票搞丟，再抽一張，重新開始」、「前進三站」、「直達銀行區」、「前進兩站」、「直達牛津圓環」、「直達國王十字車站」、「危險信號，停留一回合」、「車票搞丟，從頭開始」。

「直達查令十字車站」雖然看似懲罰，但該站若與玩家的終點方向相反，玩家可以選擇留在原地不動。〈怎麼去？〉的規則跟地鐵一樣，所有列車皆不得超車。玩家前一格若有列車，而且雙方前進方向相同，則後到者必須停留一回合。此外，玩家必須準準地停在終點站，如果過站不停則必須等到下回合再試試手氣。

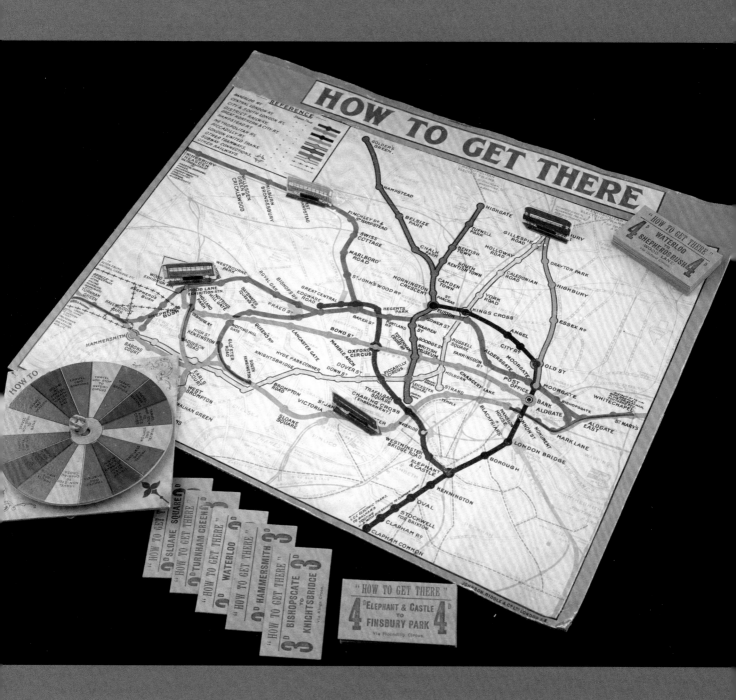

比利時地圖，一九一二年

伊麗莎·珍·蘭卡斯特作，倫敦出版

多彩石版印刷；最寬處 148×192 mm

伊麗莎白·霍斯金（Elizabeth Hoskyn）的《古事》（*Stories of Old*）收錄十二則故事，內容是中世紀民間故事、傳奇、歷史掌故，大多出自歐洲北部國家，例如英格蘭、蘇格蘭、愛爾蘭、威爾斯、法國、荷蘭、德國、俄羅斯、斯堪地那維亞、冰島，皆改編自各國的文學傳統，由作者重新演繹以投年輕讀者所好。為使故事生動，每則故事都附該國地圖，並在地圖上彩繪故事人物，地圖繪製師麗蓮·蘭卡斯特（詳見頁 170、172、184、186）的簽名便隱藏在圖面中，此時她已冠夫姓，署的是「麗蓮·德南」，書封的浮雕字誤植為莉·德南（J. Tennant）。

《古事》的第七則故事講述傳說中的神馬貝亞（Bayard），靈感來自十二世紀法國詩歌《艾蒙四子》（*Les quatre fils Aymon*），是以古法語寫成口傳文學，詩體屬於史詩（chanson de geste），這類史詩起源大半不詳，內容歌頌法國古史人物的豐功偉業，尤其是查理大帝（Charlemagne）統治時期（768–814）的事蹟，他是神聖羅馬帝國的奠基人，版圖橫跨西歐。

《艾蒙四子》是傳唱最廣的史詩，故事主角是艾蒙的四個兒子：蒙托邦的黑諾（Renaud）、阿拉爾（Alard）、吉薩（Guiscard）、理查（Richard），故事背景是查理大帝在位時期，內容呼應當時的封建文化——臣子位階分明，為人臣子須效忠君主。

《艾蒙四子》的故事一傳十、十傳百，愈傳頌情節愈豐富。在霍斯金的《古事》中，查理大帝封艾蒙統治為侯，采邑為多爾多涅省（Dordogne），但實則君臣不睦，上下相為敵。艾蒙的姪兒莫吉（Maugis）是魔法師，莫吉送給叔叔一匹神馬，名叫貝亞，天生神力，無人能駕馭，一日為長子黑諾所馴服，從此貝亞忠心事主。一日夜裡，黑諾進宮，一言不合，殺死仇敵，二弟、三弟、四弟前來相助，但帝王手下人多勢眾，艾蒙四子寡不敵眾。神馬貝亞前來救主，護送四兄弟至比利時亞耳丁內斯（Ardennes）森林避難，地圖上畫的便是這段神馬救主的情節。

此後，艾蒙四子公然反抗查理大帝，但數年後，查理大帝求和，條件是黑諾交出神馬貝亞並前去麥加朝聖，黑諾照辦，動身前往耶路撒冷。查理大帝命人將貝亞的四條腿束起來，綁上岩石扔進河裡，但貝亞用牙齒掙脫束縛，用蹄子踢碎岩石，一路逃回亞耳丁內斯，悠哉度過餘生。

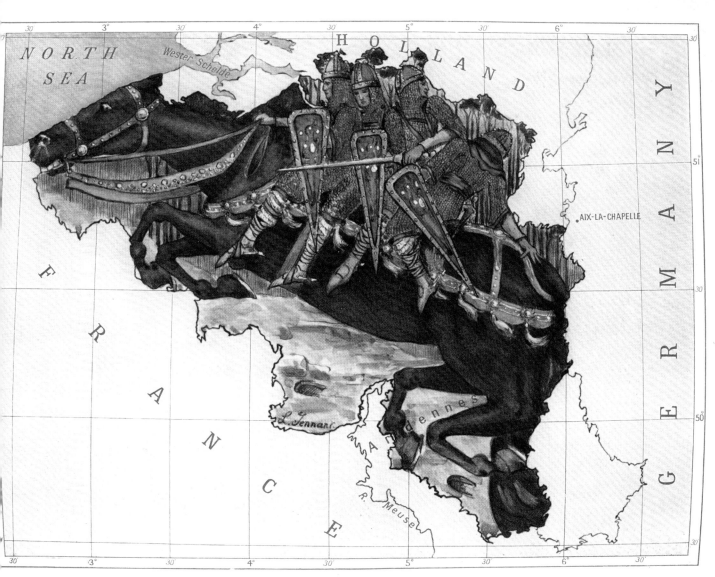

BELGIUM.

冰島地圖，一九一二年

伊麗莎・珍・蘭卡斯特作，倫敦出版

多彩石版印刷；最寬處138×185 mm

如同〈比利時地圖〉（頁200），麗蓮・蘭卡斯特（詳見頁184、186）創作〈冰島地圖〉時已冠夫姓，地圖收錄於伊麗莎白・霍斯金的《古事》，是一則北歐神話的插圖，講述弗洛吉・維格洛桑（Flóki Vilgerðarson）尋找「雪國」（Snowland）的故事，首見於《殖民之書》（Landnámabók）手稿，以中古世紀冰島語寫成。

西元八六一年前後，維京遠征隊發現一座島嶼，因其群山峰頭白雪深覆，遠望一片白茫茫，故由首領納多德取名「雪國」。弗洛吉・維格洛桑決定帶家人前往雪國拓荒，矢志成為雪國首位維京殖民者。他帶著家人從挪威出發，船上帶著糧餉、牲畜、家當，而且還帶了對情節推展至關緊要的三隻烏鴉。弗洛吉先望見昔德蘭群島（Shetland），接著行經法羅群島（Faeroe Islands），這才航進大西洋。維京人是天生的水手，駛船不靠海圖或羅盤，全憑經驗及經年累月對大海的了解。弗洛吉在大西洋上航行了一陣子，終於放出第一隻烏鴉，他知道烏鴉會飛降在最近的陸地，果然，第一隻烏鴉在維京長船上空盤旋一陣後，便掉頭飛回法羅群島。第二隻烏鴉在上空徘徊搜尋陸地，但接著便飛回長船上。弗洛吉不為所動，繼續揚帆行船。第三隻烏鴉一放出來便扶搖直上，接著便往西北方飛去，弗洛吉立刻改變航道，緊追著第三隻烏鴉，終於找到了「雪國」。

弗洛吉的事蹟廣為流傳，人稱「烏鴉弗洛吉」（Hrafna-Flóki）。麗蓮・蘭卡斯特筆下的弗洛吉立在維京長船上，船首揚著挪威國旗，第三隻烏鴉振翅欲飛。

雪國的夏天雖然宜人，但冬天嚴酷難耐，弗洛吉認為不適人居，決定返國。來年早春，弗洛吉準備返航，遂攀上高峰俯瞰海岸，只見峽灣上浮冰片片，便另外給雪國起名「冰島」（Iceland），做為臨別致贈，從此沿用至今。

ICELAND.

歐洲國界重劃──《金融時報》比稿大賽，
一九一四年

金融時報作，倫敦出版

平版印刷；520×602 mm（含邊界）

〈歐洲國界重劃〉的標題解釋了這場比稿大賽：「本地圖標示目前各國分野」，每位參賽者「請根據您對和談條約的看法重新畫分國界。」另附小傳單說明比賽細則：

本地圖長24英寸、寬21.5英寸，清楚畫出當前各國疆域分野，包括主要城市、山川等……

每位參賽者繳交稿件無上限，截稿日期為十一月三十日（大英博物館的取得章戳為一九一四年十一月十三日），參賽作品請寄至倫敦科爾曼街72號《金融時報》編輯部收，出售地圖所得除做為參賽獎金，其餘全數捐給威爾士親王基金。

在盟國法國，歐洲國界重劃已經成為大眾最愛的消遣娛樂。

比稿大賽的首獎是二十五英鎊，二獎是十英鎊十先令（今為十英鎊五十便士），三獎是五英鎊五先令（今為五英鎊二十五便士），另有十個優等獎，每獎一基尼（今為一英鎊五便士）。雖然比稿大賽只是好玩，但也可以看出主辦單位的態度，其於比賽細則寫道：「應該注意的是：《金融時報》高層在決定名次時，不會考慮德國賠款及屬地重劃問題，以避免裁決過程過於複雜。」講白一點，《金融時報》認為德國會輸掉一戰，最終將喪地賠款。此外，主辦方顯然認為英倫三島不會受歐戰波及，並無疆界重劃之虞，地圖上甚至看不見蘇格蘭北部和愛爾蘭島，看來是認定戰火只會在歐陸延燒，不會擴散到英吉利海峽對岸。

第一次世界大戰始於一九一四年七月二十八日，起因自奧匈帝國入侵塞爾維亞，接著德國先後進犯比利時和法國，歐戰於焉展開。同年八月四日，英國向德國宣戰，戰事於一九一八年十一月十一日正式告終，距離大英博物館下轄地圖館收藏此幅地圖已將近四年。

其實不只《金融時報》，時人大多認為一戰會速戰速決，而且會是「君子之爭」，實則並非如此。想一想不由得悲從中來──這些投稿《金融時報》的參賽者，起初大半也不以為意，到頭來卻戰死在法蘭德斯等大小戰場，在這場殘酷的現代戰爭中喪失性命。

CHANGING the MAP of EUROPE

The *Financial Times*

COMPETITION MAP

EUROPE AFTER the WAR

THE MAP SHOWS THE PRESENT DEMARCATION
OF THE COUNTRIES

◄ INSTRUCTIONS ►

SKETCH IN THE BOUNDARIES OF STATES
ACCORDING TO YOUR VIEW OF PROBABLE PEACE TERMS

SCALE
50   100   150   200   250   300 MILES

1078 (40)

聽吶！聽吶！狗兒在吠吶！一九一四年

強森與瑞斗公司發行，倫敦販售

多彩石版印刷；最寬處 532×705 mm

一九一四年，第一次世界大戰開打，評論家多半認為會速戰速決，因此戰事爆發頭幾個月，不少嬉笑怒罵的漫畫地圖紛紛問世。但是到了第二年，大家發現茲事體大，相關的戰事宣傳地圖便嚴肅了起來。

〈聽吶！聽吶！〉由 G‧W‧培根（G. W. Bacon）出版，將主要參戰國都畫成狗，英國是鬥牛犬，法國是貴賓犬，德國是臘腸犬，這些刻板印象今昔皆然，但塞爾維亞被畫成了虎頭蜂，正在螫奧地利混種犬。英倫三島北邊有位傀儡師父，身穿海軍軍服，有些人認為是溫斯頓‧邱吉爾，有些人認為是第一海軍大臣，他正在部署英國皇家海軍，送艦隊從海上封鎖德國。

瓦特‧路易斯‧伊曼紐（Walter Lewis Emanuel, 1869–1915）撰寫地圖下方的文字，他是知名的幽默作家，常為《笨拙》週刊撰稿，還寫過一系列以狗擬人的作品，例如《群狗大戰》（The Dogs of War），一九〇六年出版，一九一三年再版，薩希爾‧阿爾丁（Cecil Aldin, 1870–1935）插畫。伊曼紐撰文如下：

> 群狗大戰歐洲開打，吠得可熱鬧啦！始作俑者是隻臘腸犬，大家都以為他瘋啦！但瞧他瘋得有條有理，或許是裝瘋賣傻唄。說到這裡扯件不相干的給不懂的聽聽：臘腸犬（Dachshund）一詞來自德文，「hund」在德文是「犬」的意思，而「hun」在英文則恰巧是「德國佬」的意思，「Dachshunds」從德文直譯就是「獾犬」，專門用來獵獾，但有時反而被獵。跟德國臘腸犬配成一對的是奧地利混種犬，這配對是好是壞不得而知，但犬國有個不成文規定，就是大犬不得欺凌小犬，但偏偏有群眾的地方

就有無賴，這臘腸犬為了一己之私，在一旁慫恿一干地痞流氓，混種犬也欺負起弱小的薩爾維亞。這下可好，薩爾維亞個頭雖小，卻有個大熊朋友俄羅斯。大熊為朋友挺身而出，正中臘腸犬下懷。這臘腸犬巴不得把事情鬧大，自己好趁火打劫，偷拿一、兩根覬覦許久的狗骨頭。臘腸犬四下張望，但似乎遍尋不著友伴。原本義大利灰狗是他的心腹，血統純正，名喚藝黛麗，但藝黛麗好生奇怪，竟把愛意藏起來，直說戰爭這玩意兒太奢侈，她無福消受（……）臘腸犬又氣又惱，最後只找到君士坦丁犬助陣（……）歐洲一家親在一旁觀戰，戰火會如何燎原誰知道？您瞧瞧，希臘早就磨刀霍霍，土耳其已成俎上肉；巴爾幹心意已決，準備好好施展抱負。西班牙鬥牛士熱愛鬥牛，但絕對不鬥約翰牛。葡萄牙在一旁等著分一杯羹。瑞士臨陣脫逃，荷蘭（……）這一切的一切都畫在地圖裡，只要細加探索，一定會發現更多。但和平是找不著了。犬國現下是雞飛狗跳，除非誰找來稱心如意的嘴套給臘腸犬戴上。眼前這臘腸犬的心正在為比利時淌血，鼻子給英國咬得在滴血。

有意思的是：〈聽吶！聽吶！〉有德文版，一九一五年初在漢堡付梓，想來是想戳破英國冠冕堂皇的說詞，突顯英國參戰自肥一事。此外，買這類地圖做投機生意也很有意思。這幅地圖在當年一張一先令（現為五便士），主攻孩童市場，或供學校和家長解釋一戰背景，不論是在家中或教室傳閱，都會造成地圖紙張磨損，正因如此，現存〈聽吶！聽吶！〉相當稀有。

直搗柏林遊戲，一九一四年

R・法墨父子發行，倫敦販售

紙板，地圖貼於其上，將實心圓鑿空，再將紙板塞進木框，覆上玻璃，放進滾珠。

長240 mm、寬162 mm、高23 mm

〈直搗柏林〉算不上真正的地圖，只是有點地圖的樣子，上頭標了幾個地名虛應故事，但標示的位置並不精確。〈直搗柏林〉其實是滾球迷宮遊戲，玩家要將滾珠沿著賽道一路滾到柏林，賽道不但迂迴而且坑坑洞洞，誰能安全滾到柏林就算贏。〈直搗柏林〉沿途藏著許多危險，滾珠若是掉進坑洞就要重新來過，此外還有「橋樑損毀」、「路有地雷」、「修築壕溝」等路況導致道路封鎖，玩家必須繞道而行。

其餘危險則以德國地名標示，例如漢堡（Hamburg）、波茨坦（Potsdam）、斯潘道（Spandau）、德勒斯登（Dresden）、萊比錫（Leipzig）、科隆（Cologne），反映出英軍在行進過程中捲入的城鎮戰。以上路險旁邊都有標出數字，以示折損兵力，例如「修築壕溝」是「55」，「科隆」是「50」，「橋樑損毀」是「40」，愈接近柏林數字愈小，或許暗指萬事起頭難，隨著英軍直搗柏林，反抗兵力也日漸疲弱。

〈直搗柏林〉可以單人玩，也可以多人對戰，單人玩只要將滾珠送抵柏林就算贏，但若掉進洞裡就要重新開始（或因厭倦而放棄遊戲）。木框下方貼有遊戲規則，說明多人對戰的玩法：

> 假裝每位玩家一開始有五百名兵力，每遇路險便依指示折兵損將，玩家抵達柏林後盤點人馬，兵力最多者獲勝……中途全軍覆沒者出局，輪到下一位玩家上場繼續。

對於這些紙上談兵的將軍，其直搗柏林的戰況跟沙場上的將軍根本不能比，但出版商依然告誡道：「新手玩家要知道：熟練導致自負。玩家經常大意失荊州，在同伴的哄笑聲中折損兵力。」

出版商R・法墨父子（R. Farmer & Son）發行多款以一戰為主題的滾球迷宮遊戲，包括「戰壕足球」（Trench Football）、以歐洲地圖為藍本的「幹掉德國佬」（Get Rid of the Huns）、畫著齊柏林飛船的「空中俠盜」（Sky Pirates），以及「潛艇迷航，智取海盜」（The Submarine Puzzle, or, Outwitting the Pirates）。

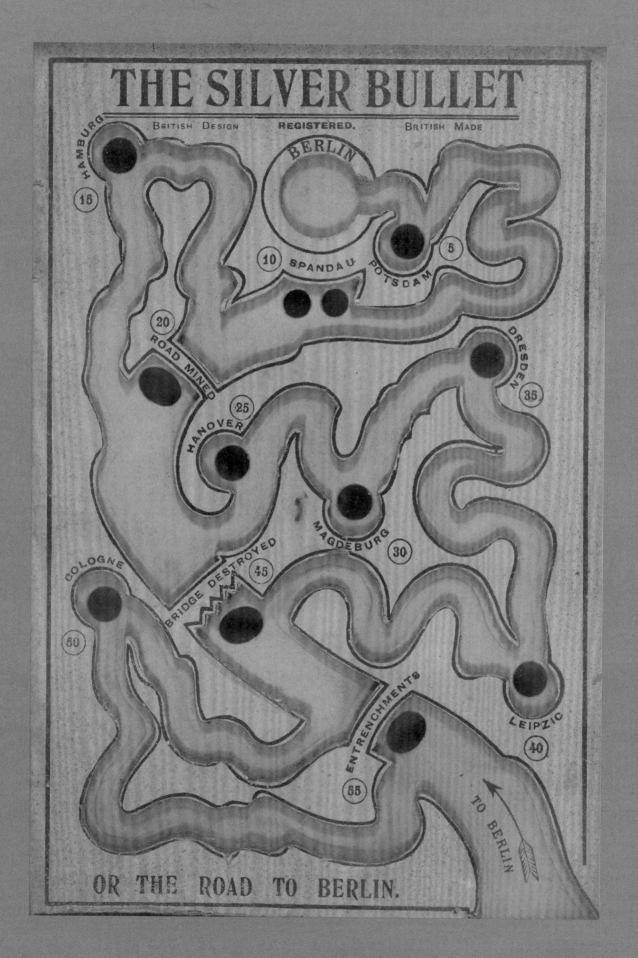

THE SILVER BULLET

OR THE ROAD TO BERLIN.

打倒德國，一九一四年

玩具專門公司發行，倫敦（？）販售

平版印刷；地圖 365×342 mm；
462×346 mm（含文字）

　　玩具專門公司（Toy Target Company）至今查無資料，雖然圖面上標示「英格蘭製」（Made in England），但目前為止只查出麻州波士頓有一家同名公司，且設店時間比這幅地圖早了二十年左右。玩具專門公司發行的〈打倒德國〉是一款罕見的地圖遊戲，其玩法至今仍未見定論，但看起來這張地圖只是玩法說明，另有一幅更大的德國地圖可貼在木板或硬紙板上，如其名所示做為投靶遊戲。

　　雖然文字說明不清不楚，但看起來德國（包括柏林、法蘭克福在內的大片領土）要沿著國界裁下來，然後像拼圖一樣再拼回去，接著藉由精準擊中或連續擊中，便能將德國從地圖上「打倒」，誰先打倒德國誰就贏。底下的說明還提及其他得分方式，但做為「開卷圖」（frontispiece），文中並未進一步說明如何得分，也沒說明要用什麼物品來投擲，或許是飛鏢，或許是小球，或許是沙包。以下是地圖下方的文字：

　　寓教於樂歐洲區域地圖，德國部分以剪影表示，以便讀者牢記其方位，一旁壓境的戰艦開在海面上，德國的國土終將縮小，讀者可裁切這幅預示圖（其領土包括德國雙城柏林和法蘭克福），但要保留一部分與其餘歐洲國家相連。這幅地圖只是開卷圖，另有標靶圖可黏在木板或硬紙板上，名為「打倒德國」──這個願望讓這款投靶遊戲樂趣無窮，玩家可以對準德國投擲，無論是擦到、打到、打下來，通通都有分，少年玩家可以從玩中學，讓校園和家中充滿歡笑，有興趣的話還可以查看當前歐戰交戰國的地理位置。

　　地圖下方有些文字被之前的持有人塗掉了，左下方是出版商的版權標記，右下方應是城市的名字，因為地圖上其餘國家都有標出主要城市。

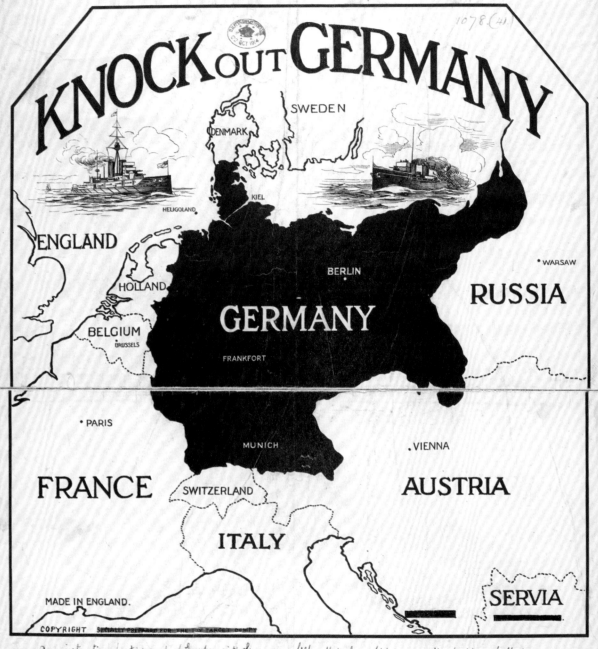

KNOCK OUT GERMANY

SWEDEN

DENMARK

KIEL

HELIGOLAND

ENGLAND

BERLIN

HOLLAND

RUSSIA

BELGIUM

BRUSSELS

GERMANY

FRANKFORT

• WARSAW

• PARIS

MUNICH

• VIENNA

FRANCE

SWITZERLAND

AUSTRIA

ITALY

SERVIA

MADE IN ENGLAND.

COPYRIGHT   SPECIALLY PREPARED FOR THE TOY TARGET COMPY

An instructive partial map of Europe with Germany Silhouetted by which means the position of that
Country is pronouncedly fixed upon the mind, the Sea is indicated by Warships presumedly bearing
down upon Germany.   As predicting the ultimate diminution of the Size of that Country, a section
is cut out and partially attached, this embraces Berlin, and Frankfort, the two principal Towns
of Germany, the whole forms a frontispiece of a Target of wood or strawboard and is
entitled "Knock out Germany" this wish being "parent to the thought" incites to the sport or pleasure
of throwing or shooting a substance at the loose part referred to, and partial, or entire dis-
-placement or Knock out have their respective scoring points; to the youthful mind this is
both instructive and amusing and creates pleasure in School and Home circles, the delineation
of other countries affording an interesting survey of the position of Countries engaged in
the present european war

啟程・新發現的古仙境地圖，一九一八年

伯納德・斯雷作，倫敦出版

多彩石版印刷；475×1808 mm（含邊界），三張拼成

伯納德・斯雷（Bernard Sleigh, 1872–1954）的〈古仙境地圖〉十分有名，他將這幅地圖獻給兩個孩子，其靈感似乎源自於他為孩子說的床邊故事。〈古仙境地圖〉附小手冊，裡頭描寫「仙境及其前往方式」，開頭寫道：

> 每個孩子心中都藏著一把金色小鑰匙，鑰匙一轉，門一推，只見屋裡悄然無聲，窗明几淨，光影變化莫測，孩子時不時可走進去端詳那扇大窗子，上頭五彩斑斕，彩繪著古老傳說……

顫抖的小手推開窗扉，目瞪口呆佇立在窗前，天空啊、大海啊，金燦燦、紅艷艷，許多灰色小仙子拍著翅膀，映襯著夏季的光輝，純白的細沙綿延到牆邊，好多船家等著要將旅客送到遙遠的象牙門前，有些旅客一下船便勇闖新世界，毫不畏懼呼吸著陌生的空氣，坐上精緻的雕花輕舟，划向霓虹守護的海濱。

斯雷往下寫道：

膽子大的才敢面對這些危險，敢衝敢闖的才能挺過滔天巨浪、駛進夢土港的隱祕港口。這幅地圖是未來探險家的指南，建議先略略看看再前往仙境，有些路徑雖然人跡罕至且貌似眼熟，但卻會不時消失又再次出現，而且再現得毫無頭緒，即便是鐵了心要抵達夢土的探險家，也常為此感到困惑和洩氣。

探險家只要通過儀式，仙境便會在眼前展開。探險家要先駛入海港，其中最大、最繁忙的就是夢土港，入港後探險家會在眼皮上塗抹神奇藥膏，塗了之後便能區分好仙子和壞仙子，找好嚮導之後便能啟程，忠告如下：「最佳路徑以細線標記，那條細線既紅艷又纖細，宛如引領希修斯（Theseus）走出克里特島迷宮的那條綢線。只要不偏離綢線太遠，探險家便安全無虞。」但若掉以輕心則會惹禍上身：

探險家如果登岸，這些防護全都不管用，只能提高警覺，倘若不小心走過狄蜜特橋，便會當場變成冰雕，或是成為夢幻島上的孤兒，只要風向一不對，便會被吹到奇異灣，被忦渳蟲吞下肚。

〈古仙境地圖〉分成四個部分，最左邊可說是英國作家托爾金筆下的奇幻世界，又是龍又是地下城。中間偏左則是童話世界，住著美女與野獸、睡美人、鞋貓劍客、蛋頭先生、灰姑娘、白雪公主和七矮人、哈伯德老媽等。

中間偏右是中古世紀傳奇世界，以亞瑟王傳說為主，包括梅林、湖中劍、亞瑟王和王后關妮薇之墓。最右邊是古希臘神話世界，有飛馬、人馬、地獄三頭犬、大力士海克力斯、阿爾戈英雄以及賽蓮女妖。

新‧倫敦賽車地圖，一九二五年

輿圖有限公司發行，倫敦出版

多彩石版印刷；最寬處 359×479 mm

隨著二十世紀初汽車愈來愈普遍，地圖出版商興圖有限公司（Geographia Ltd）妙發靈機，推出新款擲賽遊戲，以倫敦街道為賽道，遊戲盒標跟裝小車和骰子的盒蓋一樣，顯然以官兵捉強盜為場景，圖面上的逃犯開在前頭給警車追，警察伸長了手想將逃犯緝捕到案，但除此之外遊戲本身並未明說其內容，倒是同公司後出的擲賽遊戲（詳見頁218）廣告傳單寫得更明白。

遊戲場景設在金融城和倫敦西區，地圖上畫出主要道路和地標輪廓，起點在地圖的西邊，終點在地圖的東邊，玩家行徑方向由西至東，逃犯一路逃至東區藏身處，這點或許並非刻意設計，但讓人很難不聯想到查爾斯‧布思（Charles Booth）的〈倫敦貧窮地圖〉（Poverty Map of London），地圖指出倫敦東區的居民「低賤、邪惡、遊走在犯罪邊緣」。

遊戲規則手冊雖然已不復存，但有足夠的線索可推知遊戲玩法，出版商似乎規畫了兩種玩法，或許是以賽道長短來分，也或許是以玩家年齡來分。一號玩家可以從地圖上方的「公園路」（Park Road）出發，位置在羅德板球場（Lord's Cricket Ground）北方，此外另有一個「起跑點」（Racer Start），以藍色標記，在馬里波恩路（Marylebone Road）北邊。不過，不論玩家一號從哪裡出發，「終點」（Home）都在舊肯特路（Old Kent Road），過了雅賓利道（Albany Road）就到了。同樣的道理，五號玩家可以從國王路（King's Road）和切爾西路堤（Chelsea Embankment）交會處出發，另有起跑點在切爾西路堤上，靠近切爾西橋（Chelsea Bridge），後者地圖上並未標示，終點則在金士蘭路（Kingsland Road）。

從「起跑點」出發比從頭出發距離「終點」近十二步，每一個小黑點代表一步，每次擲骰最多六步、最少一步，因此從起跑點出發或許能早一點分出勝負。

二號玩家可從梅達谷（Maida Vale）出發，起跑點則在埃奇韋爾路（Edgware Road），終點在阿爾德門大街（Aldgate High Street）。三號玩家的起點是海德公園西側的貝斯沃特路（Bayswater Road），起跑點近大理石拱門（Marble Arch），終點在倫敦塔橋（Tower Bridge）南側。四號玩家從肯辛頓路（Kensington Road）出發，沿途會經過格洛斯特路（Gloucester Road），起跑點近騎士橋（Knightsbridge）和布朗普頓路（Brompton Rd）交會處，終點在海格尼路（Hackney Road）。

由於路線已事先規畫，因此所有玩家都會經過金融城，每條路都標有危險記號，詳見標題下方規則說明：

【路標】
交通堵塞：休息一回合
道路施工：休息兩回合
交通壅塞：休息兩回合
改道行駛：依箭頭指示方向行駛，若箭頭方向與目的地反方向則原地停留

常在倫敦開車的人就知道：在這幅地圖問世的九十年間，倫敦的易肇事路段改變不大，大象堡（Elephant and Castle）、國會廣場（Parliament Square）、特拉法加廣場、岸濱街依然榜上有名，維多利亞站、奧德維奇、黑衣修士路、塔橋路、馬里波恩路更被特別標示，以示事故頻仍。

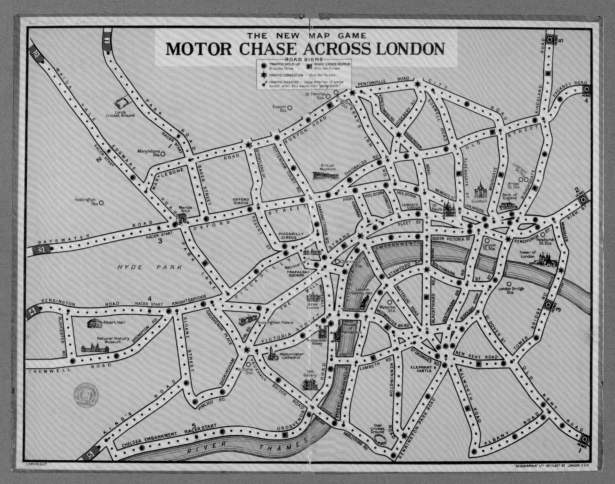

石居主（俗稱倫敦地主），一九二五年

威廉·巴克·諾斯洛普作，倫敦出版

「石居主（俗稱倫敦地主），軟體動物，以租金為生，寄居在倫敦，
觸手可及方圓五英里，不事生產，每年從宿主身上榨取兩千萬英鎊，
必須去之而後快，否則只能任其宰割。」

平版印刷；最寬處84×129 mm

　　章魚（又稱石居）時常用來象徵豪奪四鄰的強國，此一比喻源自弗萊德·W·羅斯（詳見頁180），然而，自十九世紀末奧佛（詳見頁188）以降及二十世紀初期，可見章魚用以比喻貪財，見到什麼好處都要抓在手裡，如同這幅政治明信片所繪。明信片於一九二五年發行，今日相當罕見。

　　地主制（landlordism）係指土地由貴族世襲，此一制度向來是勞合·喬治（Lloyd George）的眼中釘、肉中刺，這位英國自由黨黨魁曾出任財政大臣和戰時首相，一九一二年在貝德福發表著名演說，內容提到：

> 最要緊的問題……莫過於……土地問題！土地問題無所不在，人民食衣住行事業生計全靠土地。而在英國，這些土地歸誰所有？少數幾位富人！全國三分之一的土地握在上議院手裡，其中大多由世襲取得。地主權力無限，想攆房客就攆，對國土的破壞較敵軍更甚。我這不是在抨擊地主階級，也沒有一個一個點名，但是，這種事豈能坐視不管？

　　勞合·喬治言之鑿鑿，其推行的土地改革確實有過人之處，但這裡或許還是要指出：勞合·喬治所抨擊的對象無一不是政敵托利黨員。少數人把持倫敦市和西敏市的房產的確衍生出不少問題，美國畫家威廉·巴克·諾斯洛普（William Bacot Northrop, 1898–1965）抓住勞合·喬治的話頭，畫下這幅傑出的政宣漫畫，他將「地主制」畫成章魚，稱其「寄居在倫敦」，以八爪纏繞倫敦黃金地段：梅菲爾（Mayfair）和西敏市歸西敏公爵（Duke of Westminster），切爾西歸卡多甘伯爵（Earl Cadogan），岸濱街歸諾福克公爵（Duke of Norfolk），國教委員、波特曼勳爵（Lord Portman）、華爾頓勳爵（Howard de Walden）、貝德福德公爵（Duke of Bedford）、北安普敦勳爵（Lord Northampton）平分貝斯沃特路（Bayswater Road）、牛津街（Oxford Street）、霍本街（Holborn）以北的土地。諾斯洛普在圖上標出每位地主的領地和歲租，西敏公爵領地四百英畝（約一百六十二公頃）、歲租三百萬英鎊，華爾頓勳爵領地兩百九十二英畝（約一百一十八公頃）、歲租兩百九十萬英鎊。圖上這八位被點名的地主，其歲租合計為一千五百一十四萬英鎊。

　　這幅圖顯然沒有畫全──英國王室沒畫在上面。英國王室（現為皇家財產管理公司）和威爾斯王子（兼康沃爾公爵）也擁有倫敦大片土地，但康沃爾公爵的領地在泰晤士河以南，這幅圖只畫到北岸，或許直接抨擊王室太激進了一點。

LANDLORDISM CAUSES UNEMPLOYMENT

It paralyses the BUILDING TRADE;
It Pauperises the Peasantry;
12 Landlords "own"(?) London, taking £20,000,000 a year;
500 Peers "own"(?) an entire one-third of England;
4,000 Landlords "own"(?) an entire half of England;
The Land Octopus Sucks the Lifeblood of the People.

ECCLESIASTICAL COMMISSIONERS ANNUAL LONDON GROUND RENTS £500,000

LORD PORTMAN "OWNS"? 270 Acres ANNUAL RENT £1,800,000

HOWARD de WALDEN "OWNS"? 292 Acres ANNUAL RENT £2,900,000

DUKE of BEDFORD "OWNS"? 250 Acres ANNUAL RENT £2,250,000

LORD NORTHAMPTON OWNS? 260 Acres CLERKENWELL ANNUAL RENT £1,600,000

Annual Rent £1,500,000

The DUKE of NORFOLK "OWNS"? THE STRAND

Landlordism

EARL CADOGAN "OWNS"? 200 Acres Annual Rent £1,500,000

The DUKE of WESTMINSTER "OWNS"? 400 Acres yearly rent £3,000,000

Octopium Landlordicuss
(Common London LANDLORD)
This FISHY CREATURE lives on RENT
Its TENTACLES grasp 5 Square MILES of LONDON This ABSORBENT PARASITE sucks £20,000,000 a year from its VICTIMS —giving NOTHING in return
The PEOPLE must destroy IT— or be destroyed. W.B. Northrop?

Copyright by W. B. Northrop.

Hendersons, Publishers, 66, Charing Cross Road, London, W.C.

217

行商大英帝國，一九三二年

輿圖有限公司發行，倫敦出版

「全新地圖遊戲——行商大英帝國！好玩又刺激，玩家一邊環遊世界，一邊學做買賣生意。」

多彩石版印刷；地圖最寬處343×478 mm；

棋盤最寬處357×478 mm

〈行商大英帝國〉是一款擲賽遊戲，棋盤上的世界地圖以麥卡托投影法繪製，紅色部分為大英帝國領土，包括加拿大、英屬蓋亞那（British Guiana）、甘比亞（Gambia）、獅子山共和國（Sierra Leone）、黃金海岸（Gold Coast）、奈及利亞（Nigeria）、南非聯邦（Union of South Africa）、羅得西亞（Rhodesia）、尼亞薩蘭（Nyasa Land）、坦干伊加（Tanganyika）、肯亞（Kenya）、英埃蘇丹（Anglo-Egyptian Sudan）、英屬索馬里蘭（British Somaliland）、亞丁（Aden）、印度、馬來聯邦（Federated Malay States）、砂拉越（Sarawak）、新幾內亞、澳大利亞、紐西蘭。

〈行商大英帝國〉最多可供五位玩家遊玩，每位玩家拿一艘鐵船，每艘鐵船代表一個國家，分別是英國、加拿大、南非、澳大利亞、印度，玩家依鐵船所屬國家將船隻停泊在該國，並以此為起點環遊世界，誰先安全歸國，誰就獲勝。沿途玩家會經過各個港口，每到一個港口要取貨，將貨運到下一個港口。

〈行商大英帝國〉是中規中矩的擲賽遊戲，玩家沿著賽道環遊世界，走到港口便取貨，走到某些棋格則須休息一回合，有些棋格則要玩家按上頭的指令行事，有些棋格則描述玩家遇險，例如「觸礁返航」、「拍電報給奧克蘭」、「拍電報給可倫坡」，有些棋格則暗藏危險，例如「暴風雨」、「引擎故障」、「船員落海」。

做為棋子的五艘鐵船共五個顏色，英國是紅

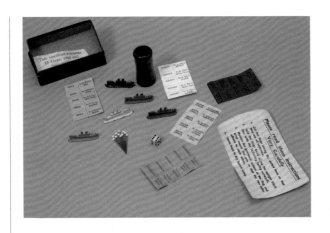

色，南非是藍色，加拿大是白色，澳大利亞是綠色，印度是棕色，此外每一艘船配有同顏色的船旗（南非例外，南非的船旗是黃色），船旗上列出要運到下一個港口的貨物，例如英國下一站是加拿大，出口貨物是煤炭、機械、棉紡織品、鋼鐵、布和煤，分別列於五面船旗，至於加拿大則出口小麥、橡膠輪胎、紙張、汽車、農具到南非，南非出口食品、石棉、菸草、鴕鳥羽毛、煤炭到澳大利亞，以此類推。

〈行商大英帝國〉是一款益智遊戲，如其廣告傳單所述：「〈行商大英帝國〉老少咸宜，刺激有趣，寓教於樂，一方面教玩家在帝國內行商，二方面教玩家認識世界地理……玩家在不知不覺中曉得在什麼國家要進什麼貨，並記得沿途行經哪些港口、航過哪些海域。」此外，廣告傳單敦促家長「教導孩子想像大英、認識世界」，遊戲一套「12½便士，附骰子、船隻、船旗等等。」

無名世界拼圖，一九三五年

瓦丁頓公司發行，倫敦出版

「瓦丁頓鉅獻——坤輿（世界地圖），全新世界拼圖遊戲，寓教於樂，好玩又刺激。」

多彩石版印刷；紙張輸出後貼於紙板裁切；

420×760 mm

在全盛時期，瓦丁頓公司（Waddington）是英國遊戲和拼圖製造的龍頭，從一九二二年活躍至一九九四年，此後由孩之寶公司（Hasbro）接手。瓦丁頓公司有許多有趣的故事，第二次世界大戰期間，他們在販售的遊戲盒內夾帶布地圖、指南針等物品，協助遭德軍軟禁的同盟國士兵逃至英國。

瓦丁頓公司的〈坤輿〉（Mappa-Mundi）別致有趣，有別於傳統的拼圖遊戲，〈坤輿〉拼圖分為兩個階段，每次最多四位玩家，遊戲說明和規則印在一張紙上，黏貼於盒蓋內側。首先玩家取出紙板，將紙板上小橢圓形拆下來，小橢圓形共有四色，分別是綠色、黑色、紅色、藍色，上頭寫著世界各國首都，玩家依顏色將小橢圓形疊好，有字的那一面朝下，每位玩家拿一疊，如果只有兩位玩家，則每位玩家拿兩疊。

接著玩家開始拼拼圖。如果是第一次拼，為降低遊戲難度，小橢圓形先不要拆，等拼圖拼好了再拆，準備等一下嵌回去。

確定拼圖拼好，小橢圓形拆妥疊成四疊，這時每位玩家挑一疊，依照綠、黑、紅、藍的順序，每位玩家輪流將小橢圓形嵌回正確的位置，一次嵌一個顏色，直到全部嵌回去為止。嵌完之後拿出索引圖對照，統計每位玩家嵌對了幾個、嵌錯了幾個，嵌對一個得四分，嵌錯一個扣兩分，積分最高的玩家獲勝。不過有個替代作法：如果有玩家不確定某個首都應該嵌在哪裡，又不想要碰運氣，可以把小橢圓形擺在「地圖旁邊」，這樣就不會扣分，只是不列入計分。

瓦丁頓公司在遊戲說明中指出：二十位經驗豐富的玩家試玩後發現，如果是單人玩家，遊戲時間大約三到四個小時，兩人玩家二到三個小時，三人玩家大約一個半至兩個半小時，雖然聽起來相當費時，但瓦丁頓公司的誇耀不無道理：「〈坤輿〉是有史以來最大的紙板拼圖遊戲。」

波蘭地圖拼圖，一九五八年

真理公司發行，倫敦出版

波蘭地理拼圖，天主教出版品，真理公司於倫敦發行

多彩石版印刷；最寬處 299×306 mm

這幅波蘭地圖上書波蘭文，由波蘭出版機構「真理公司」（Veritas）於倫敦發行，真理公司今日改名「真理基金會」（Veritas Foundation），總部位於倫敦西區亞克頓（Acton），一九四七年由波蘭流民成立，當時第二次世界大戰方休，蘇聯共產主義統治波蘭，有些流民不願回國、有些不能回國，其中大多是海軍或空軍退役，二戰期間曾與盟軍並肩作戰，有些則是逃至英國的政治難民，他們成立「真理公司」出版各類圖書，包括宗教書籍、當代歷史、文學作品，旨在波蘭社群間弘揚天主教義、推廣波蘭文化，其出版品大多未曾在蘇聯波蘭發行。〈波蘭地圖拼圖〉附小冊子，最後一頁羅列其出版品，出版年份以一九五八年為最早。

〈波蘭地圖拼圖〉是一款 DIY 拼圖，材料精簡，地圖以薄紙印製，玩家購買後自行黏貼於背板（小冊子建議用紙板），再沿線剪成拼圖，這有點需要美勞天分，剪下來之後則要發揮地理知識。

這款遊戲專門設計給波蘭流民的孩童，讓他們熟悉祖國的地理，喚醒對祖國的記憶。地圖畫得相當粗糙，簡單勾勒波蘭各區域城鎮的樣貌，讓玩家迅速把握各地的特色，包括波茲南（Poznań）的大教堂、卡托維治（Katowice）的工廠、斯塞新（Szczecin）和格但斯克（Gdansk）的碼頭和造船廠。此外，地畫上也繪有自然景物，例如白塔森林（Puszcza Białowieska）畫著歐洲野牛（zubr），西部畫著農場，東部畫著人造林。另外，地圖上畫著幾位波蘭人，女的穿著鮮豔的波蘭服飾，還有個駕駛拖拉機的農民。

〈波蘭地圖拼圖〉繪著波列斯瓦夫一世·克洛比（Bolesław I Chrobry）的雕像，又稱波洛斯瓦夫大帝（Bolesław the Great, 992–1025），九九二年繼位為波蘭公爵，一〇二五年於波茲南加冕稱王，時值波蘭由異族統治，故人民尊其為民族英雄，同年去世。此外，華沙畫著齊格蒙特三世·瓦薩（King Zygmunt III Vasa, 1566–1632）紀念柱，齊格蒙特三世是波蘭立陶宛聯合王國國王，一五九六年將國都從克拉科夫（Kraków）遷至華沙，一六四四年由繼任者瓦迪斯瓦夫四世立柱紀念，一九四四年華沙起義（Warsaw Uprising）期間遭德軍破壞，二戰結束後重建，紀念柱頂端的雕像高二·七五米（九英尺），紀念柱高八·五米（二十八英尺），堪稱相當壯觀的地標，重建後的紀念柱更高達二十二米（七十五英尺）。

MORZE BAŁTYCKIE

POLSKA
układanka
geograficzna

Wydawnictwo K. O. W. VERITAS w Londynie

阿富汗，二〇〇八年

佚名作，阿富汗出版

地毯；總面積 805×605 mm

幾世紀以來，阿富汗都以手織地毯為主要出口商品，二〇〇七年市場價值達一‧二八億英鎊（約六千一百萬美元），然而，由於阿富汗戰爭帶來動盪，再加上世界經濟衰退，到了二〇一一年，手織地毯的市場價值只剩兩千兩百萬英鎊，部分原因出在阿富汗的手織地毯比鄰國的機器地毯昂貴太多，大約貴上四倍。

不過，危機向來就是轉機。阿富汗的手織地毯業者念頭一轉：這些來自北大西洋公約國的駐阿聯軍（International Security Assistance Force, ISAF），以及隨軍而來的後勤和外交人員，他們來阿富汗執勤兼旅遊，多少要買點「紀念品」回去吧？因此，這些異鄉人便成了當地業者眼中的新肥羊。

這些紀念地毯不少以阿富汗地圖為主要圖案，大英圖書館在二〇一二年添購了兩張。第一張地毯織著完整的阿富汗地圖並畫出省界，右下角繡花裝飾，是十分典型的阿富汗地毯地圖，世界各地大概都買得到。此外，這兩張地毯都織著英語（或美語），但看來這並非阿富汗手織地毯商熟悉的語言。

第二張地毯比較有趣，如右圖所示，推測應是鎖定軍人為買家，地毯上只勾勒阿富汗的輪廓，主要以軍用物資作裝飾，包括六架直升機、一架戰鬥機（也可能是無人偵察機）、四輛裝甲運兵車、兩把卡拉什尼科夫 AK-47 衝鋒槍、一把機關槍、一枚手榴彈、一架火箭發射器，全部都是軍隊設備。這款地毯十之八九是賣給自阿富汗歸國的士兵，讓他們回國後有得炫耀，紀念這趟出兵阿富汗之行。

阿富汗地圖上方斜織著一條灰色道路，上頭看似繡著三輛坦克運輸車，用鮮豔的防水布罩著，或許遙指蘇聯撤軍阿富汗一事。蘇聯曾於一九七九年十二月入侵阿富汗，戰事拖延長達十年，一九八九年二月撤軍。

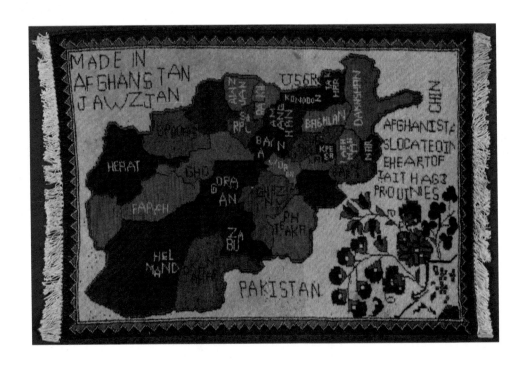

قوای شوروی ازافغانستان
خروج است
2008
IIANK
THE AFGHANISTANS
MADE IN AFGANISTANT

地圖書目參考

All maps are from the British Library collections unless otherwise stated.

p. 12
托勒密世界地圖，一四九三年
Hartmann Schedel, *Liber cronicarum ...* [Nuremberg Chronicle]
Nuremberg: Anton Koberger for Sebald Schreyer & Sebastian Kamermeister, 1493
British Library G.2398

p. 14
烏托邦島插圖，一五一八年
Thomas More, *De optimo reip. statu deque noua insula Utopia ...*
Basel, Johannes Froben, 1518
British Library G.2398

p. 16
新天主教世界地圖，一五六六年
Geneva: Giovanni Battista Trento, 1566
British Library C.160.c.7

p. 20
酢漿草世界地圖，一五八一年
'Die gantze Welt in ein Kleberblat, Welches ist der Stadt Hannover, meines lieben Vaterlandes Wapen'
Heinrich Bünting, *Itinerarium Sacrae Scripturae ...*
Helmstadt: Jacob Lucius Siebenbürger, 1581
courtesy of Jonathan Potter Ltd.

p. 22
世界第一部分——歐洲王后地圖，一五八一年
'EUROPA PRIMA PARS TERRÆ FORMA VIRGINIS'
Heinrich Bünting, *Itinerarium et chronicon totius Sacrae Scripturae ...*, Magdeburg, 1598
British Library 3105.a.14

p. 24
世界第二部分——亞洲翼馬地圖，一五八一年
'ASIA SECVNDA PARS TERRÆ IN FORMA PEGASI'
Heinrich Bünting, *Itinerarium et chronicon totius Sacrae Scripturae ...*, Magdeburg, 1598
British Library 3105.1.14

p. 26
新幾內亞的地形與方位，一五九三年
'NOVÆ GVINEÆ Forma, & Situs'
Cornelis de Jode, *Speculum orbis terrararum ...*
Antwerp: Arnold Coninx for Cornelis de Jode, 1593
British Library C.7.c.13.(13b)

p. 30
低地國雄獅地圖，一五九八年
'LEO BELGICUS.'
'Iohann van Doetechum fecit.' 'CIVisscher Excudit Anno 1650.'
Text: 'Artificiosa et Geographica tabula sub Leonis figura XVII. inferioris Germaniæ Provincias representans, cui addita sunt singularum insignia, una cum ordinaria Præfectarum distinctione, Longè elimatius quam hactenus unquam expressa. Accesserunt & icones Gubernatorum Generaliū qui utrinque Belgium, Gubernarunt.' ('Artistic and geographical map, in the form of a lion, presenting the XVII Provinces of Germania Inferior (i.e. the Low Countries) ...')
Amsterdam: Claes Jansz. Visscher, 1650
British Library Maps C.9.d.1.(6)

p. 34
無題，諷喻世界地圖，一六〇五年
'Pag: 18.'
Joseph Hall, William Knight (ed.), *Mundus alter et idem sive Terra Australis ante hac semper incognita longis itineribus peregrine Academici nuperrime lustrate auth: Mercurio Britannico ...*
Frankfurt-am-Main [but London]: [Humphrey Lownes]; sold by the Heirs of Ascanius de Rinialme, 1605
British Library 1079.c.16

p. 36
低地國雄獅地圖，一六〇八年
'LEO BELGICVS' 'NOVA XVII PROVINCIARVM Germaniæ Inferioris tabula. Leonis effigie, accuratè delineata A NICOLAO IOANNIS PISCATORE.' 'CIV' [monogram of Claes Jansz. Visscher] 'Tot Amstelredam Bij Claes Ianss Visscher in de Kalverstraet A.o 1656.
[text:] 'LEO LOQUITUR. Quanta mihi turget tam vasto corpore membra, Quam densata meo pectore regna vides; Quid foret æterna populus si pace ligatus Alter in alterius commoda feret opem.'
Amsterdam: Claes Jansz Visscher, 1656
British Library Maps C.9.c.1.(7)

p. 38
荷蘭雄獅地圖，一六〇九年
'COMITATUS HOLLANDIÆ DENUO FORMÂ LEONIS CURIOSÈ EDITUS A Nicolao Iohannis Visscher Anno 1648' ''t'Graefschap Hollandt' 'Edita a Nicolao Iohannis Visscher.' 'Illustrissimo Ornatissimoq Mauritio Dei gratia, Principi Auransiæ, Comiti de Nassau o timo Patriæ nostræ defensori hæc tabula dedicatur, et offertur N.I.V.'
Amsterdam: Claes Jansz. Visscher, 1648
British Library Maps C.9.d.3.(9)

p. 40
桌遊世界地圖，一六四五年
'LE JEU DU MONDE dedié A Monsieur Monsieur le Comte de Vivone Premier Gentilhome de la Chambre du Roy, pour son tres humble et tres obeissant serviteur Du Val.' 'A. Paris chez l'auteur P. Du Val d'Abbeuille Auec Priuillege du Roy 1645 Et se vendent Rue St. Iacques a l'Esperance'
[text:] 'EXPLICATION DE LA FIGVRE. Le premier Cercle marque le Monde Polaire; les 14 suivants les pais d'Amerique; les 15 en suitte depuis 16 jusques a 30 ceux d'Afrique; les 15 autres jusques a 45 ceux d'Asie; et les 18 restants ceux d'Europe. L'assemblage de ces pais se voit aux quatre parties du Monde descrites aux quatre coigns du Ieu.' 'LOIX DV IEV Qui sera recontré d'un autre ira prendre sa place, et luy cedera la sienne; Qui arriuera en France gaignera la partie, qui sil menoit plus des points qu'il ne faut, il retournera en arriere d'autant de points qu'il aura de trop.' 'l'Autheur donnera a ceuz qui le desireront vne grande cognoissance du present ieu, auec les remarques historiques qu'il en a faites, sa demeure est Rue [erasure: 'S.t [illegible].']
British Library Maps*999.(27.)

p. 42
世界海港（遊戲？）地圖，一六五〇年
'CARTE DE TOUS LES POR[T]S DE MER DU MONDE N. Berey ex.'
[the individual sections:]
[Untitled double-hemisphere map of the

World]

Ports de Mer d'Europe

Ports de Mer d'Asie]

Ports de Mer d'Afrique

Ports de Mer d'Amerique.

Ports de Mer de Grece

Ports de Mer de Turquie &c.

Ports de Mer de Danemarq et Süéde.

Ports de Mer d'Allemagne et de Pologne

Ports de Mer d'Italie

Ports de Mer de France

Ports de Mer d'Espagne

Ports de Mer des Isles Britãniques

British Library Maps*974.(3)

p. 44

環法跳棋地圖，一六五二年

'LE JEU DE FRANCE pour les DAMES' Par P. du Val Geographe Ord. du Roy' 'A Paris chez l'Autheur pres le Palais a l'Entree de la Cour St.Eloy 1652 avec privilege du Roy pour 20 ans'

British Library Maps*14425.(1)

p. 46

無題，溫柔鄉地圖，一六五五年

Madeleine de Scudéry, *Clelia, an excellent new romance ...*

London: Henry Herringman; Dorman Newman and others, 1678

British Library Maps 837.m.20

p. 48

一「賭」法國地圖，一六五九年

'LE JEU DE FRANCE par P. du Val Geographe Ordinaire du Roy. Explication de la Figure. Elle represente les Provinces de France, auec leurs Villes capitales, Archeveschez, Eveschez, et autres remarques: Les Provinces qui sont vers le Septemtrion, y sont decrites les premieres en suitte, celles qui sont vers le milieu, et enfin celles qui sont vers le Midÿ. ORDRE DU JEU. On y peut joüer avec deux Dez communs, deux, trois, quatre, cinq et six personnes chacun, vne fois et a son rang. selon quil se trouvera placé. LE JEU d'un chacun sera marqué de pieces differentes et avancé dautant de points qu'il en sera decouvert par les Dez.' 'JEU DE FRANCE [the 'N' engraved in reverse] A HAUT et Puissant Seigneur Messire Guillaume de

Lamoignon, Chevalier Seigneur de Baville, Conseillier du Roy en tous ses Conseils et Premier President de sa cour de Parlement Par son Tres Hũble et Tres Obeissant serviteur E. Vouillemont 1659.' 'Le tout Gravé et mis au jour par Estienne Voüillemont Graveur Ordinaire du Roy pour les Cartes Geographiques, Plans de Villes et autres tailles doüces. A Paris en L'Isle du palais, au coin de la Rüe du Harlet, a la Fontaine de Iouuence. avec privilege du Roy pour vingt ans 1659.' 'A Paris chez A. de Fer, dans ljsle du Palais ala Sphere Royale 1671. auec privilege du Roy.'

Paris: Antoine de Fer, 1671

British Library Maps 185.n.1.(23.)

p. 50

歐洲親王遊戲地圖，一六六二年

'LES JEU DES PRINCES DE LEUROPE' Par P. Du Val Geographe du Roy' 'Chez H Iailot aux deux Globes aur le Quay des Augustins, avec pri du Roy 1670'

[Notes:] 'ORDRE DU JEU. Ce Jeu est appellé le Jeu de l'Europe, par ce que toutes les figures qui le composent representent chacune un païs, un Estat, une Isle de cette partie du monde. On y peut joüer avec deux dex communs, deux, trois, quatre, cinq et Six personnes. Chacun ioüera une fois, et a son rang, selon qu'il se trouvera placé, et marquera de quelques pieces differentes son ieu, qu'il avancera d'autant de points quil y en aura de decouvrte apres qu'il aura joüé. Il sera convenu de ce que l'on doit mettre au jeu, d'un liard, d'un sol, s'un Teston, d'une Pistolle, si l'on ueut que chacun mettra sur la Carte de l'Europe qui est au milieu ou l'on mettra aussy les payemens qui seront de la valeur de ceque Chacun aura mis au jeu, et tout cela au profit de Celuy qui gagnera la partie.'

Paris: Alexis-Hubert Jaillot, 1670

British Library Maps*1078.(8.)

p. 52

威尼斯貴族子嗣專用遊戲地圖教具，大約一六六五年

'GEOGRAFIA RIDOTTA A GIVOCO PER INSTRVTTIONE DELLA GIOVANE NOBILTA VENETIANA. Da Don Casimiro Freschot Dell.'O. D. Sn. B(erasure).' 'Il Cav:re AF: Lucini Fecio.' 'All Illust:mi Signori Padroni miei colend:mi li Signori, Angelo, Costantino, Hieronimo Michiel Figlioli dell Eccell:o Sig: Nicolo Michiel Senatore La premura che ho di

corrisponder utilmente all honor che mi fa l'Eccell:mo lor Padre di uolermi in casa sua per assister a lor studi mi ha inspiratorque sto modo di proporli una parte cosi considerabile della lor instruttione, comé é la Geografia, sotto ques ta forma di giuoco, quale dilettandoli, possa seruir a render i loro trattenimenti eruditi Tutte le fatiche mie essendo dedicare a loro, questa uiene authan ricar al mondo l'ambitione che hodie ser conoscuto Della Casa lor Ecell. ma Deuot:mo et Obligat.mo Seruo Don Casimiro Freschot dell' O: D: S: B:' 'In Venetia par Giovanni Pare Libraro All' Fortuna.' 'Si Vende da Giouanni Paré alla Fortuna. / In Venetia Con liceza / de Superiori.'

Venice: Casimir Freschot, [c.1665]

Courtesy of Sylvia Ioannou Foundation exemplar

p. 56

波西米亞玫瑰地圖，一六七七年

'BOHEMIÆ ROSA Omnibus sæculis cruenta in qua plura quàm 80. magna prælia commissa sunt, nunc primum hâc formâ excusa. Chr. Vetter inuen. et delineauit. Wolfgang Kilian sculpsit Augustæ.'

[Text:]

Crevit in Hercijnio Rosa formossima Saltu;
Stat penes armatus pro Statione Leo.
Hæc Rosa non Veneris, Sed crevit Sanguine Martis;
Hic Rhodus, hic saltus, fætáq[ue] terra fuit.
Nil Rosa pulchra time! Hercijnios venit Auster in hortos,
Sub tacitus sileant horrida bella Rosâ.

Bohuslaus Aloysius Balbinus, *Epitome historica rerum Bohemicarum quam ob venerationem christianae antiquitatis, et primae in Bohemia collegialis ecclesiae honorem, Boleslaviensem historiam placvit appellare....*

Prague: Jan Nicolaas Hampel, 1677

Private collection

p. 58

卡戎形狀的波羅的海寓意地圖，一七〇一年

'part I. pag. 36.'

Olof Rudbeck, *Olavi Rudbeckii Filii Nora Samolad Sive Laponia illustrata et iter per Uplandiam, Gestriciam, Helsingiam, Medelpadiam, Angermanniam, Bothniam, tam occidentalem, & huic annexam*

227

Laponiam Lulensem, quam Septentrionalem, cum Laponia Torniensi, & Orientalem, item Finlandiam, Alandiam, &c....

Uppsala 1701

British Library 432.b.22.

p. 60

無題，環遊世界地圖，一七一八年

'Nouvelle Methode de Geographie ou VOIAGE du MONDE par les Villes les plus Considerables de la Terre ou par un JEU On apprend la situation des païs & de Villes, leur dependance & la Religion des peuples avec une Mappemonde ou les routes de ce Voyage sont marquées.' 'A Paris Chez Crêpy ruë S.t Jacques au Lion d'Argent. 1718.'

Paris: Jean Crepy, 1718

British Library CC.5.a.88

p. 64

暢遊法國地圖，一七一八年

'Nouvelle Methode de Geographie ou VOIAGE Curieux par les Villes les plus Considerables et les principaux Pais de 30. Gouvernements Generaux et les 6. Particuliers du Roiaume de FRANCE Mis en JEU Ou l'on a Marqué les Singularitez des Païs, les Longitudes et les Latitudes des Villes Capitales, les Rivieres qui les Arrosent, ...'

[map entitled:] 'Carte Generale du Royaume de FRANCE Suivant les Nouvelles Observations Se Vend à Paris Chez Crêpy ruë S.t Jacques au Lion d'Argent. 1718.'

Paris: Jean Crepy, 1718

British Library CC.5.a.87

p. 66

烏托邦地圖：新發現的蠢材國度，一七二〇年

'Accurata UTOPIÆ TABULA Das ist Der Neu entdeckten SCHALCK WELT, oder des so offt benanten, und doch nie erkanten SCHLARRAFFENLANDES Neu erfundene lacherliche Land Tabell Worinnen all undjede laster in besondere Konigreich, Provintzen und Herrschafften ab getheilet Beyneben auch die negst angrentzende Länder Der FROMMEN des Zeitlichen AUFF und UNTERGANGS auch ewigen VERDERBENS Regionen samt einer erklerung anmuthig und nutzlich vorgestellt werden durch Authoren

anonymū.'

Nuremberg (?): Anonymous [c.1720]

British Library Maps 9 TAB 31.(37)

p. 68

股海裡舉世聞名的瘋人島，一七二〇年

'AFBEELDINGHE van't zeer vermaerde Eiland GEKS-KOP. geligen in de Actie-ze, ontdekt door Mons.r Lau-rens, werende bewoond door een verzameling van alderhande Volkeren. die men dezen generalen Naam (Actionisten) geest.'

[Anonymous] Het Groote Tafereel der Dwassheid... (The Great Mirror of Folly)

[L'Honore & Chatelain, Amsterdam, 1720]

British Library Maps CC.5.a.345

p. 70

天文鐘兼時鐘，鐘面可見重要曆算日，一七二五年

'An ASTRONOMICALL and CHRONOLOGICALL Clock, shewing all the most usefull parts of an Almanack.' 'IO.s NAYLOR near Namptwich Cheshire.'

[Inset:] [Untitled map of the Northern Hemisphere south to Cuba]

[text:] 'The Explanation March the first 1750/1. The first is a Large Plate 15 Inches square ...'

Nantwich: Joseph Naylor, 1751 [c.1751]

Private collection

p. 72

無題，大人國、北美洲、新大不列顛島，一七二六年

'Plate, II, Part II Page. 1.'

Jonathan Swift, Travels into Several Remote Nations of the World. In four parts. By Lemuel Gulliver, first a surgeon, and then a captain of several ships.

London: Benjamin Motte, 1726

British Library C.59.e.11

p. 74

愛之堡壘圍攻寓意地圖，一七三五年

'Representation Sÿmbolique et ingenieuse projettée en Siege et en Bombardement comme il faut empecher prudemment les attaques de L'AMOUR. Sÿmbolische Sinnreiche in einer Belagerung u. Bombardirung entworffen Vorstellung wie man den anfällen und Verschungen der

LIEBE Klug und tapffer zu begegnen, zur Belustigung u. Sittlicher Belehrung verfertiget von MATTH. SEUTTER S.C. Maj. Geogr. in Augsp.

[key:] Methode pour defendre et conserver son coeur contre les attaques de l'amour. Die Methode sein Hertz wider die Angriffe der Liebe zu bewahren [key in ten columns:] Noms des Bastions et d'autres ouvrages Die Namen derer Boll u: anderer wercke.... [repeated in German]

Augsburg: Georg Matthäus Seutter Sr

British Library Maps C.26.f.4.(42)

p. 76

德國哈茨山脈鳥瞰圖，一七四九年

'PERSPECTIVISCHE VORSTELLVNG des berühmten BLOCKEN ODER BLOKENBERGS mit der jenigen Gegend, so weit solche von dem, der auf der Spitze des Berges stehet, gesehen werden kan. Gezeichnet A.o 1732 von L.S. Bestehorn herausgegeben von Homænn. Erben C.P.S.C.M. 1749....' 'Vue de la montagne de BROKEN située dams le Territoire du Comté de Wernigerode, qui est dans les forêts de Hartz.'

Nuremberg: Homann Heirs, 1749

British Library Maps*30058.(1)

p. 78

屏風地圖，一七四九年

'A MAP OF THE WORLD OR TERRESTRIAL GLOBE IN TWO PLANISPHERES, laid down from the Observations of the ROYAL ACADEMY of SCIENCES, | Wherein as an Introduction to the study of GEOGRAPHY are inserted several things relating to the Doctrine of the EARTHLY GLOBE, as an explanation of the Circles, the Zones & Climates, Longitude & Latitude, the Antipodes Antoeci & Perioeci. An account of the Terms by which the several parts of the EARTH & WATERS are called. Also a Concise Theory of the EARTH describing the Diurnal and | Annual MOTIONS, its Magnitude & the proportions of its parts. Likewise an explanation of the Copernican System, shewing the Magnitudes, Periods & Densities of the PLANETS with their Distances from the SUN and the quantity of the Light & Heat they severally receive, Together with ASTRONOMICAL REMARKS explaining the Causes of Summer and Winter the changes and increase of Day and Night.' 'Engrav'd by

Emanuel Bowen Geographer to the KING |
LONDON Printed for JOHN BOWLES &
SON at the Black Horse in Cornhill 1746.'

London: John Bowles, [1749]

British Library Maps Screen 2

p. 80

倫敦平面圖（最新正確版，新建築全收
錄）摺扇地圖，約一七六〇年

'A NEW & Correct PLAN, of LONDON,
including all ye New Buildings &c.'
'R. Bennett sculp.'

London: Richard Bennett, [c.1760]

Private collection courtesy Sotheby's

p. 84

西班牙及海外殖民地王后地圖，一七六
一年

'ASPECTO SYMBOLICO DEL MUNDO
HISPANICO, PUNTUALMENTE
ARREGLADO AL GEOGRAFICO, QUE
A SU GLORIOSO CATHOLICO REY D.
CARLOS TERCERO EL MAGNANIMO
DEDICA, Y CONSAGRA D. VICENTE
DE MEMIJE, CON IX. THESES, & XC.
PROPOSICIONES, QUE A CERCA DE
EL DEFIENDE: PRESIDIENDO EL R.P.
PASQUAL FERNANDEZ, PUBLICO
PROFESSOR DE MATHEMATICAS
ENLA UNIVERSIDAD DE MANILA
DELA COMPAÑIA DE IESVS AÑO DE
1761.' 'Laur.s Atlas sculp. Man[ill].a

Manilla: Vicente de Memije, 1761

British Library Maps K.Top. 118.19.

p. 86

南北美洲拼圖地圖，一七六七年

'NORTH and SOUTH AMERICA in its
PRINCIPAL DIVISIONS BY J. Spilsbury
1767.'

London: John Spilsbury, 1767

British Library Maps 188.v.15

p. 88

亞洲拼圖地圖，一七六七年

'ASIA in its Principal Divisions, By J.
Spilsbury, 1767.' 'Spilsbury ENGRAVER
MAP & PRINT Seller in Russel Court
Covent Garden LONDON 1767.'

London: John Spilsbury, 1767

British Library Maps 188.v.13

p. 90

皇家地理消遣：環遊歐洲，一七六八年

'THE ROYAL GEOGRAPHICAL
PASTIME OR THE COMPLETE TOUR
OF EUROPE BY Thomas Jefferys
GEOGRAPHER to the KING.' 'To His
Royal Highness GEORGE PRINCE OF
WALES, DUKE OF CORNWALL, &c.
&c. &c. and Knight of the Most Noble
Order of the Garter. This Plate is BY
PERMISSION most humbly Dedicated By
his Royal Highnesses most Obedient and
Devoted humble Servant T. Jefferys.'
'Publishd according to the Statute of the 7th
of George IIId Jan. 1st 1768 by T. Jefferys
the corner of St. Martins Lane.'

London: Thomas Jefferys Sr, 1768

Private collection

p. 92

環遊世界地圖，一七七〇年

'THE ROYAL GEOGRAPHICAL
PASTIME Exhibiting A COMPLETE
TOUR ROUND THE WORLD in which
are delineated the NORTH EAST and
NORTH WEST PASSAGES into the
SOUTH SEA, and other modern
Discoveries, By Thomas Jefferys,
GEOGRAPHER to the KING' 'LONDON.
1.st January 1770. Published according to
the Statute of the 7th of GEORGE III d by
Tho.s Jefferys at the Corner of St. Martin's
Lane.' 'Entered in the Hall Book of the
Stationers Company, and whoever presumes
to Copy it will be prosecuted by the
Proprietor, who will reward any Person that
shall give Information of it.'

[Welsh Feathers] 'To His Royal Highness
GEORGE PRINCE OF WALES, DUKE
OF CORNWALL, &c. &c. and Knight of
the Most Noble Order of the Garter. This
Plate is BY PERMISSION most humbly
Dedicated By his Royal Highnesses most
Obedient and Devoted humble Servant T.
Jefferys.' [printed on a separate label, and
pasted over a blank space]

London: Thomas Jefferys Sr, 1770

British Library Maps *950.(22.)

p. 94

皇家地理消遣：環遊英格蘭暨威爾斯，
一七七〇年

'THE ROYAL GEOGRAPHICAL
PASTIME Exhibiting A COMPLETE
TOUR THRO' ENGLAND and WALES
By Thomas Jefferys GEOGRAPHER to the

KING [Welsh Feathers] To His Royal
Highness GEORGE PRINCE OF WALES,
DUKE OF CORNWALL, &c. &c. and
Knight of the Most Noble Order of the
Garter. This PLATE is BY PERMISSION
most humbly Dedicated By his Royal
Highnesses most Obedient and Devoted
humble Servant, Thomas Jefferys.' [the
dedication printed on a separate sheet, and
pasted on] 'LONDON. 1.st January 1770.
Published according to the Statute of the
7th of GEORGE III.D by T. Jefferys at the
Corner of St. Martin's Lane – Entered in
the Hall Book of the Stationers Company
and whoever presumes to Copy it will be
prosecuted by the proprietor who will
reward any person that shall give
information of it.'

London: Thomas Jefferys Sr, 1768

British Library Maps*1190.(5.)

p. 96

一七七二年七月歐洲圖，一七七二年

'Picture of Europe for July 1772.' [the title
missing on the BL exemplar]

[London?]: Anonymous, 1772

British Library Maps CC.5.a.569

p. 98

駛進婚姻港的真愛水道圖，約一七七二
年

'A MAP or CHART of the ROAD of LOVE,
and HARBOUR of MARRIAGE. Laid down
from the latest and best Authorities &
regulated by my own Observations; The
whole adjusted to the Latitude 51° 30 N. by
T.P. Hydrographer, to his Majesty Hymen,
and Prince Cupid. NB. The Long:de is
reckon'd from ye Meridian of Teens.'
'London. Printed for ROB.T SAYER, No.
53, Fleet Street.'

London: Robert Sayer, [c.1772]

British Library Maps CC.5.a.56

p. 100

世界地圖拼圖，一七八七年

[title missing] 'By THOMAS KITCHIN
Hydrographer to His MAJESTY. Published
as the Act directs, Jan.y 1.st 1787 by the
Proprietor J. WALLIS, at his Map
Warehouse, Ludgate Street, LONDON'

London: John Wallis Sr, 1787

British Library Maps (uncatalogued)

p. 102

鮑爾斯環遊世界地圖，一七九〇年

'BOWLES'S GEOGRAPHICAL GAME OF THE WORLD, IN A NEW COMPLETE AND ELEGANT TOUR through the KNOWN PARTS thereof, LAID DOWN ON MERCATOR'S PROJECTION. [rule] LONDON: Printed for the Proprietor CARINGTON BOWLES, No. 69 St Paul's Church Yard.' 'Published as the Act directs, 12 August, 1790.' 'Entered at Stationers' Hall.'

London: Carington Bowles, 1790

British Library Maps *950.(3.)

p. 104

無題，《天路歷程》拼圖地圖，一七九〇年

'Publ.d May 20th. 1790 by J. Wallis No. 16 Ludgate Street London'

[engraved box label:] 'The Pilgrim's Progress DISSECTED or a Complete View of CHRISTIAN'S TRAVELS from the City of Destruction, to the HOLY LAND. [double rule] Designed as a Rational Amusement, for Youth of both Sexes. [rule] LONDON. Published June 7th 1790 by John Wallis Ludgate Street, Mrs. Newbery St. Paul's Church Yard, Champante and Whitrow Jewry Street, R.V. Brooke Cheapside, and John Binns Leeds.'

London: John Wallis Sr, 1790

British Library C.110.c.20

p. 106

魔力地誌！英格蘭和威爾斯的滑稽人像地圖，一七九三年

'Geography Bewitched! or, a droll Caricature MAP of ENGLAND and WALES.' 'Dighton Del.' 'London Printed for Bowles & Carver, No. 69 St Paul's Church Yard.'

London: Henry Carington Bowles & Samuel Carver, [c.1795]

British Library Maps C.27.f.15.(1)

p. 108

魔力地誌！蘇格蘭的滑稽人像地圖，一七九三年

'Geography Bewitched! or, a droll Caricature MAP of SCOTLAND.' 'Dighton Del.' 'London Printed for Bowles & Carver, No. 69 St Paul's Church Yard.'

London: Henry Carington Bowles &

Samuel Carver, [c.1795]

British Library Maps C.27.f.15.(2).

p. 110

魔力地誌！愛爾蘭的滑稽人像地圖，一七九三年

'Geography Bewitched! or, a droll Caricature MAP of Ireland. This Portrait of LADY HIBERNIA BULL is humbly dedicated to her Husband the great MR JOHN BULL.' 'London Printed for Bowles & Carver, No. 69 St Paul's Church Yard.'

London: Henry Carington Bowles & Samuel Carver, [c.1795]

British Library Maps C.29.e.5

p. 112

新・英法地圖，一七九三年

'A new MAP of ENGLAND & FRANCE.' 'The FRENCH INVASION; – or – John Bull, bombarding the Bum-Boats.' 'John Schoebert fecit.' 'Pub.d Nov.r 5th 1793 by H. Humphrey No. 18 Old Bond Street.'

London: Hannah Humphrey, 5 November 1793

British Library Maps 187.L.3.(3.)

p. 114

新・威力斯環遊世界地圖，一七九六年

'WALLIS'S Complete Voyage Round the WORLD. – a New – Geographical Pastime. LONDON, Published Jan.y 20th 1796, by John Wallis, at his Map Warehouse, No. 16, Ludgate Street. [rule] S. Cooke sculp.t 47 Fetter Lane. Of whom may be had on the same Plan. [rule] A Tour through England. 2. A Tour through Europe. 3. A Tour through Scotland. 4. The Genealogy of the Kings of England; — from Egbert 1st King to the present Time. N.B. The above are all 6s. each for the Pocket, on Cloth & Case. or upon a Pasteboard, with Box, Totum & Counters.'

[text imprint:] '...PRINTED FOR JOHN WALLIS, At his Wholesale Juvenile Repository, 13, Warwick-Square, London, By T. Sorrell, 86, Bartholomew-Close, Smithfield.

[engraved slipcase label:] 'WALLIS's New Geographical Game Exhibiting a Voyage round the WORLD.' 'Published Feb. 27. 1802, by John Wallis, at his Map Warehouse, Ludgate Str.t'

London: John Wallis Sr, 1796 [c.1805]

British Library Maps C.21.a.20

p. 116

寓意地圖：通往知識之地的青春之徑，一七九八年

'ALLEGORICAL Map of the Track of Youth, to the LAND of KNOWLEDGE' 'V. Woodthorpe sc. 27, Fetter Lane.' 'Published 1st. of Feb.y 1796, by R. Gillet.' 'Enter'd at Stationer's Hall.'

Robert Gillet, *Moral Philosophy and Logic. Adapted to the capacities of youth.*

London: George Sael, 1798

British Library 8463.bbb.12

p. 118

特拉法加海戰乳白色紀念陶壺，一八〇五年

'BATTLE off TRAFALGAR Gained by the British Fleet under Ld. NELSON on the 21 of Oct.r 1805. Against the combined Fleet of France & Spain, in which action the intrepid Nelson fell covered with Glory and renown.'

[Portrait] 'ADMIRAL LORD NELSON Born Sept.r 29th 1758 – died Oct. 21st 1805. Aged 47' // 'England expects every Man to do his Duty'

Worcester?: Anonymous; c.1805–1806

Private collection

p. 120

歐洲古怪地圖，一八〇六年

'A WHIMSICAL SKETCH OF EUROPE.' 'Publish'd Dec.r 6th 1806, by LAURIE & WHITTLE, 53, Fleet Street, London.'

[text:] 'A POETICAL DESCRIPTION OF THE MAP....'

London: Robert Laurie & James Whittle, 1806

British Library Maps CC.2.f.2

p. 122

地理遊戲・航行世界，一八〇九年

'GEOGRAPHICAL RECREATION, or, A VOYAGE Round the HABITABLE GLOBE.' 'LONDON, Publish'd Oct.r 1st 1809 BY JOHN HARRIS, at the JUVENILE LIBRARY, Corner of S.t Pauls Church Yard.'

[engraved label:] 'GEOGRAPHICAL RECREATION AN Instructive GAME.' 'Published Oct 20 1809, by J. Harris, Corner

St. Paul's Church Yard.'

London: John Harris Sr, 1809

British Library Maps C.43.b.68

p. 124

綠袋國地圖，一八二〇年

'MAP OF GREEN BAG LAND.' 'Printed and Published by J. Onwhyn, || Catherine Street, Strand. – Price 1s.'

London: Joseph Onwhyn, [1820]

British Library Maps CC.2.f.1

p. 126

英倫迷宮・騎師的困惑，一八三〇年

'LABYRINTHUS LONDINENSIS, or THE EQUESTRIAN PERPLEXED.' 'A PUZZLE Suggested by the Stoppages occasioned by repairing the Streets. The object is to find a way from the Strand to St. Paul's, without crossing any of the Bars in the Streets supposed to be under repair. [double rule] Published by C. Ingrey, 310, Strand, and F. Waller, 49, Fleet Street, London.' 'C. Ingrey lithog.' 'PRICE (with Key) 1s/-'

[text:]

'Mending our Ways, our ways doth oft-times mar,
So thinks the Traveller by Horse or Car,
But he who scans with calm and patient skill
This 'Labyrinthine Chart of London', will
One Track discover, open and unbarred,
That leads at length to famed St. Pauls Church Yard.'

London: Charles Ingrey & Frederick Waller, [c.1830]

British Library Crace Port VI, 214

p. 128

演繹《聖經》的人生地圖，一八三三年

'An Illustrative Map OF HUMAN LIFE Deduced from Passages in SACRED WRIT. Dedicated to the Rev. Rowland Hill, A.M. [rule] LONDON, Published Jan.y 1st 1833, by JAMES NISBET, 21, Berners St. Oxford St.' 'Drawn & Engraved by John Ping, 8 New St. New Cut Lambeth.' 'Ent. Sta. Hall.' 'PROOF'

London: James Nisbet, 1833

British Library Tab 597a.(69)

p. 130

新・威力斯鐵道地圖，帶您暢遊英格蘭和威爾斯，一八三五年

'NEW RAILWAY GAME, or Tour through ENGLAND AND WALES. [rule] LONDON, Published by E. Wallis, 42, Skinner Street.'

Text imprint: '... PASSMORE, PRINTER, GREAT GUILDFORD STREET, SOUTHWARK.'

Embossed cover title: 'WALLIS'S RAILWAY GAME OR TOUR THROUGH ENGLAND & WALES. [image of a train, labelled 'VICTORIA']'

London: John Passmore, [c.1855]

British Library Maps 6.aa.42

p. 132

發現之航——五個航海家（全新地圖遊戲），一八三六年

'A VOYAGE OF DISCOVERY; OR, THE FIVE NAVIGATORS. AN ENTIRELY NEW GAME.' 'Printed by Lefevre & Kohler.' 'LONDON: PUBLISHED BY WILLIAM SPOONER, 259 REGENT STREET, OXFORD STREET, 1836.'

[engraved label:] 'A VOYAGE OF DISCOVERY; OR, THE FIVE NAVIGATORS. // William Spooner, Regent Street, London.'

London: Louis Maria Lefevre & William Kohler for William Matthias Spooner

British Library Maps C.43.b.74

p. 134

啟程——過馬路前往城堡（新奇遊戲），一八三七年

'THE JOURNEY or, Cross Roads to Conqueror's Castle.' 'A NEW AND INTERESTING GAME.' 'ENTERED AT STATIONERS HALL.' 'LONDON BY W. SPOONER 337 STRAND'.

London: William Matthias Spooner, [c.1837]

British Library Maps C.43.b.72

p. 136

旅人——環歐之旅，一八四二年

'THE TRAVELLERS, OR, A TOUR THROUGH EUROPE.' 'W. Clerk, Lithog.r 202, High Holborn.' 'London: Published by William Spooner, 377 Strand. Dec.r 1st 1842.'

[engraved title label:] 'THE TRAVELLERS OF EUROPE. LONDON: PUBLISHED BY WILLIAM SPOONER, 377, STRAND.'

London: William Matthias Spooner, 1842

British Library Maps 197.b.35

p. 138

星條旗之旅——移民到美國，一八四二年

Game of Star-Spangled Banner, – OR – EMIGRANTS To the UNITED STATES. E. Wallis, Skinner St. London. Ent.d at Stationers Hall.

[embossed slipcase title:] [United States flag with twenty-six stars] 'THE STAR-SPANGLED BANNER'

London: Francis William Passmore for Edward Wallis, [1842]

British Library Maps C.29.b.10

p. 140

新・威力斯荒野漫遊地圖，一八四四年

'Wallis's New GAME of WANDERERS in the WILDERNESS.' 'J. H. Banks' 'London Edward Wallis, 42, Skinner Street.'

[embossed slipcase title:] 'WANDERERS IN THE WILDERNESS'

London: Francis William Passmore for Edward Wallis, [1842]

British Library Maps C.29.b.9

p. 142

環遊英格蘭和威爾斯——認識各郡產物，一八四四年

'WALLIS'S PICTURESQUE ROUND GAME OF THE PRODUCE & MANUFACTURES, OF THE COUNTIES OF ENGLAND & WALES.' 'London. Published by EDWARD WALLIS, 42, Skinner Street. Entered at Stationers Hall.'

[cover title:] 'PICTURESQUE ROUND GAME OF THE PRODUCE AND MANUFACTURES OF THE COUNTIES OF ENGLAND AND WALES'

[index booklet:] 'EXPLANATION TO THE PICTURESQUE ROUND GAME OF THE PRODUCE AND MANUFACTURES OF THE COUNTIES OF ENGLAND AND WALES. LONDON: EDWARD WALLIS, 42, SKINNER STREET.'

London: Edward Wallis, [c.1844] ; the rule book printed by Francis William Passmore

British Library Maps, C.29.b.16

p. 144

少年暢遊英格蘭——斯普納圖畫地圖，一八四四年

'SPOONER'S PICTORIAL MAP OF ENGLAND & WALES Arranged as AN AMUSING AND INSTRUCTIVE GAME FOR YOUTH. ILLUSTRATED WITH UPWARDS OF One Hundred & Twenty Views. LONDON: Published by William Spooner, 377, Strand, – Nov.r 5.th 1844 – [rule]'

[engraved title label:] 'THE TRAVELLERS OF ENGLAND AND WALES. LONDON: PUBLISHED BY WILLIAM SPOONER, 377, STRAND.'

London: William Matthias Spooner, 1844

British Library Maps C.44.b.60

p. 146

知足小屋——明辨是非之路（詼諧小遊戲），一八四八年

'THE COTTAGE OF CONTENT OR RIGHT ROADS AND WRONG WAYS.' 'A HUMOROUS GAME.' 'LONDON, PUBLISHED BY Wm. SPOONER, 369, STRAND, NOVr. 1st 1848.'

[lithographed cover title:] 'THE COTTAGE OF CONTENT OR RIGHT ROADS AND WRONG WAYS. A GAME. LONDON: PUBLISHED BY WILLIAM SPOONER, 379, STRAND.'

London: William Matthias Spooner, 1848 .

British Library Maps C.43.b.73

p. 150

新・皇家郵政地圖（沿西海岸主線從倫敦到愛丁堡），一八五〇年

'THE NEW GAME OF The Royal Mail or London to Edinburgh BY L. & N.W. RAILWAY. [double rule] PUBLISHED BY JOHN JAQUES & SON, LONDON.'

London: John Jacques, c.1850

British Library Maps C.44.d.82

p. 152

凡諾多提雅太太，又喚格溫內斯阿姨（北威爾斯地圖），一八五一年

'DAME VENODOTIA, ALIAS MODRYB GWEN; A Map of North Wales. [key]. PUBLISHED BY H. HUMPHREYS, CASTLE SQUARE, CARNARVON.' 'Designed by H. Hughes, and Drawn on Stone by J.J. Dodd.'

Caernarfon: Hugh Humphreys, [c.1851]

British Library Maps 6096.(12.)

p. 154

水晶宮寰宇遊戲，帶您踏上追尋知識之旅，輕輕鬆鬆學習地理，大約一八五四年

'THE CRYSTAL PALACE GAME, VOYAGE ROUND THE WORLD, an entertaining excursion in search of knowledge, whereby GEOGRAPHY IS MADE EASY. [triple rule] By Smith Evans, F.R.G.S.' 'L'ENFANT LITH.' 'ALFRED DAVIS & Co. 58, 59, & 60, HOUNDSDITCH, LONDON.'

[cover title:] 'THE CRYSTAL PALACE GAME A VOYAGE ROUND THE WORLD' [vignette of a ship] 'AN ENTERTAINING EXCURSION IN SEARCH OF KNOWLEDGE WHEREBY GEOGRAPHY IS MADE EASY'

London: Alfred Davis, [c.1854]

British Library Maps 28.bb.7

p. 156

新・貝茲輕便地球儀，一八五二年

'By the Queen's | Royal Letters Patent, | BETTS'S NEW PORTABLE TERRESTRIAL GLOBE | Compiled from | THE LATEST AND BEST AUTHORITIES. [rule] | London, John Betts, 115 Strand.'

[ox title:] 'BETTS'S PATENT PORTABLE GLOBE. 115 Strand, London W.C.'

London: John Betts, [c.1852]

British Library Maps G.46

p. 158

全新・漫畫版戰事地圖，一八五四年

'COMIC MAP OF THE SEAT OF WAR WITH ENTIRELY NEW FEATURES.' 'DONE BY T[homas]. O[nwhyn].' 'May 30.th 1854 PUB.d BY ROCK BROTHERS & PAYNE LONDON.'

London: [William Frederick] Rock, [Henry] Rock [Jr.] and [John] Payne, 1854

British Library Maps X.6168

p. 160

法國地圖遊戲，大約一八五五年

The title is set within an elaborate frame centred on an allegorical depiction of 'la belle France' seated on a throne with the

paraphernalia of war around her; there are four other insets: apparently geography (bottom right), art (top right), music (top left) and trade (bottom left). One of the sacks at bottom left bears the name 'Baetien aine', while the delineation of France is signed 'J. Gaildrau' and 'Im-Lemercier Band & C.' (?) although both are hard to read.

British Library Maps (uncatalogued)

p. 162

一八五九歐洲戰事插畫地圖，一八五九年

'KAART VAN | EUROPA 1859.' 'AANSCHOUWELIJK OORLOGSTOONEEL, zamengesteld naar de beste telegraphische berigten, waarop met een oogopslag de politieke toestand en ligging der grootere en kleinere Mogendheden van Europa kunnen erkend en beoordeeld worden.' 'Lith. v. Emrik & Binger, Haarlem.' 'UITGAVE van J.J. VAN BREDERODE.' 'PRIJS 15 CENTS.' (MAP OF | EUROPE 1859. ILLUSTRATIVE WAR SCENE, based on the best telegraphic messages, in which one can instantly recognise and judge the political situation and locations of the greater and smaller powers of Europe.)

Haarlem: Emrik & Binger for Jacobus Johannes van Brederode

British Library Maps CC.5.a.476

p. 164

歐洲梟雄，一八五九年

'THE EVIL GENIUS OF EUROPE On a careful examination of the Panorama the Genius will be discovered struggling hard to pull on his Boot. It will be noticed, he has just put his foot in it. Will he be able to wear it?' 'W. Nicholson Lith. 3. Bell Yard, Gracechurch St.' 'LONDON: W. CONEY, 61, WARDOUR St. OXFORD St.'

London: William Coney, 1859

British Library Maps 1078.(24.)

p. 166

新法國地圖，一八六二年

'NOUVELLE CARTE DE FRANCE, A l'Usage de la Géographie versifiée de la France PAR M. V[ICT].OR GUILLON.' 'Imp[rimée] Lemercier, Paris.' 'Paris, A. Logerot, Editeur, Quai des Augustins 55.'

[cover title:] 'CARTE ET JEU

MÉTHODIQUE A L'APPUI DE LA GÉOGRAPHIE VERSIFIÉE DE LA FRANCE [diagram] MÉTHODE DE CADRAN.'

Paris: Augustine Logerot, [1862]

British Library Maps C.27.f.21

p. 168

地球儀立體拼圖，一八六六年

London: Abraham Nathan Myers, [1866]

British Library Maps G.3. (Globe 3)

p. 170

普魯士地圖，一八六八年

'PRUSSIA.' 'Vincent Brooks, Day & Son, Lith. London, W.C.'

His Majesty of Prussia – grim and old – Sadowa's King – by needle guns made bold; With Bismarck of the royal conscience, keeper, In dreams political none wiser – deeper.

Aleph, *Geographical Fun: being humourous outlines of various countries with an introduction and descriptive lines ...*

London: Vincent Brooks, Day & Son, [1868]

British Library Maps 12.d.1

p. 172

西班牙暨葡萄牙地圖，一八六八年

'SPAIN & PORTUGAL.' 'Vincent Brooks, Day & Son, Lith. London, W.C. 'Vincent Brooks, Day & Son, Lith. London, W.C.'

'These long divided nations soon may be, By Prims' grace, joined in lasting amity. And ladies fair – if King Ferdinando rules, Grow grapes in peace, and fatten their pet mules.'

Aleph, *Geographical Fun: being humorous outlines of various countries with an introduction and descriptive lines...*

London: Vincent Brooks, Day & Son, [1868]

British Library Maps 12.d.1

p. 174

一八七〇新歐洲地圖，一八七〇年

'THE COMIC CARTE OF EUROPE FOR 1870.' 'NOVEL CARTE OF EUROPE, DESIGNED FOR 1870.' 'J.G. Lith. DUBLIN.' '(ENTERED AT STATIONERS HALL).'

[text:] 'England, isolated, filled with rage, and almost forgetting Ireland whom she holds in leash. Spain smokes, resting upon Portugal. France repulses the invasion of Prussia, who advances with one hand on Holland, the other on Austria. Italy, also, says to Bismarck, "Take thy feet from hence." Corsica and Sardinia, being a true Gavroche, laughs at everything. Denmark, who has lost his legs in Holstein, hopes to regain them. Turkey-in-Europe yawns and awakens. Turkey-in-Asia smokes her opium. Sweden, bounding as a panther. Russia resembles an old bogy who would wish to fill his basket.'

Dublin: Joseph Goggins, [1870]

British Library Maps 1078.(27.)

p. 176

挖苦歐洲地圖，一八七一年

'L'EUROPA GEOGRAFICO-POLITICA VEDUTA A VOLA D'OCA.' 'Bologna: presso Manfredi Manfredo editore Via Venezia N. 1749

Bologna: Manfredo Manfredi, [c.1871]

British Library Maps CC.5.a.529

p. 178

地理立體拼圖，一八七五年

[box lid with the title:] 'ATLAS'

'CARTE DE L'AMÉRIQUE SEPTENTRIONALE dressée ET dessinée SOUS LA DIRECTION de Mr J.G. Barbié du Bocage.' 'Ch. Smith Sculpt.'

'CARTE DE L'AMÉRIQUE MÉRIDIONALE...'

'CARTE DE L'AFRIQUE...'

'CARTE DE L'ASIE...'

'CARTE DE L'EUROPE...'

'FRANCE Divisée EN 89 DÉPARTEMENTS avec Sièges

Paris, *c*.1875

British Library Maps C.21.f.1

p. 180

一八七七亦莊亦諧戰事地圖，一八七七年

'SERIO-COMIC WAR MAP FOR THE YEAR 1877. BY F.W.R.' 'London, Published by, G.W. Bacon & Co. 127, Strand.' 'COPYRIGHT.'

[text:] 'REFERENCE. [rule] THE OCTOPUS – Russia – forgetful of the

wound it received in the Crimea, is stretching forth its arms in all directions. Having seized hold of the Turk, it is eagerly pushing forward in the hope that it may overwhelm him, as it has already done Poland. At the same time, Greece seems likely to annoy the Turk in another quarter. Hungary is only prevented from attacking his neighbour, Russia, through being held back by his sister Austria. The Frenchman, remembering his late defeat, is carefully examining his weapons; and Germany is naturally interested in his movements, and holds himself in readiness for any emergency. Great Britain and Ireland are eagerly watching the fray – ready at any moment, at least, to prevent Russia from seizing the Turk's watch, or interference with Suez. Spain is taking his much required rest. Italy is ruthlessly making a toy of the Pope; and the wealthy King of Belgium is taking care of his treasure. Denmark's flag is small, but she has reason to be proud of it.'

London: George Washington Bacon, 1877

British Library Maps *1078.(35.)

p. 182

復仇天使——一八七七戰事寓意地圖，一八七七年

'THE AVENGER AN ALLEGORICAL WAR MAP FOR 1877.' 'London. Published by G.W. Bacon & Co. 127, Strand. COPYRIGHT.' 'ALL RIGHTS RESERVED.'

London: George Washington Bacon, [1877]

British Library Maps 1035.(302.)

p. 184

美國——精確速寫，一八八〇年

'United States a correct outline.' | 'By Lilian Lancaster Copyright.' | [5e]

British Library Maps cc.5a.230

p. 186

美國——精確速寫，一八八〇年

'United States a correct outline.' | 'Lilian Lancaster Novr. 4th 1880.' 'Copyright.'

British Library Maps cc.5a.229

p. 188

法爾茅斯市鎮章魚觀覦法爾茅斯及布德克教區，一八八二年

'FALMOUTH BOROUGH OCTOPUS

233

[double rule] ATTEMPTING TO GRASP THE PARISHES [rule] OF FALMOUTH AND BUDOCK. [rule] [colour key to the areas described, with table of areas, etc.]' 'EDWIN T. OLVER, LITHO, "PENDENNIS" WORKS, 20 & 21 ST. DUNSTANS HILL, LONDON E.C.'

London: Edwin T. Olver, 1882

British Library Maps CC.5.a.600

p. 190

英格蘭地圖：現代聖喬治屠龍！！！一八八八年

'MAP OF ENGLAND. [double rule]' 'A MODERN S.T GEORGE AND THE DRAGON!!!' 'TOM MERRY. LITH.' 'WITH ACKNOWLEDGEMENTS TO LILLIE TENNANT.' 'St. Stephen's Review Presentation Cartoon, June 9th, 1888.'

St. Stephen's Review..., issue 274, for 9 June.

London: Constitutional News Association, 1888

British Library Maps cc.5.a.578

p. 192

渾水釣魚——亦莊亦諧歐洲地圖，一八九九年

'ANGLING IN TROUBLED WATERS [double rule] A SERIO-COMIC MAP OF EUROPE – BY – FRED. W. ROSE AUTHOR OF THE "OCTOPUS" MAP OF EUROPE COPYRIGHT – TOUS DROITS RÉSERVÉS. [rule] 'MATT. HEWERDINE FROM DESIGN BY Fred. W. Rose.' 'G.W. Bacon & C.o, Ltd., 127, Strand, London.'

[printed label:] 'A Serio-Comic Map of EUROPE [double rule] ANGLING IN TROUBLED WATERS BY FRED. W. ROSE [rule] PRICE ONE SHILLING [rule] LONDON: G.W. BACON & CO., Ltd., 127, STRAND. 1899.'

London: George Washington Bacon & Co., [1899]

British Library Maps *1078.(35.)

p. 194

約翰牛和好朋友——亦莊亦諧歐洲地圖，一九〇〇年

[rule] JOHN BULL AND HIS FRIENDS [rule] A SERIO-COMIC MAP OF EUROPE – BY – FRED. W. ROSE AUTHOR OF "ANGLING IN TROUBLED WATERS" &c. &c. [rule] 1900 COPYRIGHT – TOUS DROITS

RÉSERVÉS. ALLE RECHTE VORBEHALTEN – TUTTI DRITTI RISERVIATI [double rule] 'Fred. W. Rose Mar 1900 [facsimile signature]' 'Matt. B. Hewerdine from a sketch by Fred. W. Rose.' 'G.W. Bacon & Co., Ltd., 127, Strand, London.'

London: George Washington Bacon, 1900

British Library Maps *1078.(39.)

p. 196

滑稽歐亞外交地圖，一九〇四年

'A HUMOROUS DIPLOMATIC ATLAS OF EUROPE AND ASIA.'

[text:] '"Black Octopus" is a name newly given to Russia by a certain prominent Englishman. For the black octopus is so avaricious, that he stretches out his eight arms in all directions, and seizes up every thing that comes within his reach. But as it sometimes happens he gets wounded seriously even by a small fish, owing to his too much covetousness. Indeed, a Japanese proverb says: "Great avarice is like unselfishness." We Japanese need not to say much on the cause of the present war. Suffice it to say, that the further existence of the Black Octopus will depend entirely upon how he comes out of this war. The Japanese fleet has already practically annihilated Russia's naval power in the Orient. The Japanese army is about to win a signal victory over Russia in Corea & Manchuria. And when... St. Petersburg? Wait & see. The ugly Black Octopus! Hurrah! Hurrah! for Japan. Kisaburo Ohara. March, 1904.'

[Tokyo]: [Kisaburo Ohara], March 1904

British Library Maps 1035.(107.)

p. 198

怎麼去？寓教於樂遊戲，適合二至四位玩家，一九〇八年

'HOW TO GET THERE' 'JOHNSON, RIDDLE & Co. Ltd. LONDON, S.E.' Manufactured entirely in England. | J.W.L.]' '[London. ENTERED AT STATIONERS' HALL.'

[box title:] 'HOW TO GET THERE [Tube map of central London] An Interesting and Educational Game for 2, 3 or 4 Players.' 'J.W.L.' 'LONDON. JOHNSON, RIDDLE & Co. L.TD, LONDON, S.E.' 'PROV. PROT. 235763' 'SELECT A TICKET [rule] PAY THE FARE [rule] GET THERE FIRST & WIN THE CONTENTS OF

THE TILL LEARN THE QUICKEST WAY TO GET ABOUT LONDON'

London: Johnson, Riddle & Co., [1908]

British Library Maps 188.v.32

p. 200

比利時地圖，一九一二年

'BELGIUM.' 'L. Tennant.' 'No. 7.'

Elizabeth Louisa Hoskyn, *Stories of Old*

London: Adam & Charles Black, 1912

British Library 09008.bb.10

p.202

冰島地圖，一九一二年

'ICELAND.' 'L. Tennant.' 'No. 11.'

Elizabeth Louisa Hoskyn, *Stories of Old*

London: Adam & Charles Black, 1912

British Library 09008.bb.10

p. 204

歐洲國界重劃——《金融時報》比稿大賽，一九一四年

'CHANGING THE MAP OF EUROPE The Financial Times COMPETITION MAP EUROPE AFTER THE WAR THE MAP SHOWS THE PRESENT DEMARCATION OF THE COUNTRIES. – INSTRUCTIONS – SKETCH IN THE BOUNDARIES OF STATES ACCORDING TO YOUR VIEW OF PROBABLY PEACE TERMS [scale bar].'

text leaf: 'CHANGING THE MAP OF EUROPE. [rule] A Financial Times COMPETITION. [rule] IN aid of the PRINCE OF WALES' FUND, THE FINANCIAL TIMES offers the following Prizes for the most accurate forecast of the map of Europe as it will appear after the War, in virtue of the first definitive peace agreement between the European Powers:–...'

London: *The Financial Times*, [1914]

British Library Maps 1078.(40)

p. 206

聽吶！聽吶！狗兒在吠吶！一九一四年

'HARK! HARK! THE DOGS DO BARK! WITH NOTES BY WALTER EMANUEL.' 'Designed and Printed by Johnson, Riddle & Co., Ltd., London, S.E.' 'Published by G.W. Bacon & Co., Ltd., 127, Strand, W.C.'

Johnson, Riddle & Co., London, [1914]

British Library Maps 1078.(42)

p. 208

直搗柏林遊戲，一九一四年

'THE SILVER BULLET OR THE ROAD TO BERLIN.' 'BRITISH DESIGN' 'BRITISH MADE' 'REGISTERED'

[rule label:] 'THE NEW WAR GAME. The Silver Bullet Or THE ROAD TO BERLIN. REGISTERED. British Design. British Manufacture. RULES OF THE GAME ...'

London: F.R. & S., [c.1914]

British Library Maps (uncatalogued)

p. 210

打倒德國，一九一四年

'KNOCK OUT GERMANY' 'S[P] ECIALLY PREPARED FOR THE TOY TARGET COMPANY.' 'MADE IN ENGLAND' 'COPYRIGHT'

[London?]: The Toy Target Company, [1914]

British Library 1078.(41.)

p. 212

啟程·新發現的古仙境地圖，一九一八年

'AN ANCIENTE MAPPE of FAIRYLAND newly discovered and set forth.' 'DESIGNED BY BERNARD SLEIGH.' 'W.H.D. Writer.' PUBLISHED BY SIDGWICK & JACKSON, LTD., 3, ADAM STREET, ADELPHI, LONDON, W.C.'

[booklet entitled:] 'A GUIDE TO THE MAP OF FAIRYLAND [wood engraving of a fairy, monogrammed 'S'[leigh]] DESIGNED & WRITTEN BY BERNARD SLEIGH. LONDON: SIDGWICK & JACKSON.'

London: Sidgwick & Jackson, [1918]

British Library L.R.270.a.46

p. 214

新·倫敦賽車地圖，一九二五年

'THE NEW MAP GAME MOTOR CHASE ACROSS LONDON' '"GEOGRAPHIA" LTD. 167 FLEET ST LONDON E C 4' 'COPYRIGHT'

[box label:] 'THE NEW MOTOR GAMES MOTOR CHASE ACROSS LONDON EXCITING – ENTERTAINING – EDUCATIVE COPYRIGHT

"GEOGRAPHIA" LTD. 167 FLEET ST., LONDON. E.C.4.'

London: Geographia Ltd., [1925]

British Library Maps 162.p.9

p. 216

石居主（俗稱倫敦地主），一九二五年

'Octopium Landlordicuss (Common London LANDLORD) This FISHY CREATURE lives on RENT Its Tentacles grasp 5 Square MILES of LONDON This ABSORBENT PARASITE sucks £20,000,000 a year from its VICTIMS giving nothing in return. [rule] The PEOPLE must destroy IT or be destroyed.' 'W.B. Northrop.' 'Hendersons, Publishers, 66, Charing Cross Road, London, W.C.' 'Copyright by W.B. Northrop.'

[text:] 'LANDLORDISM CAUSES UNEMPLOYMENT It paralyses the BUILDING TRADE; It pauperises the Peasantry; 12 landlords "own" (?) London, taking £20,000 a year; 500 peers "own" (?) an entire one-third of England; 4,000 Landlords "own" (?) an entire half of England; The Land Octopus Sucks the Lifeblood of the People'

London: Hendersons, [1925]

British Library Maps C.12.c.1.(1607.)

p. 218

行商大英帝國，一九三二年

'BUY BRITISH' 'Published by "GEOGRAPHIA" LTD. 55 Fleet Street, London, E.C.4.'

[box title:]'A NEW MAP GAME BUY BRITISH An exciting world race and one which will teach the players – TRADE WITHIN THE EMPIRE' 'Exciting Interesting Educative' 'A Game for any number of Players up to Five' 'COPYRIGHT, GEOGRAPHIA LTD. 55 FLEET ST. E.C. 4.' 'MADE IN ENGLAND.'

[rules pasted inside the lid:] 'A New Map Game [rule] "BUY BRITISH" Trade within the Empire Exports and Imports. A game for any number of players up to five. The object of this Game is to complete a voyage to the largest of the British Dominions and land imports and take away exports, and the winner is the one who first gets home to his starting point.'

London: Geographia Ltd, [1932]

British Library Maps 162.p.6

p. 220

無名世界拼圖，一九三五年

[index map:] 'MAPPA-MUNDI KEY SHEET SHOWING CAPITALS IN THEIR CORRECT POSITIONS.' 'ACTUAL SIZE OF JIG-SAW PUZZLE' 'This game printed and made in England by John Waddington Limited, London and Leeds' 'This map compiled and reproduced from copyright maps by the kind permission of Messrs. W. & A.K. Johnston Ltd., Edinburgh and London.' 'Patent No. 35347'

[box title:] 'WADDINGTON'S MAPPA-MUNDI "MAP OF THE EARTH" THE NEW TRAVEL GAME' 'EXCITING, EDUCATION & FASCINATING.'

London: Waddington's, [c.1935]

British Library Maps C.29.e.8.

p. 222

波蘭地圖拼圖，一九五八年

'POLSKA układanka geograficzna' 'Wydawnictwo K[atolicki] O[środek]. W[ydawniczy]. VERITAS w Londynie' ['Poland geographical jigsaw puzzle' 'Veritas, the Catholic Publishing House Centre, in London']

[leaflet:] 'NASZ KRAJ – POLSKA UKŁANDANKA GEOGRAFICZNA WYDAŁ KATOLICKI OŚRODEK WYDAWNICZY "VERITAS" W LONDYNIE [rule]...' ['Our Country – Poland Geographical jigsaw puzzle; Centre of The Roman Catholic Church "Veritas" In London ...]

London: Veritas, [1958]

British Library Maps 33718.(12.)

p. 224

阿富汗，二〇〇八年

'THE AFGHANISTANS' 'MADE IN AFGHANISTANI' '2008'

British Library Maps (uncatalogued)

【Act】MA0038
怪奇地圖：從虛構想像到歷史知識，115幅趣味地圖翻轉你所認知的世界
The Curious Map Book

作　　　者	艾希禮・貝登威廉斯 Ashley Baynton-Williams
譯　　　者	張思婷
封 面 設 計	廖韡
版 面 編 排	張彩梅
總 　 編 　 輯	郭寶秀
責 任 編 輯	陳郁侖
行 銷 業 務	力宏勳

發 　 行 　 人	涂玉雲
出　　　版	馬可孛羅文化
	104台北市民生東路2段141號5樓
	電話：02-25007696
發　　　行	英屬蓋曼群島商家庭傳媒股份有限公司城邦分公司
	台北市中山區民生東路二段141號11樓
	客服服務專線：(886)2-25007718; 25007719
	24小時傳真專線：(886)2-25001990; 25001991
	服務時間：週一至週五9:00～12:00；13:00～17:00
	劃撥帳號：19863813　戶名：書虫股份有限公司
	讀者服務信箱：service@readingclub.com.tw
香港發行所	城邦（香港）出版集團有限公司
	香港灣仔駱克道193號東超商業中心1樓
	電話：(852)25086231　傳真：(852)25789337
	E-mail：hkcite@biznetvigator.com
馬新發行所	城邦（馬新）出版集團
	Cite (M) Sdn. Bhd.(458372U)
	41, Jalan Radin Anum, Bandar Baru Seri Petaling,
	57000 Kuala Lumpur, Malaysia
	電話：(603)90578822　傳真：(603)90576622
	電子信箱：services@cite.com.my
輸 出 印 刷	前進彩藝有限公司
初 版 一 刷	2017年4月
初 版 四 刷	2021年3月
定　　　價	800元

ISBN 978-986-94438-4-5
城邦讀書花園
www.cite.com.tw

國家圖書館出版品預行編目（CIP）資料

怪奇地圖：從虛構想像到歷史知識，115幅趣味地圖翻轉
你所認知的世界／艾希禮・貝登威廉斯（Ashley Baynton-
Williams）著；張思婷譯. -- 初版. -- 臺北市：馬可孛羅文
化出版：家庭傳媒城邦分公司發行, 2017.04
　　面；　公分
譯自：The curious map book
ISBN 978-986-94438-4-5（平裝）

1.地圖學　2.文化史　3.通俗作品

609.2　　　　　　　　　　　　　106003288